마하트마 간디
불편한 진실

비폭력 성자와 체제 옹호자의 두 얼굴

마하트마 간디 불편한 진실

E. M. S. 남부디리파드 지음 | 정호영 옮김

한스컨텐츠

일러두기

- 인명, 지명, 작품명 등의 표기는 국립국어원의 '외래어표기법'을 따르는 것을 원칙으로 하고, 백과사전들을 참고해 보완했다.
- 프라카시 카라트가 쓴 '간디에 대한 E. M. S. 남부디리파드의 입장'의 주석들은 프라카시 카라트가 단 것이다. 그 외의 모든 주석은 옮긴이가 단 것이다. 옮긴이의 주석은 해당 페이지 하단에 각주 형태로 실었다. 옮긴이의 주석 중 간략한 것은 괄호를 치고 설명한 뒤 옮긴이의 주석임을 밝혀 본문에 삽입했다.
- 본문에 들어간 인용문 중 별도의 출처 표기 없이 권수와 쪽수만 나와 있는 것은 D. G. 텐둘카르의 8권짜리 간디 전기인 《마하트마 : 모한다스 카람찬드 간디의 생애(Mahatma : The Life of Mohandas Karamchand Gandhi)》가 출처이다.
- 이 책의 모든 이미지들은 원서에는 없는 것으로 옮긴이가 고른 것이다. 이미지 설명 또한 옮긴이가 적은 것이다.

옮긴이의 글

한국에는 신앙의 자유가 있다. 그래서 간디를 신앙의 대상으로 삼는 것도 개인의 자유이다. 그러나 신앙이 과학의 영역에 들어와서는 안 된다. 이는 신앙의 자유와는 완전히 다른 차원의 문제이다. 한국에서 간디에 대한 논의는 과학적 접근보다는 그에 대한 신앙에서 나온 것이 대부분이다. 사회과학적 접근과 논리 대신에 문학적 상상력과 숭배로 간디는 가려져 있다. 인도 근대사에서 가장 영향력이 큰 인물인 간디에 대한 과학적 접근 없이는 인도에 대해서 제대로 파악할 수 없을 것이다.

1.

"간디주의는 공산주의에서 폭력을 뺀 것이다"라고 수많은 간디주의자들이 유포하고 있는 주장은 정확한 것인가? 혹은 또 다른 저명한 간디주의자들과 모든 마르크스주의자들이 주장하는 것처럼 간디주의는 마르크스—레닌주의와는 질적으로 다른 사상인가?

세계 최초로 폭력 혁명이 아닌 평화적인 방법으로 공산당 정권 수립을 성공시킨 이 책의 저자 E. M. S. 남부디리파드는 '비폭력의 성자'인 마하트마 간디의 생애와 사상에 대해서 논함으로써 이런 질문에 답한다.

남부디리파드는 이 책에서 인도 부르주아 정치에서 가장 위대한 정치가인 간디에 대한 분석을 하였다. 그는 사적 유물론의 관점, 즉 간디의 말과 행동을 간디의 인격에서 나오는 것으로만 보는 것이 아니라 역사적 맥락도 같이 분석해서 보는 방법을 취하고 있다.

그 때문에 남부디리파드는 간디의 위대함을 인정한다. 인도의 독립운동사에서 최초로 인도 민중을 하나로 단결시킬 수 있었던 유일한 인물인 간디의 위대한 지도력, 독립 직후 국민회의 지도자들이 대부분 부패의 길로 들어갔을 때 끝까지 부패와 투쟁한 청렴함, 생의 마지막 순간까지 죽음을 각오하고 꼬뮤날리즘*과 투쟁하다 암살당한 위대한 인물이라는 것을 부정하지 않았다.

그러나 남부디리파드는 간디의 이런 위대함에서 '성인(聖人) 간디'로 바로 비약해버리지 않았다. 또 남부디리파드는 "혁명 전선에서 우리 민족운동의 발전을 가로막기 위해 자신이 할 수 있는 모든 것을 다했던 반혁명분자"라고 과도하게 단순화시키는 어설픈 좌파들의 접근으로는 간디의 가르침을 담아낼 수가 없음을 지적하였다.

예컨대 사적 유물론의 관점에서 간디는 종교 화합을 일관되게 강조한 인물이라고 평가할 수 있지만 암소보호운동을 하던 시절에 그가 말한 종교 화합과 암살되기 직전 마지막 활동 기간에 말한 종교 화합은 내용상 분명한 차이가 있다는 분석을 한다. 그는 생의 마지막 시기에 해방된 인도에서의 종교 화합을 호소하다가 극우 힌두교도에게 암살을 당했지만 생애

---

* Communalism은 주로 종파주의로 번역하고 있는데, 정치 관련 서적에서 종파주의로 번역되어 온 sectarianism, faction(분파)이 communalism과 한 본문 내에서 동시에 나올 경우 번역의 어려움이 발생한다. 또 인도에서는 종교광신주의와 연관된 부정적 의미로 사용되는 이 말을 공동체주의로 번역하자니 국내에서는 공동체주의가 긍정적 의미로 사용되고 있기에 난감했다. 인도인들이 발음하는 대로 꼬뮤날리즘으로 두는 것이 가장 무난할 것 같다.

전체를 놓고 보면 카스트제도를 영원히 유지하기 위해서 죽음을 불사한 단식으로 불가촉천민들을 위협하는 등 불가촉천민의 눈에 피눈물을 흘리게 한 힌두 우익의 삶을 살았다. 하리잔이 겪는 고통스러운 삶에 공감하여 10개월 동안 불가촉천민을 위한 강연 여행을 했지만, 강연 여행을 마친 1934년 8월에는 하리잔을 사랑하는 마음을 확인한 전 인도인이 감화를 받은 것으로 판단하고 "이제 인도에서 불가촉천민제도는 거의 사라졌다"고 선언해버렸을 정도로 간디는 불가촉천민의 삶에 대해서는 사실상 진심으로 공감하지 않았다.

힌두 우익인 간디는 민중을 동원하기 위해서 스와라지는 라마 신의 나라라고 주장했고 건설적 프로그램을 통해 암소보호운동 등을 사회운동으로 전개하여 무슬림에게는 힌두에 대한 공포감을 조장하였다. 아요디아 학살 사건의 주역인 BJP는 선거 유세를 할 때 신화에 나오는 라마 신의 전차를 타고 유세를 한다. 간디가 말하던 라마 신의 나라는 현재까지도 인도 꼬뮤날리즘의 중심에 그 자리를 잡고 있다. R. P. 두트(Rajani Palme Dutt)가 밝힌 것처럼 간디주의는 인도에서 종교 분열을 일으킨 주역 중 하나였다. 1937년 선거 이후 힌두교도에 의해 무슬림이 억압받을 것을 우려한 무슬림연맹의 무하마드 진나가 무슬림을 포용해야 한다고 호소했을 때 이를 매몰차게 거절해버림으로써 무슬림연맹을 파키스탄 건국이라는 강경 노선으로 돌아서게 만들었다.* 민주적 절차를 거쳐 국민회의 의장이 된 찬드라 보세를 개인적 권위만으로 직위를 박탈하고 국민회의 밖으로 야비하게 추방시킨 간디가 네루 핑계를 대면서 진나의 호소를 거부한 것

---

* 이정호, 〈인도의 독립 : 마하트마 간디와 무함마드 알리 진나의 갈등의 역사를 중심으로〉, 《남아시아 연구》 14권, 2008.

은 사실상 변명일 뿐이었다. 진나가 국민회의를 통해 끝까지 화합을 위해 노력하던 시절에 그를 거부한 간디와, 독립 이후 인도의 모든 주요 관직을 이슬람에게 다 주고서라도 파키스탄의 독립을 막고자 했던 간디는 동일한 인물이었다. 그러나 간디의 무슬림–힌두 화합이라는 '구체적인' 내용은 이렇게 시기마다 달랐다는 결론을 내릴 수 있다. 간디와 그의 시대는 역사적 맥락에서 구체적으로 평가해야 하지 '(성인)간디주의'의 신학적 입장에서 보아서는 안 된다.

'폭력'과 '비폭력' 또한 간디에게는 역사적 시기의 전략과 전술에 따라서 언제라도 바뀔 수 있는 개념이었다. 간디의 대표적인 '폭력'을 예로 들어보자. 제1차 세계대전에서 징병관으로 인도 젊은이들을 총알받이로 사지에 몰아넣은 일, 지금까지도 인도인들의 사랑을 받고 있는 바가트 싱 같은 혁명가들을 서둘러 사형시켜줄 것을 영국에 요청한 일, 국민회의의 정치적 목적을 달성하기 위해 때때로 대중 폭동을 고의적으로 조장하고 방치한 일 등은 역사적 사실로 남아 있다.

한편, 사람들은 공산주의에서 폭력 혁명을 연상하곤 한다. 하지만 폭력이 아니라 평화적인 수단인 선거를 통해 공산주의 정부를 수립한 경우도 적지 않다. 1957년 선거를 통해 합법적으로 인도 케랄라 주에서 집권한 공산주의 정권이 대표적이다. 그때의 주역이 바로 이 책의 저자인 남부디리파드이다.

'공산주의 = 폭력', '간디주의 = 비폭력'이란 단순한 도식으로 공산주의와 간디주의를 구분하는 것은 관념적이고 몰역사적인 개념일 뿐이다.

2.
인도에서는 해마다 다양한 분야의 학자들이 이 책에 대한 새로운 해석을 내리고 있다. 그 첫 번째 이유는 정치가인 남부디리파드가 '정치인 간디'를 조명했기 때문이다. 남부디리파드는 세계 최초로 선거를 통해 공산당 집권을 성공시킨 정치 지도자로서, 정치적 전술－전략을 수립하기 위해 선행되어야 하는 현실 분석을 통해 정치인 간디를 바라보았다. 두 번째로 남부디리파드는 평화적인 선거를 통해 케랄라 주에서 공산당 정권을 수립한 것에서 그치지 않고 아마르티아 센의 개발경제학의 모범 사례인 케랄라 모델을 최초로 구상한 인물이기 때문이다. 공산주의자인 남부디리파드가 구상한 대로 '자본주의하에서라도 어느 정도까지는 가능한 경제개발 모델'을 주장하는 좌파와, 간디주의를 앞세워서 이 모델을 반대하고 있는 인도 집권 세력 사이의 논쟁은 현재도 그치지 않고 있다. 이 논쟁의 중심에는 '간디주의'를 어떻게 해석할 것인가라는 문제가 있다. 남부디리파드는 정치학자가 아니었다. 하지만 그는 실제 케랄라에서 개발경제학을 성공적으로 완수함으로써 자신이 왜 정치 지도자로서 '간디'를 존경하지만 '간디주의'를 반대하였는가를 실천적으로 보여주었다.

이 책은 좌, 우의 입장을 떠나서 간디와 간디주의에 대해 사회적, 정치적 접근을 하는 연구자들에게는 필독서이지만 간디를 성인으로 만들어 온 '학술 작업'을 해온 학자들에게는 철저하게 기피 대상이다. 남부디리파드의 견해에 대한 반박은 이차적인 문제이다. 핵심은 남부디리파드가 예로 제시하고 있는 역사적 사실들을 거론하는 것 자체가 간디를 성인으로 만들어온 '(성인)간디주의자'들에게는 자신들의 신화를 훼손하는 출발점이 된다는 것을 잘 알고 있기 때문이다.

인도에서 가장 충실한 간디주의자들은 이에 대해서는 언급 자체를 회피함으로써 간디의 성역을 지키고 있다. '(성인)간디 신화'를 유지하는 데 장애가 되는 역사적 사실들에 대해서는 침묵하고 간디에 대해서는 신화만을 계속 전달하는 것이 전형적인 '(성인)간디주의자'로 살아가는 방법이다. 그리고 '성인 간디'를 강조해온 한국의 많은 이들이 이런 '비폭력의 원칙' 위에 있는 '간디의 정치적 입장'에 대해서는 지금까지 그랬던 것처럼 앞으로도 언급하지 않을 것으로 생각한다. "간디의 비폭력은 그가 정치가로서 구사한 주요한 전략 전술의 도구였고 정치인으로서 언제든지 접을 수 있는 원칙이었고 그에 따라 행동했다"는 의견이 있다는 것 자체를 아예 말하지 않는 것이 낫다고 생각하는 것이 아닐까?

한국의 '(성인)간디주의자'들은 지금까지 해왔던 것처럼 인도의 독립을 위해서 죽어갔고 독립 이후에도 비참한 삶을 살아야 했던 많은 이들 — 네타지 찬드라 보세와 인도국민군의 '델리로 가자', 왕립인도해군의 반란, 국민회의 소속의 아루나 아사프 알리(Aruna Asaf Ali)가 "바리케이드 위에서 무슬림과 힌두가 단결하는 것이 더 낫다"라고 주장한 것, 텔랑가나 농민봉기, 푸나푸라 봉기 등 — 을 고귀한 '비폭력의 원칙'을 이해하지 못하는 '폭도들'로 언급하는 '폭력'을 계속 행사할 것이다. 이 책에서 남부디리파드가 간디 사후 10년 후에 쓴 '간디 이후의 간디주의'와 1981년에 쓴 '제도화'가 바로 오늘자 조간신문 논설처럼 읽히는 이유 중 하나는 여기에 있다.

남부디리파드의 이 책은 '중고생을 위한 추천도서 목록'에 있는 차기벽의 《간디의 생애와 사상》에 상당 부분 인용되어 간접적인 경로로는 국내에 이미 소개되었다. 간디평화재단의 초청으로 인도를 방문하기도 했던 차기벽은 자기 책에서 1932년 간디의 단식과 그 후에 명백한 사회 문제인 불가촉천민의 지위 향상을 위한 행동 등 간디의 정치 활동이나 인도 독립 이후에 인도 부르주아지가 간디를 고립시킨 것에 대한 E. M. S. 남부디리파드의 견해들을 소개하고 있다. 차기벽은 1965년에 초판, 1989년에 개정판을 냈던 자신의 책에서 남부디리파드의 견해를 일정 정도 소개한 이후 남부디리파드와는 다른 자신의 견해를 밝혔다. 여러 글들에서 R. P. 두트가 간디를 '혁명의 요나'로 비난했다는 단 한 마디만 계속해서 반복하고 두트의 학문적 업적에 대한 소개는 전혀 없이, 좌파 학자들은 폭력적이라서 간디를 비판한다는 결론으로 바로 비약해버리는 어느 간디 전문가의 수많은 책이나 글보다는, 반공이 서슬 퍼렇던 1960년대에 초판을 낸 차기벽의 책한 권이 학자의 글로는 낫다.

《마하트마 간디 불편한 진실》을 읽고 간디와 간디 시대의 역사에 대해 좀 더 알기를 원하시는 분들에게는 이정호 교수가 1997년부터 2010년까지 《남아시아 연구》에 지속적으로 발표해온 간디와 인도 현대사에 대한 글들을 추천한다. 이정호 교수의 글들을 읽으면 간디가 위대한 인물이라는 것을 누구도 의심할 수 없게 되지만 남부디리파드가 이 책에서 지적한 역사적 사실도 아울러 밝히고 있어서 간디의 역사적 한계도 동시에 알게 된다. 남아시아연구소 웹사이트(www.isas.co.kr)에서 다운 받아 볼 수 있다.

남부디리파드는 또 다른 저서 《인도 독립 투쟁의 역사(A History of Indian Freedom Struggle)》 서문에서 《마하트마 간디 불편한 진실》과 《인도 독립 투쟁의 역사》의 관계를 밝힌 바 있다. 《마하트마 간디 불편한 진실》이 간디의 삶을 재평가하여 간디의 철학과 정치적 행동 이력의 진화를 추적함으로써 간디주의의 실패 과정을 기술한 책이라면, 《인도 독립 투쟁의 역사》는 간디주의 철학과 정치 강령의 진화에만 한정하지 않고 범위를 넓혀서 국민회의의 민족주의를 다룬 책이라는 것이다. 남부디리파드에 의하면 《인도 독립 투쟁의 역사》가 조금 광범위하지만 두 저서가 서로 보완적이라고 하였으니, 이 책을 읽은 뒤 인도의 독립 투쟁에 대해서 더 알고 싶은 분은 《인도 독립 투쟁의 역사》를 읽어주시기 바란다. 마침 2011년 6월부터 노동사회과학연구소의 월간지 〈정세와 노동〉에 이병진의 번역으로 《인도

독립 투쟁의 역사》가 연재되고 있으니, 원서를 구해 읽어야 하는 번거로움
도 덜 수 있다.

남부디리파드의 견해에 찬성을 하게 될지 반대를 하게 될지는 독자들에
게 주어진 몫이다. 한국에서 나온 간디에 관한 많은 책들이 '성인 간디' 에
초점이 맞추어져 있다면 이 책은 '정치인 간디' 에 초점을 맞춘 책이기에 간
디에 관해서 '균형적인 시각' 을 원하는 이들을 만족시켜줄 수 있을 것이다.

노블레스 오블리주 그 자체에 대해서는 여기에서 논하지 않겠다. 하지
만 토지개혁을 가로막아 인도에서 마오이스트(Maoist, 마오쩌둥주의자)가 득
세하게 된 데 가장 큰 기여를 했고, 인디라 간디 독재 정권을 옹호하는 최
고위 성직자 역할을 했으며 독립된 나라 인도에서조차 암소도살금지운동
을 전개해서 힌두-무슬림 갈등을 증폭시킨 비노바 바베를 노블레스 오블
리주의 모범으로 거론하는 일은 이 책의 출간을 계기로 더 이상 없었으면
좋겠다. 비노바 바베가 온 생애를 통해 토지개혁을 부단운동으로 막는 것
을 반공주의자들인 장제스와 이승만, 수하르토가 안다면 관 속에서 벌떡
일어나서 비노바 바베를 말릴 일이다. 이들 반공주의자들은 토지개혁을
국가 건설의 초석으로 삼았기 때문이다.

궁극적으로 인도의 지주를 위해 평생 봉사했던 비노바 바베를 노블레스
오블리주의 모범으로 계속 받아들인다면 우리는 현재 인도의 가장 심각한
문제인 마오이스트 문제를 영원히 이해할 수 없을 것이며 인도 개발 과정
에서 일어나는 숱한 문제들도 인도 사회의 구조적인 문제로부터 분석하지
않고 모두 '좌파' 와 '카스트/종교' 의 탓으로 돌려버리는 오류에서 헤어날
수 없을 것이다. 이는 한국의 인도 투자에서도 제대로 된 분석이 불가능하
기에 한국은 인도 투자에서 고비용을 지불하고도 제대로 된 성과는 거두
지 못하는 결과를 낳을 것이다.

원서에는 없었으나 한국어판에 추가한 '간디 암살의 정치학'은 1998년 사망 50여 일 전 90세 고령의 남부디리파드가 힌두 극우 세력들에 맞서기 위해서 간디의 유산을 잊지 말 것을 호소하는 글이다. 간디는 죽었지만 국민회의나 여타 우익들의 정치적 목적에 의해 '간디주의'는 인도에서 계속 존속하고 있기에 남부디리파드는 죽기 얼마 전까지도 간디에게서 계승할 것과 버려야 할 것에 대한 글들을 썼다. 이 글이 적힌 시점인 1998년 2월 하원 총선 결과, BJP 및 NDA(AIADMK, SP 등 18개 정당 참여)는 252석을 획득하여 제1정당이 되었으며, 국민회의당 및 연합 정당은 167석을 획득하여 제2정당이 되었다. 1998년 3월 90세로 사망했던 남부디리파드는 죽기 직전에 그가 평생을 싸워왔던 힌두 극우들의 인도 지배를 보면서 어떤 심정이었을까? 죽음 직전에 쓴 이 글에서 남부디리파드는 인도 꼬뮤날리즘의 폭력을 우려하여 간디가 암살당하기 직전에 보여준 꼬뮤날리즘 극복의 입장은 전적으로 옳았고 이를 이어가서 힌두 극우 세력들을 차단하기 위해 모든 민주주의 세력이 단결해야 한다고 호소하였다. 그는 이렇게 우려했지만 NDA 정권은 집권 직후인 1998년 5월에 라자스탄의 포크란 지역에서 핵 실험을 실시하여 인도는 세계에서 6번째 핵보유국가가 되었고 이에 뒤질세라 2주 후에는 파키스탄도 핵보유국가가 되었다. 2002년 좌파 정당들이 국민회의와 UPA를 지지하여 BJP와 NDA의 집권을 막은 데는 이러한 역사적 배경이 있다.

3.

이 책을 델리 JNU(자와할랄네루대학) 도서관 특별관리도서실에서 1959년 재판본으로 처음 접했을 때 번역을 해야겠다고 마음먹었다. 이후 콜카타의 JU(자다푸르대학) 고서적 보관실에서 1958년 초판본을 구한 이후 번역을 시

작하였다. 번역이 끝나고 난 후인 2010년 8월에 레프트워드(Leftword) 출판
사에서 재발간본이 나왔다. 이 한국어판은 최종적으로 레프트워드 출판사
의 2010년 판본을 원본으로 삼았다. 참고로 2010년판은 1981년판에 CPIM
의 총서기 프라카시 카라트(Prakash Karat)의 글을 새롭게 추가한 것이다.

'서장' 부터 '간디 이후의 간디주의' 까지 14개의 장은 1958년 초판,
1959년 재판, 1981년판, 2010년판이 모두 동일하다. 따라서 이 14개 장은
1950년대 중반에 쓰였다는 점을 염두에 두고 읽으면 좋을 것이다. '재판
서문' 과 '제도화' 는 1981년판에 추가된 것으로 다른 장들과 저술 시기가
다르다. 한국어판에는 1981년판이 나오면서 삭제되었던 1959년판의 '재
판 서론' 과 '간디 암살의 정치학' 을 추가했다.

1981년판은 1950년대 판본 본문과 차이가 하나 있다. '간디지(Gandhiji)'
가 '간디' 로 다 바뀌어 있다는 점이다. 1981년에 와서는 거의 모든 매체에
서 간디의 추종자들조차도 간디를 간디로 표기하는 것이 대세였기에 자연
스럽게 간디지가 간디로 바뀐 것 같다. 그러나 1950년대 판본들에서 남부
디리파드는 간디를 간디지로 일관되게 호칭하였다. 지(ji)는 선생님으로 번
역할 수 있을 텐데 시바 신(神)을 시바지(Shivaji)라고도 부르는 데서 알 수
있듯이 일반적으로 사용되는 '선생님' 의 의미를 훨씬 넘어서는 극존칭이
다. 즉 간디지에서의 지(ji)는 김대중 대통령이 대통령이 되기 전 그를 지지
하던 이들이 김대중 선생님이라고 호칭할 때의 '선생님' 과 같은 의미를 가
진 극존칭이다. (아주 예전에 부산 사투리를 쓰는 내가 전라도에 놀러가서 '김대
중 선생님' 을 '김대중' 이라고 호칭했다가 택시 운전사 분께 어린놈이 감히 선생님
이름을 함부로 부른다고 심하게 야단을 맞은 적이 있어 '선생님' 이 극존칭으로 어떻
게 사용될 수 있는가 알고 있다. 이 비유가 적절할 것 같다.) 이 책에서 남부디리
파드가 비판하는 '간디 선생님' 은 개인으로서의 간디가 아니라 '(부르주아)

정치가'인 간디이다. 간디주의자에서 마르크스주의자로 진화를 했던 남부디리파드는 개인 간디에 대한 존경심은 잃지 않았기에 이런 극존칭을 사용하였다. 남부디리파드가 간디에 대해서 이런 극존칭을 사용한 점을 살려 '재판 서론'에서는 '간디 선생님'으로 번역했다. 다만 본문에서는 가독성을 위해 최신 판본을 따라 '간디'로 옮겼다.

나온 지 50년이 넘은 탓에, 인도의 혹독한 날씨로 습기와 벌레가 좀 먹어 구멍이 나 있는 고서적 보관실의 책을 대출해서 번역 작업을 시작하면서 인문사회과학이 무엇인가 한 번 더 생각하게 되었다. 인도 사회과학에서 중요한 개념인 '품격 있는 발전(Development with Dignity)'은 남부디리파드가 제기한 문제들을 중심으로 논의되어 왔다. 이 책을 시작으로 남부디리파드의 다른 책들, 예를 들면 아마르티아 센 등이 개발경제학의 모델로 삼았던 케랄라 개발에 관한 책들도 한국에서 번역되어 나왔으면 하는 바람을 가져본다.

끝으로, 레프트워드의 편집장 수단바 데쉬판데(Sudhanva Deshpande)와 이 책의 출간을 결정해준 한스컨텐츠에 감사드린다. 그리고 자다푸르대학(Jadavpur University)의 루비 사인(Ruby Sain) 교수님과 프레지던시 칼리지(Presidency College)의 사미트 카(Samit Kar) 교수님께도 감사드린다. 이 책이 현재와 미래에 대한 고민을 공유하는 데에 자그마한 도움이 되었으면 좋겠다.

인도 콜카타 자다푸르에서
옮긴이 정호영

차례

부록 – 정호영(옮긴이)

간디에 대한 E. M. S. 남부디리파드의 입장

— 프라카시 카라트(CPIM 총서기)

E. M. S. 남부디리파드의 《마하트마 간디 불편한 진실》은 인도 독립 투쟁 시기 동안 간디의 역할에 관해 인도 마르크스주의자가 처음으로 시도한 본격적인 평가 작업이다.[1] 이 책은 1958년 1월에 처음 발간되었다. E. M. S. 남부디리파드는 1955~56년에 인도 공산당 월간지인 〈뉴 에이지(New Age)〉에 14편의 연재물을 실었다. E. M. S.는 당시 델리에 있는 중앙 당사에서 정치국 위원직을 맡고 있었다. 이 글들은 8권으로 된 D. G. 텐둘카르(Tendulkar)의 기념비적인 간디 전기인 《마하트마 : 모한다스 카람찬드 간디의 생애(Mahatma : The Life of Mohandas Karamchand Gandhi)》에 대한 서평과 해설이었다. 이 서평들에 일부를 추가하고 내용을 수정하여 책으로 엮은 것이다.

《마하트마 간디 불편한 진실》은 간디주의를 평가하는 선구적인 시도라는 점에서만 중요한 것이 아니라 풍부한 내용과 위대한 인물의 이념과 정치학을 예리한 비판으로 드러내면서도 섬세하게 다루고 있기 때문에 여전히 중요한 저작으로 남아 있다. 《마하트마 간디 불편한 진실》이 출판된 몇 달 후 공산주의 지도자가 간디에 대해 쓴 또 다른 책이 발간되었다. 히렌 무케르지(Hiren Mukherjee)라는 공산당 소속의 의원이 《간디 연구(Gandhi : A Study)》[2]를 썼던 것이다. 이 책은 E. M. S.의 책보다 범위가 넓고 간디의 생애와 정치 활동을 아주 상세하게 다루고 있다. 그러나 간디에 대한 히렌 무케르지의 평가는 본질적으로는 E. M. S.와 매우 유사하다.

1.

E. M. S.는 민족운동의 다양한 양상과 간디의 역할을 분석하는 데 있어서 독특한 위치에 있었다. 그는 열렬한 간디주의자로 정치 생활을 시작하였다. 또한 생애 전반에 걸쳐 마르크스주의적 세계관에 충실하였고 간디주의적인 소박한 삶의 원칙과 인도인들이 간직해온 검소함을 실천하였다.

E. M. S.는 1930~31년의 시민불복종운동이 후퇴한 이후에 급진화된 젊은 국민회의인들 중 한 명이었다. 자와할랄 네루(Jawaharlal Nehru)와 자야프라카시 나라얀(Jayaprakash Narayan)은 E. M. S.가 좌파로 기울게 되는 최초의 자극제가 되었으며 이후에 그는 국민회의사회주의자당(Congress Socialist Party, 국민회의당 내부의 사회주의자 단체 — 옮긴이)에서 전인도공동서기 중 한 명이 되었다. 1936년까지 E. M. S.는 케랄라 국민회의의 지도를 맡고 있다가, 1937년에 간디주의와 결별하고 공산당에 가입하였는데, 이는 전(前) 간디주의 국민회의인이었던 P. 순다라이야(P. Sundarayya)의 선례에 영향을 받은 것이다.

국민회의의 조직적 분열은 E. M. S.가 총서기를 지냈던 케랄라 프라데시 국민회의 위원회가 1939년에 간디 주도로 해체되면서 발생하였다. 전(全)인도국민회의위원회는 좌파 국민회의인들이 주도했던 프라데시 국민회의 위원회를 해산시켰다. 전쟁에 반대하는 군사적 행동을 계속 주장했기 때문이다.[*]

E. M. S.는 전쟁 기간 동안 공산당과 케랄라 농민운동의 조직가가 되었

다. E. M. S.는 1943년에 실시된 첫 번째 공산당 전당대회에서 중앙위원으로 선출되었다. 그는 독립 이전 시기에는 AIKS(All India Kisan Sabha, 전인도 농민조합)에서 요직을 맡기도 했다.

국민회의에서의 활동과 뒤이은 공산당으로의 선회가 텐둘카르의 간디 전기에 대한 서평에서 그가 밝힌 1951년에서 1954년까지의 이력이었다. E. M. S. 스스로는 자서전 《어느 인도 공산주의자의 회고록(Reminiscences of an Indian Communist)》을 통해 분명히 이러한 일들이 영구불변할 가치 중 일부가 될 만한 것으로 생각하였다.[3]

E. M. S.가 쓴 이 책의 장점은 누구도 시도하지 않았던 방식으로 간디의 역할을 분석한 것이다. 간디의 개인적 역할이나 영국 제국주의 지배에 저항하는 대중적 민족운동을 발전시킨 특별한 공헌을 폄하하지 않으면서도 간디와 간디주의를 만들어 낸 사회적 · 역사적 세력들을 충분히 고려하였다. 지도자로서의 간디와 그의 품성을, 그가 대표하는 계급이라는 맥락에서 보고 있다. 따라서 역사적 인물이자 대중 지도자로서의 간디 역시도 민족운동을 생성시킨 계급 관계라는 배경에서 등장한 것으로 본다.

비록 E. M. S.가 간디주의에 대해 비판적이지만 1920년대 초기 공산주의자들이 공유했던, 간디를 오로지 우익 부르주아 지도자로만 여기던 분

---

* 국민회의는 "1939년 9월 15일 국민회의 운영위원회는 파시즘과 나치즘의 이념과 실행 그리고 그들의 전쟁과 폭력의 미화, 나아가 인간 정신의 억압을 전적으로 반대하며 전쟁의 진정한 목적과 현재와 미래에 있어서 인도의 지위에 관한 정책을 분명히 제시할 것을 영국 정부에 요구하였으며 이 조건이 받아들여지면 전쟁을 위한 노력에 협력하겠다"는 결의안을 통해 독립을 보장해준다면 전쟁에 반대하던 입장을 바꾸어 참전할 수 있음을 밝혔다. 이어 10월 10일에는 "인도는 독립된 국가로 선포되어야 한다"고 부연하였다(이정호, 〈인도의 독립과 파키스탄의 탄생 : 마하트마 간디의 활동을 중심으로〉, 《남아시아 연구》, 13권 2호, 2008, p. 72에서 재인용). 그러나 케랄라 프라데시 국민회의 위원회는 어떠한 형태의 전쟁에도 반대를 하였다. 1939년 10월에 9만 명이 참여한 전쟁반대 파업이 있었고 1940년 3월에는 봄베이(현재 뭄바이)에서 20만 명이 전쟁에 반대하는 파업을 벌였다.

파주의를 공유하지는 않았다. E. M. S.가 지적한 것처럼, 그 시기에 초기 공산주의자 그룹은

> 이러한 투쟁에 참가하고 그들의 쓰라린 경험을 공유하지 않으면서 간디를
> 포함한 부르주아 지도자들의 정책과 강령을 폭로하는 데 주로 집중하였다.
> 그 결과로 부르주아 지도자들과 민중은 점점 가까워졌다.[4]

이와 대조적으로 E. M. S.와 공산주의자들은 국민회의가 주도하는 민족운동 내부에서 지속적으로 등장하기 시작했고 독자적인 노동자농민운동과 자신들의 정당을 건설해나갔다.

간디주의 정치와 결정적으로 결별하였음에도 E. M. S.는 동시대의 다른 많은 이들처럼 간디주의적 가치를 일부는 간직하였고, 그것은 사실상 그의 내면에 깊이 각인되었다. 《마하트마 간디 불편한 진실》을 쓴 지 40년 가까이 지난 1994년 E. M. S.는 이 문제에 대해서 마지막으로 언급하였다. 여기에서 그가 인정한 것은 다음과 같다.

> 간디주의적 요소들은 내가 마르크스주의를 차용한 이후에도 내 삶의 방식
> 과 사고에 깊숙이 이어져왔다. 간디주의와의 이념적 차이를 밝히면서도 나
> 는 간디주의의 고귀한 가치들을 지지하는 정치 활동가가 되었고 내 개인적
> 삶의 방식에서 해석하려고 노력하였다.[5]

2.

이 책에서 E. M. S.가 답을 찾으려고 한 질문은 "간디는 어떻게 거대한 민족정치운동에서 논란의 여지가 없는 지도자가 되었는가?"이다. 성장하

고 있던 부르주아지의 이해는 초기에 인도국민회의의 온건한 노선으로 표현되었다. "그들로 대표되던 계급이 '온건한 정치'가 규정한 한계를 서서히 벗어나기 시작하였다." 당시 간디와 다른 국민회의 정치가들 사이의 중요한 차이는 "후자와 다르게 간디는 민중, 그들의 삶, 문제점들, 정서, 소망과 하나가 되었다." 참파란 투쟁과 아마다바드 섬유 공장 파업을 통해 간디는 사티아그라하와 단식 투쟁이라는 전술을 도입했고 이는 비폭력투쟁이라는 신조의 일부였다. 아마다바드에서 있었던 간디의 단식을 언급하면서 E. M. S.는 지적했다.

> 물론 이때가 간디가 처음으로 단식에 의지하던 시기는 아니다. 그러나 투쟁하는 민중의 전투성을 점검하기 위해서 단식에 의지한 것으로는 처음이었다.[6]

이 중요성은 부상하고 있던 민족 부르주아지에게는 효과가 있었다. 이 경험을 통해 간디가 얻은 성공은

> 자신이 대변자로 있는 계급, 즉 부르주아지에게는 값을 매길 수 없는 교훈이었다. 여기서 그들에게 보여준 것은 단번에 대중을 모을 수도 있고 그들이 전투적인 행동을 하는 것을 막을 수도 있는 투쟁의 기술이 존재한다는 것이었다.[7]

대중을 민족운동으로 이끄는 간디의 역사적 역할을 부각하면서도 E. M. S.는 1920년대 간디의 지도력 아래 시작된 첫 민족대중운동, 즉 '비협력운동'의 계급적 성격을 지적한다.

결의문은 [⋯] 지배자의 경제적·정치적 기반이자 인도 자본가들과 지주들의 기반인 이윤을 건드리는 산업 노동자들의 파업이나 농민들의 소작료 거부, 토지 쟁취 같은 전투적 대중 행동을 제안하지 않는다.[8]

결의문은 캠페인이 "지금까지 여론을 형성하고 대표했던 계급들, 즉 부르주아지와 프티 부르주아지에 의해 시작되어야 한다"고 밝혔다.

E. M. S.는 비폭력적 투쟁 방식에 관한 간디주의적 주장만큼은 부르주아지에게 유용한 것이었음을 지적하였다.

폭력에 대한 혐오를 아주 많이 거론하였지만 이것은 단지 노동자계급이 자신이 가진 투쟁의 무기 — 정치적 총파업 — 로 정치적 행동으로 들어가게 되면 운동은 설정한 한계를 넘어서게 된다는 사실에 대한 부르주아지로서의 본능적인 공포일 뿐이다.[9]

차우리 차우라에 대한 간디의 완고한 입장은 한 번 고삐가 풀린 적이 있었던 농민운동의 잠재력에 대한 이해에서 연유한 것이다. E. M. S.는 차우리 차우라가 단발적인 사건이 아니라, 지주의 토지대장을 불지르고 등기소를 파괴하고 관공서를 공격하고 지주의 집에 있던 곡물을 분배하는 '전형적인 농민의 혁명적인 행동 방식'을 취했던 말라바르(Malabar)에서의 모플라(Moplah) 반란과 이어지는 사건임을 지적한다.

간디의 계급투쟁에 대한 입장에 공감하고 있는 비쿠 파렉(Bhiku Parekh)조차도 인정한 것은 간디가

폭력이 일단 바람직한 것이 되고 조직화되면 민중은 자신들의 토착 착취자

들에게 대항하게 되며 그로 인해 민족주의운동이 분열되어 식민지 지배자들의 손에 놀아나게 되는 것을 걱정하였다. […] 그는 빈민들이 분노에 차 있다는 것은 아주 잘 알고 있었다. […] 그는 또한 러시아와 중국 혁명 과정을 모두 지켜볼 수 있었던 동시대인으로서 그 두 혁명에서의 민중의 역할도 잘 인식하고 있었다. 따라서 민중이 동원되고 그들의 기대가 본격화되면 그도 국민회의도 통제할 수 없는 거대한 규모의 폭력으로 귀결될 수밖에 없음을 굉장히 두려워하였다.[10]

E. M. S.에 따르면 간디의 주요 관심사는 각성한 농민의 영향력이었다. "일단 운동에 참여하게 되면 이 새로운 계급, 농민은 자신의 투쟁 형태와 조직 형태를 빠르게 세웠나갔다."* 지주를 향한 농민 폭력에 대한 공포가 간디로 하여금 1920년대에 있었던 농민의 자발적 운동을 강하게 비난하도록 만들었다. 간디는 국민회의가 자신이 동의한 지점 이상으로 농민의 저항을 지도하거나 조직하는 것을 허락하지 않았다.

마르크스주의적 시각 안에서 간디의 역할과 철학을 재해석하거나 재평가하는 노력들은 끊임없이 이어져오고 있다. 그 가운데서 중요한 시도의 하나는 이르판 하비브(Irfan Habib) 교수가 1995년에 한 강의인 '간디와 민족운동(Gandhi and the National Movement)'[11]이다.

하비브 교수의 평가는 일부 주요한 부분에서 E. M. S.의 평가와 다르다. 하비브는 간디를 민족운동에서 민족자본가의 이해를 대표하는 지도자로 보지 않고, 그보다는 '전형적인 근대인'으로 본다. 지주에 대한 간디의 접근은 전술적인 것이며 운동의 통일을 위해서였고 카스트, 종교와 사회 문

---

* 본문 90쪽.

제에 대해 간디는 개혁적인 입장이었다는 것이다. E. M. S.는 하비브의 그런 견해들에 일부 동의하지 않았다.[12] R. P. 두트와 자신 같은 마르크스주의자들이 '좌파'적 오류를 범한 것은 인정했지만 그가 보기에 하비브는 이를 교정하려고 하면서 '우파'적 오류를 범했고 간디의 부정적인 측면을 간과했다는 것이다.

E. M. S.는 자신의 견해에 따라서 두 가지 논점을 확실하게 지적했는데, 우선 간디는 탁월한 민족운동의 지도자로서 민족자본가들의 폭넓은 이해를 대변하고 해방 투쟁을 지도했다는 것이다. 둘째, 간디주의 강령은 농민을 동원하는 데 있어서 지주에 반대하는 것이 없었고 이런 강령의 성격 자체가 계급적 관점에 그 뿌리를 두고 있다는 것이다.

히렌 무케르지(Hiren Mukherjee) 역시도 간디주의 전술이 부르주아지에게 유리하다는 점에서 같은 평가를 내리고 있다. 간디주의에 관한 연구에서 그는 말했다.

> 사실상, 이는 간디라는 개인이 가진 아우라가 전체적으로 겁에 질려 있던 부르주아운동에게 일종의 숭고함을 차용해주었다고 하는 것이 옳을 것이다. 이로써 식민 지배에 저항하는 민중을 동원하는 그의 능력을 높이 평가하여 활용하는 동시에 유산계급이 안전하다고 생각하는 범위 내에서 민중의 활동을 제한할 수 있었다.[13]

1930년대 시민불복종운동에서 국민회의의 강령적 요구인 '11개 요구 사항'은 "다시 한 번 부르주아의 시각을 반영"한 것이다. E. M. S.는 "노동자나 농민이 자신들의 고용주나 지주, 고리대금업자에 요구하는 사항은 전혀 포함되지 않았다. 농민과 직접적인 이해관계가 있는 것은 단지 토지세

50% 삭감뿐이다"는 것을 지적하였다. 그러한 요구 사항 자체가 인도 자본가들의 이해관계에서 나온 것이었기에 이는 필연적인 결과였다. 라나디브(B. T. Ranadive)는 이 조항들을 상세히 분석하면서 1920년대에는 근대 산업을 죄악으로 간주했던 간디가 이제는 인도 섬유 산업의 보호를 요구했다고 기록했다. "이때부터 간디주의는 초창기의 반(反)서구 사상이라는 치장은 벗어버리고 공개적으로 민족자본가 계급의 요구를 주창하기 시작했다."[14]

간디주의가 가진 친(親)지주적 요소에 대한 E. M. S.의 관점은 후에 공산주의자가 된 모든 좌파 국민회의인들의 경험을 반영한 것이다. 국민회의 사회주의자당(CSP)의 뛰어난 지도자이자 후에 타밀나두(Tamil Nadu)의 공산당을 창당했던 지도자 중 한 명이 된 P. 라마무르티(P. Ramamurti)는 1930년대에 국민회의가 지주와 자본가들의 정당이 되어가는 현상을 주목하였다. 그가 지켜본 것은 자민다르와 이남다르(zamindar, inamdar)*와 같은 법적인 지주들이 압도적으로 친(親)영국이었던 시기에 일부 지주들이 국민회의에 참여한 것이었다. 그에 따르면,

> [···] 간디의 지도하에 국민회의는 지주들에게 그들의 권리가 침해를 받지 않도록 보장해주었다. 바르돌리(Bardoli) 결의와 비협력운동 기간에 국민회의가 지주들에게 보장한 것은 농민들의 소작료 지급 중단을 대리하지 않는다는 것이었다. 이에 대해서 내가 강조하고 싶은 점은 1930년대에 국민회의는 자본가와 지주들의 대변자로 등장했다는 것이다. 부르주아-지주 정당으로서의 면모를 획득하게 된 것이다.[15]

---

* 영국에게 지주적 소유권을 인정받은 영국 지배하의 지주층으로 북(北)인도에서는 자민다르, 마라타 지역에서는 이남다르로 불렸다. 영국은 이들을 통해서 지세를 받아가는 것으로 농민 착취의 효율을 높였다.

1935년부터 1946년까지 인도공산당(CPI) 총서기이자 국민회의—공산당의 연대를 확고하게 주창했던 P. C. 조쉬(P. C. Joshi)는 간디의 유산에 대한 평가에서 다음과 같이 말할 수밖에 없었다.

> 마하트마는 농민계급의 독자적인 조직화를 성공적으로 막았다. 우리 좌파들은 농민들을 일으키기 위해서 최선을 다했고 좌파들이 강력한 지역에서는 성장할 수 있었다. 그러나 독립이 된 이후, 민족민주운동과 좌파 연대의 분열에 따라 고립된 섬이 되었다.[16]

E. M. S.와 이르판 하비브는 공히 간디가 농민 대중과 하나가 되었고 그들을 민족운동에 끌어들이는 데 도움을 주었던 어법과 언어로 말한 것은 인정하지만, E. M. S.는 간디주의가 봉건제와 지주제에 대항하는 강력한 농민운동의 발전을 저해했다는 관점을 견지하고 있다.

이는 간디가 종교적 어법과 언어를 통해 농민 대중을 독립운동으로 연결시킨 것과 관계가 있다. 간디의 이념적 스승 중 한 명인 톨스토이에 대해 레닌은 다음과 같이 말했다.

> 톨스토이의 교의는 확실히 공상적이며 내용은 글자 그대로 반동적이다. 그렇다고 확실하게 그 교의에 […] 진보적인 계급의 계몽에 필요한 가치 있는 재료를 제공해줄 수도 있는 비판적 요소들이 없다는 것은 아니다.[17]

E. M. S.는 간디주의 철학과 정치에 대해 논할 때 거기에 깃든 공상적이고 사회적으로는 보수적인 성격에 주목했지만, 보다 나은 미래를 위해 행동에 나서는 농촌 민중들에게 호소력이 있다는 것을 간과하지는 않았다.

만약 '반동적인' 사회 전망을 가진 간디는 전적으로 혁명적인 현상을 초래하는, 즉 농촌의 빈민을 근대 민족민주주의운동의 영역으로 끌어들이는 데 필요한 도구였다고 누군가 말한다면 이는 자기모순이 될 것이다. 그런데 이러한 자기모순이 인도의 현실 정치에서 민족민주주의운동이 봉건주의와 연결된 부르주아들에 의해 지도되었다는 사실로 인해 모순을 명시적으로 보여주는 것이 되었다.[18]

E. M. S.와 하비브 사이의 또 다른 쟁점은 민족운동 내부에 존재하던 서로 다른 요소들의 역할에 대한 것이었다. E. M. S.의 경우, 부르주아가 이끄는 민족운동과 노동계급운동과의 관계에서 결정적인 국면은 노동계급운동이 이념적·정치적 독자성을 유지하면서 제국주의에 대항하는 연합전선에 참여하는 것이라고 보았다. 어떻게 이제 갓 탄생한 공산당이 반제국주의 반봉건이라는 의제를 바탕으로 독자적으로 노동자와 농민을 결집해서 독립 투쟁으로 이끌어낼 것인가에 대한 윤곽을 그리고자 노력했던 것이 그의 일관된 입장이었다.

이를테면, 단 하나의 민족운동만이 존재했다는 이르판 하비브의 말이 맞긴 하지만, E. M. S.가 강조한 것은 운동 내부에는 좌파라는 별도의 줄기가 있었고 이들이 계급적 기반에서 노동자와 농민을 조직하여 독자적인 정치적 기반을 발전시키려고 하였다는 것이다. 계급이라는 용어를 가지고 E, M, S.는 독립운동에 존재하는 3가지 줄기를 설명했다. 부르주아, 급진적 프티 부르주아, 노동계급. 첫 번째 줄기가 지배력과 헤게모니를 장악하게 된 것은 의심의 여지가 없는데, 이것은 간디의 전망과 지도력 덕분인 것이다.

3.

E. M. S.의 간디주의 비판에는 간디가 생의 마지막 시기에 보여준 용기와 고귀한 투쟁에 대한 깊은 존경이 포함되어 있다. '분리주의'에 대한 거부, 노아칼리(Noakhali)에 머물면서 꼬뮤날리즘의 불을 끄려했던 용감한 노력, 파키스탄에 5억 5천만 루피를 지불하도록 인도 정부에게 요구한 최후의 단식*, 이 모든 것들은 무엇보다 관직이라는 이권을 나누어 가지는 데 관심이 있던 다른 국민회의 지도자들과는 다른 수준에 그를 올려놓는다.

간디가 남긴 세속적인 유산에 대해 재평가할 필요가 있다. 공산주의자들은 간디식의 종교적 어법을 불편해한다. 예를 들자면 사나타나 다르마(sanatana dharma)**로 되돌아가자는 것이나 민중들에게 라마 신의 통치(Ram Rajya)***를 위해 투쟁을 요구한 간절한 호소 등이다. E. M. S.는 간디가 자신의 책 《힌두 스와라지》에서 드러낸 것 같은 반(反)근대주의자적 입장에 대해서는 비판적이었으며 근대 의학과 과학, 기술에 대한 간디의 시각도 반계몽주의자로 간주하였다. 간디가 생의 마지막 시기에 보여준 꼬

---

* 인도, 파키스탄 분리 이후 독립 이전의 인도 자산에서 파키스탄에게 7억 5천만 루피를 지불하기로 합의가 있었다. 국가가 분리되면 분리 이전의 재정도 그에 따라 분리되는 것은 당연하다. 1차로 2억 루피가 지불된 후 카슈미르에서 국지전이 일어나자 인도 정부는 남은 5억 5천만 루피 지급을 거절했다. 간디 암살범 고드세는 간디가 이를 요구한 것을 암살의 명분으로 삼았다. 그러나 1934년 이래 간디는 힌두 극우들로부터 6번의 암살 위험이 있었다. 1934년, 1944년 7월과 9월, 1946년, 1948년 1월 20일, 6번째이자 성공한 암살이 1948년 1월 30일이었다. 고드세는 1934년과 1944년의 암살 시도에 이미 참여하였고 이때는 5억 5천만 루피의 지불과는 무관한 시기였기에 5억 5천만 루피를 언급한 것은 추한 변명에 불과하다. 당시 간디 단식의 가장 큰 대의적 명분은 이 5억 5천만 루피보다는 종교 간의 학살을 멈추고 화합하자는 것이었고 이 지불 문제는 부차적인 것이었다.

** the eternal law, 영원한 법칙. 힌두교 용어로 모든 종교적 형식을 떠나 존재하는 궁극의 원리로 완전한 조화로 들어가는 것, 혹은 그 조화를 의미한다. 즉 힌두의 신비주의다. 실제 현실에서 행동 근거로서 이 사나타나 다르마를 제시하게 되면 '묻지 마라. 내가 한 말은 믿고 행할 수밖에 없는 영원한 원리에 근거한다. 믿고 행하면 된다'라는 말을 종교의 힘을 빌려 한 것일 뿐이다.

*** 비슈누 신의 화신인 라마 왕이 전설의 지역인 아요디아에서 행했던 통치를 의미한다.

뮤날리즘에 대한 단호한 싸움은 높게 평가하였지만, 이 책은 간디의 견해가 가진 세속적 측면은 충분하게 고려하지는 않는다.

간디는 모든 종교가 똑같이 존중받아야 하고 모든 종교 공동체는 동등하게 대우받아야 한다는 입장을 견지하였다. 또한 인도에서도 세속적인 국가가 필요함을 역설했고 종교와 국가는 분리되어야 한다는 견해를 가지고 있었다. 솜나트 사원(Somnath Temple)*을 정비하는 데 정부 기금을 사용하는 것에 반대하기도 하였다.[19]

간디-네루가 남긴 유산은 인도 세속주의의 기둥이 되어 왔지만, 금이 간 상태인지도 모른다. 간디를 전유(專有)하고 간디의 종교적 세계관을 힌두트바(hindutva)**의 교리에 흡수함으로써 간디 고유의 세속적 전망을 난도질하려는 RSS의 시도는 간디를 파문자로 간주하고 힌두 광신자의 손을 빌려서 살해했던 바로 그 세력들의 사악한 움직임이다.

마하트마와 공산주의자들 사이에 어떤 정치적 차이가 있었더라도, 그의 암살은 E. M. S. 세대 공산주의자들에게 깊은 슬픔을 안겨주었다. 케랄라 공산주의운동의 전설적인 창립자인 P. 크리슈나 필라이(P. Krishna Pillai)****가 지하로 숨어들었다가**** 뱀에 물려서 죽기 전에 한 마지막 공식 활동 중 하나가 코타얌(Kottayam) 지역에서 간디의 죽음에 항의하는 시위를 주도한 것이다. 축하 행사를 벌였던 힌두 극우(Hindutvawadis)들에 비해 다음

---

* 시바 신의 성지 중에서 가장 숭배되는 곳으로 국민회의 내 우파의 대표인 파텔이 재건축을 주장했고 정부 기금에 의해 1948년에 재건되었다.

** Hinduism으로 번역을 하기도 하나 극우 힌두주의자들은 이보다는 "힌두로서 산다"의 의미를 강조하면서 힌두이즘과는 선을 긋기도 한다.

*** 케랄라에서 공산당 결성에 가장 큰 역할을 했다.

**** 공산당은 1942년 합법화되었지만 1948년 B. T. 라나디브가 총서기로 선출되고 러시아식 혁명 투쟁 노선으로 급선회하면서 많은 지도자들은 수배를 받고 지하활동에 들어갔다.

과 같이 결론을 내린 네루는 선명한 대조를 이룬다. "악마는 간디를 죽인 것으로 끝내지 않았다. 다양한 방법으로 그의 죽음을 축하하는 것이 어떤 사람들에게는 훨씬 더 치욕스러운 일이다."[20]

E. M. S.는 간디 생애 마지막 날들의 이상과 위대함과 비극을 포착했다. 이 책은 간디가 어떻게 짧은 시간 안에 (국민회의에서 — 옮긴이) 추방된 예언자가 되었는가 하는 질문에 대한 답을 찾고 있다. 영국 제국주의와 싸우기 위해 대중이 동원되어야 했던 시절에는 간디주의자의 방법들, 특히 비폭력 저항의 기술이 부르주아지에게 유용했다. "그렇지만 제국주의에 대항한 투쟁이 어떤 의미에서 성공을 거두고 부르주아지와 그 계급 동맹들이 국가권력을 가지게 되자 간디주의는 부르주아지의 자기 이해에 방해가 되는 것으로 드러났다." E. M. S.는 간디가 자신이 추구한 가치들을 진실하게 지켰음을 강조한다. 새로운 지배자들은 힌두−무슬림 통합 문제와 부패 때문에 국민회의의 해산을 요구한 그의 입장을 거부하였다.

E. M. S.는 간디주의에 대한 그의 견해를 끝까지 유지하면서 마르크스주의자와 간디주의자가 공동 행동을 할 수 있는 가능성들을 계속 주장하였다. 이 사실은 이 책의 끝에 언급되었다. 힌두트바 세력의 위협적인 성장을 바탕으로, 간디주의의 유산을 전유하려는 종교계의 시도로부터 그것을 지켜내야만 한다. 비록 정부의 개입으로 인해 쇠약해지고 제도화되기는 했지만 간디주의자들 내부에는 1990년대에 도래된 자유주의와 민영화(privatization)에 반대하는 흐름이 있다. 지배계급이 간디의 스와라지, 스와데시, 아힘사 같은 고귀한 개념들에 단호하게 등을 돌렸을 때 요구받았던 것은 바로 민중과 국가 주권에 관한 간디의 사상과 실천에 존재하는 가치를 보전하라는 것이었다. E. M. S.가 1950년대 초반에 간디와 간디 사상을 비판적으로 평가한 것에서부터 시작된 이 실천은 아직 끝나지 않았다. 앞

으로 더 나아가야 한다. 간디주의는 박제처럼 굳어버린 공식적인 해석과 꼬뮤날의 목적을 위해 왜곡하고 악용하려는 파멸적인 시도 양쪽 모두로부터 지켜져야만 한다.

1. S. A. 당게(S. A. Dange)는 1921년에 《간디 대 레닌(Gandhi vs Lenin)》이란 제목의 소책자를 발행했었다. 두 지도자에 대한 이 비교 연구는 간디에 대한 포괄적인 연구로 간주될 수 없다. 민족운동에서 간디의 지도가 시작되던 시기에 발간되었기 때문이다.

2. Hiren Mukherjee, *Gandhi : A Study*, A People's Publishing House, New Delhi, 1958.

3. E. M. S. Namboodiripad, *Reminiscences of an Indian Communist*, National Book Center, New Delhi, 1987.

4. E. M. S. Namboodiripad, *A History of the Indian Freedom Struggle*, Social Scientist Press, Thiruvananthapuram, 1986. (옮긴이) 1920년대 공산주의자들 중 여기에 해당되는 이들의 글 가운데서 꽤 알려진 글은 M. N. Roy, "On Non-Violence and the Masses", 1923 그리고 Eleven Roy, "The Debacle of Gandhism" 등으로 http://www. marxists.org/subject/india/index.htm에서 찾아 읽을 수 있다. 실제로 M. N. 로이(M. N. Roy)의 초기 활동은 인도 내부의 대중운동보다는 소련, 중동, 멕시코 등 코민테른과 관련된 행동에 치중했었다. 로이는 1920년 코민테른 2차대회에서 레닌과 〈민족 · 식민지 문제에 관한 테제 원안〉을 논의할 때도 식민지에서 혁명정당의 '존재'와 '지도성'을 '이미 있는 것'으로 강조하고 부르주아 정당인 국민회의와 대결할 것을 주장하였다. 1920년에 전인도노동조합회의(AITUC)가 갓 창설되었고 전인도농민조합(AIKS)도 1929년에야 창설되었으며 공산당은 1930년대 중반쯤 가서 창설 움직임이 있었던 것을 보면 M. N. 로이가 대중과의 실제적 결합보다는 비현실적인 발언에 치중했음을 알 수 있다

5. E. M. S. Namboodiripad, "Gandhian Philosophy : A Marxist Evaluation", Sukumar Azhikode Endowment Lecture, translated from Malayalam, University of Calicut, Kozhikode, 1994. (옮긴이) 남부디리파드의 간디에 대한 마지막 글은 마지막 장인 '간디 암살의 정치학'이다.

6. 본문 78쪽.

7. 본문 79쪽.

8. 본문 86쪽.

9. 본문 87쪽.

10. Bhikhu Parekh, *Colonialism, Tradition and Reform : An Analysis of Gandhi's Political Discourse*, Sage, New Delhi, 1999, p. 307, pp. 318−319.

11. Irfan Habib, "Gandhi and the National Movement", *Social Scientist*, vol. 23(4−6), April~June, 1995. (옮긴이) 학술망 접속 가능자는 www.jstor.org에서 〈Social Scientist〉를 접속하면 본문을 볼 수 있고 일반 접속자는 http://dsal.uchicago.edu/books/socialscientist 를 통해 1972년부터 2001년까지의 〈Social Scientist〉를 볼 수 있다.

12. E. M. S. Namboodiripad, "For a Balanced Approach on Gandhi and the National Movement", *Social Scientist*, vol. 23(7−9), July~September 1995.

13. Hiren Mukherjee, *Gandhi : A Study*, p. 200.

14. B. T. Ranadive, "Indian's Freedom Struggle", *Social Scientist*, vol. 14 (159−160), August~September 1986, p. 118.

15. V. K. Ramachandran, "Conversations with Comrade P. Ramamurti, 1982~84", *CPI(M) XIX Congress Souvenir*, Coimbatore, 2008.

16. P. C. Joshi, "The Legacy", *Seminar*, No. 122, p. 26. (옮긴이) P. C. 조쉬의 국민회의와 간디에 대한 '짝사랑'은 1944년 간디와 P. C. 조쉬 사이에 주고받은 편지를 통해 볼 수 있다. P. C. 조쉬가 따뜻한 인사말로 공산당의 정책을 소개하고 싶다는 편지를 보내자 간디는 그의 다른 편지에서는 전혀 찾아볼 수 없는 딱딱하고 사무적인 어투로 '민중(People)'과 '민중의 전쟁(People's war)'의 의미 등을 묻는 짧은 질문들이 담긴 답변을 보냈다. 조쉬는 그가 "우리 민중의 가장 위대한 애국적 조직의 가장 사랑받는 지도자"라고 부른 간디에게 예의 바르게 공산당의 정책을 설명하는 장문의 편지를 다시 보냈다. 그렇지만 이후에 간디가 조쉬에게 답한 기록은 없다. Anil Rajimwale, "Correspond Between Mahatma Gandhi and P. C. Joshi", *Life and Works of P. C. Joshi*, People's Publishing House, 2007, pp. 29−48.

17. V. I. Lenin, "Lev Tolstoy and His Epoch", *Collected Works*, vol. 17, Progress Publisher, Moscow, p. 52. (옮긴이) V. I. Lenin, 《레닌의 문학예술론》(이길주 옮김), 논장, 1988, p. 99.

18. 본문 206쪽.

19. Anil Nauriya, "Gandhi on Secular Law and State", *The Hindu*, October 22, 2003.

20. Jawaharlal Nehru, "Two Weeks of Sorrow and Searching", 1948, in S. Gopal and Uma Iyengar(eds.), *The Essential Writings of Jawaharlal Nehru*, vol. 1, Oxford University Press, New Delhi, 2003.

재판 서론(1959년)[*]

"간디주의는 공산주의에서 폭력을 뺀 것이다"라는 수많은 간디주의자들의 주장은 정확한 것인가? 혹은 간디주의는 또 다른 저명한 간디주의자들과 모든 마르크스주의자들이 주장하는 것처럼 마르크스−레닌주의와 질적으로 다른 사상인가?

이 문제는 우리 나라의 미래에 관심을 가진 많은 이들 사이에서 다양한 토론을 불러일으켰다. 이 문제에 대한 정확한 답은 우리 나라가 사회주의로 가는 경로에 대한 이해에 달려 있다.

명백하게 이는 우리에게 간디주의의 본질적 요소를 마르크스주의처럼 자세하게 연구할 것을 요구한다. 우리에게 후자를 연구하는 것은 쉽다. 거기에 대한 수많은 저작들이 있고 그중 일부(엥겔스의 《공상적 사회주의와 과학적 사회주의》, 레닌의 《카를 마르크스》, 스탈린의 《변증법적 유물론과 사적 유물론》

---

* 이 책은 저자가 케랄라를 하나의 주로 만드는 운동을 하던 시기에 연재를 시작했고 선거를 통한 공산당 집권에 성공한 직후에 단행본으로 묶여서 초판이 나왔다. 중앙정부에 의해 공산당 정권이 강제로 해산된 직후인 1959년 '재판 서론'이 추가된 후 재판이 출판되었다. 그럼에도 불구하고 저자는 이 서론에서 세계적 사건인 케랄라에서의 공산당의 선거 승리에 이어진 국민회의에 의한 공산당 정권의 해산에 대한 언급을 전혀 하지 않았다. 독립 이후의 간디와 국민회의 간의 충돌을 이 책 후반부에서 논의한 것에서 볼 수 있듯이 남부디리파드는 독립 이후의 간디와 국민회의를 동일시하지 않았다. 독립 이후 국민회의가 계속 간디의 이미지를 사용하고 있었어도 부패가 더 심해져갔던 국민회의와 독립 이후의 청렴했던 간디를 동일시하지 않았기에 그런 것이 아닌가 하는 생각이 든다.

등)는 마르크스주의의 본질에 대한 짧은 요약을 제공해준다. 전자를 연구하는 것은 쉽지 않다. 마하트마 간디 선생님의 인생 전체를 돌아보아야 하고 당신의 연설과 수천 쪽에 달하는 저술들을 연구해야만 그에 대한 비판이 어느 정도 가능할 것이다. 간디주의의 본질에 대한 요약은 아직까지는 없었다.

이런 상황에서 한 인간으로서의 간디 선생님의 삶, 당신의 사상, 실제 업적들을 어렴풋하나마 알기 위해서 할 수 있는 일은 텐둘카르와 피아렐랄(Pyarelal)이 쓴 전기를 연구하는 것이다. 이 전기 작품에 대한 연구는 간디 선생님이 설파한 것의 본질이 무엇이고 당신의 가르침이 실제로는 어떻게 현실화되었는지 이해하는 데 도움이 될 것이다. 다른 시각을 가진 사람들이 수행한 다른 연구에서는 또 다른 평가에 도달하리라는 것은 분명하다. 그런 연구 결과가 간디주의의 본질에 대해서 명쾌하게 드러내 줄 것을 기대해본다.

1954년경 간디주의에 대한 연구에 관한 기고문으로서 간디 선생님의 생애와 가르침에 대한 비평을 시작했다. D. G. 텐둘카르(D. G. Tendulkar)의 8권으로 된 마하트마 간디 전기가 나왔기에 가능한 일이었다. 텐둘카르의 책에 대한 리뷰 형태로 쓴 이 연재물들은 인도 공산당의 월간 이론지인 〈뉴 에이지(현재는 CPI에서 주간 타블로이드 신문으로 발행하고 있다 — 옮긴이)〉에 실었다. 이 연재는 1956년에 이 책에서 열두 번째 장이 된 '8월 15일 : 승리인가 패배인가?' 라는 글로 끝이 났다. 연재되었던 글들을 시간상으로 연결하기 위해 필요한 수정 작업을 거친 후 책의 형태로 만들었다. 그리고 '간디주의의 의미'와 '간디 이후의 간디주의' 라는 두 개의 장이 추가되었다. 이것이 1958년 1월에 이 책 초판이 출판된 과정이다.

〈뉴 에이지〉에 이 글들이 실릴 때와 마찬가지로 글들을 모아 책으로 출판했을 때도 많은 친구들이 ─ 그 인지도에 상관없이 ─ 이 작업에 관심을 보여주었다. 순수한 비평으로만 된 말들, 호의적인 비판과 결합된 비평, 순수하고 날카로운 비판, 심지어 하찮은 조롱까지도 받았다. 특히 초판이 나온 후가 그러했다. 이 기회를 빌려 이런 의견들을 말해준 모든 친구들에게 감사를 드린다. 간디 선생님과 당신의 사명에 대한 내 접근 방식에 대해 다시 검토할 수 있도록 나를 도왔기 때문이다.

그럼에도 불구하고 내가 명백히 하고 싶은 것은 이 책에서 내린 나의 평가를 바꿀 이유를 찾지 못했다는 것이다. 이런 말을 하는 것은 다른 평가가 가능하다는 것을 부정하려는 것이 아니며, 실제로 다른 친구들이 그런 평가 작업을 수행했다. 내 평가가 인도 민족운동과 사회주의의 역사를 공부하는 보잘것없는 학생으로서 하는, 간디주의에 대한 모든 관점을 이해하려는 개인적 시도가 되었으면 한다. 왜냐하면 이것이 다시 나의 관점을 이해하려는 친구들의 노력으로 이어지기를 희망하기 때문이다. 정확한 판단은 이렇게 학습하고 견해들을 교환하는 과정을 통해서만 이루어질 수 있다.

간디 선생님과 당신의 가르침에 대한 나의 평가는 당연히 마르크스-레닌주의 세계관에 기반을 두고 있다. 덧붙이자면 나는 간디주의를 마르크스주의자가 된 후 학습하고 순수하게 이 시각으로 비판한 것은 아니다. 몇몇 인도 마르크스주의자들처럼 마르크스주의자가 되기 전 나는 간디 선생님의 제자였다. 사실 나는 간디주의 안팎에서 성장하는 오랜 과정을 거쳐서 레닌주의에 도달하게 되었다.

정치의식에 대한 첫 자각은 간디 선생님의 인격과 1920~21년 당신이 시작했던 전국적인 민족운동을 통해서이다. 11살, 12살 때쯤 당시 간디 선생님이 시작했던 비협력운동의 소용돌이에 매혹되었다. 말라얄람어

(Malayalam, 케랄라 지역 언어)로 된 매체(당시에는 일간지가 없었다)에 실렸던 간디 선생님과 당신 동료들의 활동에 대한 단편적인 보고들은 내 마음에 새로운 세계를 가져다주었다.

그 시절 이후 나는 간디 선생님과 당신의 가르침에 의해 성장하였다. '스와라지주의자와 고수파(固守派, No-Changer)의 대논쟁' 시기에 나는 전적으로 후자에 공감했다. 나는 간디주의의 건설적인 일꾼으로 몇 가지 원칙 아래 나를 집중시키기 시작했다. 내 안을 돌아보면 지금도 그 흔적은 남아 있을 것이다.

간디주의자들 사이에서 좌파 혹은 급진적 경향(판딧 자와할랄 네루에 의해 대표되는 경향)이 있을 때 나는 네루주의의 열렬한 추종자가 되었다. 후에 간디주의 안에서 이 좌파 경향들이 더 좌측으로 갔을 때 이 흐름은 국민회의 사회주의자당(Congress Socialist Party)의 결성을 이끌어내었다. 초대 총서기이자 뛰어난 지도자는 자야프라카시 나라얀(Jayaprakash Narayan, JP로 불린다)이었다. 그는 현재 '간디 이후의 간디주의자'의 지도자가 되었다. 나는 여기에 가입을 했다. 내가 간디주의에서 마르크스-레닌주의로 '도약'했던 것은 간디주의 내의 가장 좌파적 경향에서 비롯된 것이다. 덧붙이자면 존경받던 자야프라카시 나라얀 같은 동료는 많은 이들이 했던 '도약'을 하지 않았기 때문에 친(親)마르크스주의에서 간디주의로 돌아간 것이 아닐까?

D. G. 테둘카르가 쓴 8권짜리 마하트마 전기가 내게는 역사 문제가 아니라(비협력운동 이전을 주로 다룬 첫 번째 권을 제외하고는), 내가 참가했던 인도 민족운동 역사의 한 부분이다. 나는 처음 10년 정도는 능동적 참가자도 수동적 방관자도 아니었지만 후반 20년은 능동적으로 참가하였다.

또 독자들에게 알려주고 싶은 것은 간디주의 학파의 유명한 지도자들과 개인적인 관계를 가졌던 좋은 기회가 내게 있었다는 것이다. 1932~33년,

일 년 반 동안 벨로르 감옥(Vellore Jail)에 있을 때, 간디 선생님의 조언자로 잘 알려진 C. 라자고팔라차리와 매일 가깝게 지냈다. 간디주의 이론의 다양한 측면에 대해 학자적인 주해로 유명한 파타비 시타라마야 박사(Dr. Pattabhi Sitaramayya), 고수파의 성자처럼 보이는 외모를 갖춘 데사바크타 콘다 벤카타파야(Desabhakta Konda Venkatappayya)는 간디 선생님에 대해 거의 광적인 믿음을 가지고 있었다. 불루수 삼바무르티(Bulusu Sambamurthy)는 간디주의의 금욕 실천을 체화시켰다. 그 외에도 여러 사람들이 있었다. 나는 파타비 시타라마야 박사가 감옥 앞마당에서 주최한 대단한 저녁 두르바르(durbar, 원래 뜻은 인도의 궁정 혹은 접견실, 정부 당국에 의해 소집된 유명 인사들의 공식 회의 — 옮긴이)에 대해 향수가 깃든 회상을 하지 않을 수 없다. 그곳에서 그는 그를 둘러싼 제자들에게 지식의 부를 마시도록 강의를 하였다. 그렇게 일 년 반 동안 남인도 간디주의 학파의 가장 뛰어난 지도자들이 저녁 시간 동안 제공해준 수많은 재미있는 농담들, 경구들, 진지한 의견들을 잊을 수 없다.

간디 선생님이 지도하는 운동에 적극 참여함은 물론 개인적인 관계를 맺었다는 이런 배경은 내가 《마하트마 간디 불편한 진실》에서 한 비평과는 상반되는 것일 수도 있다. 내가 이 비평을 하려고 했을 때 두 가지 질문이 자연스럽게 내 앞에 놓였다. 첫째, 왜 나와 같은 수백만의 젊은 남녀가 1920년에서 1921년 사이와 그 이후에 간디주의 진영으로 합류하게 되었는가? 둘째, 왜 나와 같은 일부 젊은 남녀는 서서히 불만족이 싹트고 마하트마에 대한 환상이 깨지면서 처음에는 수십 명, 나중에는 수백 명 그리고 계속해서 수천 명이 마르크스-레닌주의 진영에 가담하기 시작했는가?

이 질문들은 오직 우리가 간디 선생님의 생애와 당신이 민족의 정치적 삶에서 맡았던 역할을 돌아보는 것으로만 답변이 가능하다. 간디 선생님

역시도 당신이 살던 시대의 산물이다. 당신의 인격, 정치적 세계관을 형성한 특정 세력들, 당신이 정치적 삶을 시작했을 때 스스로를 발견한 상황들, 이러한 상황들을 전환시키려고 했던 당신의 목표, 상황 속에서 변화를 가져오기 위해 당신이 활용한 행동의 기술, 다양한 부문의 민중과 계급들에게 당신의 행동이 미치는 영향도 그렇다. 이 모든 것들은 조심스럽게 분석되어야 하고 상호 연관성과 중요성이 드러나야 할 것이다. 이것이 대단하지는 않지만 정확하게 두 번째 장에서 열두 번째 장까지 내가 해본 시도이다. 이 검토의 결과는 '간디주의의 의미' 장에서 요약을 했다.

대부분의 비평가들이 자연스럽게 이 장에 대한 비평을 했다. 그들은 간디 선생님에 대한 나의 평가에서 '모순'을 발견하려고 노력하였다. 나는 한편으로는 인도 농촌의 수백만 가난한 농민의 잠을 깨우고 일으킨 당신의 위대한 역할을 언급하고 다른 한편으로는 당신이 부르주아의 지도자로 행동하셨다고 언급했다. 이것이 "모순적이지 않은가?"라고 그들이 물었다.

'부르주아'라는 개념을 순전히 모욕적인 명칭으로만 이해하고 있지 않다면 여기에 모순이 없다고 내가 말해도 되지 않겠는가. 어떤 문제에 대해 접근하면서 계급적 본질이 프롤레타리아적이라기보다는 부르주아 민주주의적이라고 말한다고 해서 모든 문제에 대해 접근하는 방법이 반동적이라는 의미는 아니다.* 마르크스-레닌주의 창시자들의 저술에서 언급하는 것으로 이를 확신시키는 것이 좋을 것 같다. 부르주아는 모든 나라에서 민족민주운동 역사의 특정한 시점에서는 반동 — 제국주의, 식민지 양자 모

---

* 남부디리파드가 '개인 간디'와 '정치인 간디'를 함께 고찰하는 것은 마르크스가 개인과 '인격화된 범주(personified category)'에 대해 논한 것과 같은 것이다.
"있을 수 있는 오해를 피하기 위해 한마디 하겠다. 자본가와 지주를 나는 결코 장밋빛으로 아름답게 그리지는 않는다. 그러나 여기서 개인들이 문제로 되는 것은 오직 그들이 경제적 범주의 인격화, 일정한

두 — 에 대항하여 민중을 일으키고 조직하는 세력으로 활동한다. 이 부르주아지의 역할은 마르크스-레닌주의자들에 의해 언제나 환영받았고 진가를 인정받아 왔다. 그럼에도 불구하고 마르크스-레닌주의자들은 대중을 각성시키고 조직하는 부르주아지의 역할이 심각한 한계가 있음을 지적하지 않은 적이 없다. 부르주아지가 수행한 고전적인 혁명인 1789년에서 1793년의 프랑스 혁명은 봉건제도를 직접 맹공격하는 데 프랑스 농민을 각성시키고 이끌었다. 혁명의 특정 시점에 달했을 때 동일한 혁명에서 동일한 부르주아지가 동일한 농민계급을 배반하였다. 기본적으로 같은 과정이 이어지는 부르주아 민주주의 혁명에서 반복되었다. 이는 마르크스와 엥겔스의 고전적인 저작들에서 유려하게 서술되었다(《루이 보나파르트의 브뤼메르 18일》, 《1848년에서 1950년까지의 프랑스에서의 계급투쟁》, 《독일에서의 혁명과 반혁명》, 《프랑스 내전》 등).

레닌 또한 그의 저술에서 식민지, 반식민지와 종속적인 국가에서의 부르주아지의 이중적인 역할을 강조하였다. 부르주아지의 역할에 대한 정확한 이해가 부족한 이들만이, 부르주아지의 이념적인 대변자로 누군가 묘사하는 것을 모욕이라고 여기는 이들만이 간디 선생님에 대한 나의 평가에서 모순을 발견하게 될 것이다.

여기에 하나 덧붙이자면 내가 간디 선생님을 부르주아지의 이념적 대변자로 묘사할 때, 나는 당신의 모든 행동이 부르주아지의 이해를 옹호하는 것으로 여기지는 않았다. 그/그녀가 한 행동의 역사적 판결이 그/그녀가

계급 관계와 이익의 담지자인 한에서이다. 경제적 사회구성(체)의 발전을 자연사적 과정으로 보는 나의 입장에서는, 다른 입장과는 달리, 개인이 이러한 관계들에 책임이 있다고 생각하지 않는다. 또한 개인은 주관적으로 아무리 이러한 관계들을 초월하고 있다고 하더라도, 사회적으로는 여전히 그것들의 산물이다." - 카를 마르크스, 《자본론》 1권(김수행 옮김), 비봉출판사, 2006년, p. 6.

한 생각이나 행동과 다른 것은 모든 인간 존재의 불운이다. 간디 선생님은 진실로 당신이 온 민족의 이익을 보호하고 있다고 믿었지, 특정 계급이나 공동체를 위했다고는 생각하지 않았을 것이다. 요점은 이런 구체적 활동의 실제 결과가 무엇이었는가 하는 것이다. 여기에 개인적인 것들이 적용되어서는 안 된다! 유명한 말도 있지 않은가. "지옥으로 가는 길은 선한 의지로 포장되어 있다."

물론 누군가 개인을 오직 그의 행동으로만 평가한다면 공정하지 않을 것이다. 그의 의도 또한 중요하다. 사실상 그와 그의 업적에 대한 정확한 평가는 그의 의도와 달성하기 위해 노력하는 과정에서의 방법, 거기에 따른 결과를 찾아내는 것이 될 것이다. 이것이 이 책에서 내가 하고자 했던 방법이라고 나는 주장한다.

'간디주의의 의미'라는 장에서 내가 했던 다섯 가지 평가는 "삶의 마지막까지 자신이 가진 확고한 이상을 고수했다. […] 이러한 것들은 그의 삶과 가르침에서 분리할 수 없는 것이다"란 언급으로 시작한다. 이 점을 좀더 발전시켜서 나는 같은 생각을 반복했다. "반제국주의 투쟁 시절에 설파하던 도덕적 가치가 이제는 권력을 가진 정치인들에게는 장해가 되었다. 다른 한편으로 간디는 그 가치에 진실했고 이전 동료들과 측근들에게 일어난 갑작스런 변화를 스스로 받아들일 수 없었다." 이것이 간디 선생님이 생애 마지막까지 헌신했던 확고한 도덕적 가치와 사상이었으며, 이러한 이념과 도덕적 가치에 대한 헌신이 당신의 동료들에게는 부족했다는 것을 나는 추적했고 이를 "간디 말년에 그와 동료들 사이에 커져갔던 간극"이라고 불렀다. 그러므로 간디 선생님에게 어떤 이기심이나 신뢰할 수 없는 동기의 문제가 있다고 생각하지 않는다. 반대로 나는 당신의 이상주의에 대해 깊은 신뢰를 보낸다.

그러나 (보통 인간들에 대해서는 말할 필요 없고) 부처님, 예수님, 혹은 마호메트 같은 예언자의 경우와 같이 간디 선생님의 사상과 도덕적 가치들은 단순히 추상적인 것만은 아니다. 그것들은 역사에서 셀 수도 없는 인류가 참여했던 위대한 드라마이다.

우리들 중 누구라도 (이런 예언자들은 말할 필요도 없이) 그것이 좋을 수도 나쁠 수도 있지만, 스스로 많은 생각을 할 수 있다. 그렇지만 그 생각이 다른 이들이 느끼는 모호한 욕망 및 요구와 일치되지 못하면, 개인적인 차원에 머물게 될 것이다. 누군가의 생각이 사람들의 요구 및 욕망과 일치하는 범위가 커져갈수록 그 사람의 가르침이 더욱 성공적이 될 것이고 그는 더욱 유명해질 것이다. 부처님, 예수님, 마호메트는 위대한 예언자였다. 동시대만이 아니라 그 이후의 세기에서도 수백만 인류의 요구 및 욕망과 부합되는 그들의 사상과 도덕적 가치 때문이다.

간디 선생님 또한 생애 마지막까지 당신이 충실했던 이상과 도덕적 가치가 수백만 인도 민중들의 요구 및 욕망에 일치했기에 위대한 것이다. 당신의 가르침은 민족 전체를 위한 반역에의 요청이었다. 특히, 낮디 낮은 곳에 있는 가난한 시골 민중, 당신이 다리드라나라얀(Daridranarayans, 가난한 이의 모습을 한 신 — 옮긴이)이라고 부른 이들을 위한 반역에의 요청이었다. 당신의 사랑, 진리, 정의 등의 개념은 가난한 농촌 민중을 제국주의와 봉건제로 속박하는 사회적, 경제적, 정치적 구속으로부터 자유롭게 하기 위한 자극이라는 맥락에 놓여 있다. 그렇기 때문에 가난한 농촌 민중은 당신을 새로운 메시아, 그들의 구원자, 보호자로 보았다.

그리고 농촌 민중만이 아니라 민족의 다른 계층에서도 간디 선생님을 자신들의 욕망과 즉각적 이해에 부응하는 명확한 사상과 도덕적 가치를 설교하는 위대한 인간으로 보았다. 아직 자신의 독자적인 정치운동을 발견하지 못한 인도의 노동계급은 간디 선생님을 자신들 이해의 대변자로 발견하였다. 중간계급의 지식인들과 청년들은 그들에게 고귀한 대의를 위해 어떻게 싸우고 필요하다면 죽을 수 있는지 가르치는, 영감을 주는 지도자를 당신에게서 발견하고 위대하고 고귀한 무엇인가를 위해 일하고 싸울 수 있는 열정으로 불타올랐다. 심지어 상류계급의 교양 있는 숙녀들과 신사들, 즉 부르주아지와 지주조차도 당신에게서 고귀한 대의로 사심 없이 일하는 헌신적인 애국자를 발견하였고 무엇보다도 '폭도'들을 비폭력의 제한 내에 둘 수 있다고 보았다.

그렇게 간디 선생님은 본질적으로 그 요구가 제각각일 수밖에 없는 다양하게 구성된 민중의 지도자가 되었다. 적어도 초기에는 당신의 지도력을 통해 이들을 하나로 모을 수가 있었다. 당신의 설교는 모두에게 만족을 주었다. 그렇지만 운동이 앞으로 나아가기 시작하자 각 구성원들의 이해와 욕망이 갈등으로 드러나기 시작했다. 이것이 간디 선생님이 역사의 다양한 단계에서 운동을 이끌었을 때 조직 내에서 갈등을 가져온 현상이다.

운동의 과정에서 간디 선생님의 지도력에 따른 결과로 떠오른 이 모든 갈등을 요약하면 당신의 이상주의는 강점과 약점이 있다고 결론을 내릴 수 있다. 그 강점은 제국주의와 봉건제에 대한 투쟁에서 민중을 각성시키고 조직하는 것으로 요약할 수 있고, 약점은 제국주의, 지주, 자본가 이 삼중의 고삐를 벗어나려는 노동자 농민 대중을 효과적으로 억제시키는 비폭력이라고 부르는 것에 대한 용의주도한 집착으로 요약될 수 있을 것이다. 첨언하면 이는 정확하게 부르주아지가 요구하는 이해이다. 그들은 우리 민중이 각성되어 제국주의와 봉건주의에 대항하여 조직화되기를 원했다. 하지만 그들은 민중이 행동과 투쟁에서 엄격하게 제한되기를 원했다. 이는 부르주아지의 이해가 요구하는 것과 일치하는 것이고 간디 선생님이 가진 지도력의 총체적인 결과이다. 내가 간디 선생님의 인생과 역사에 대한 접근을 부르주아 민주주의적 접근이라고 한 것은 바로 그런 의미에서다.

나는 일부 비판가들이 이 책에 대해 제기한 문제에 대해서 언급을 하고 싶다. 간디 선생님과 당신의 운동에 대해 처음 몇 장이 이어지는 장들보다 더 비판적이라고 주장한다. 소위 '사실'이라고 부르는 것에 대해서 '설명'을 찾으려는 것이다. 즉, 처음 몇 장은 소련의 학자들이 간디 선생님을 비난했을 때 썼던 것이고 이후의 장은 그들이 입장을 수정했을 때 쓴 것들이라는 것이다!

내가 말할 수 있는 것은 접근에는 차이가 없다는 것이다. 예를 들면 남아프리카 운동에 관한 장인 '초창기'에서의 비평이다. 모든 연속된 운동의 경우와 같이 여기서도 나는 당신이 시작하고 지도했던 운동은 계급 전체의 운동이었으나, 그 실제 힘은 전투적이고 자기희생적인 정신을 가진 남아프리카의 가난한 인도인 노동계급에서 나왔다는 사실을 지적했다. 민중들이 보여준 투쟁 정신과 자기희생의 정신에 당신이 얼마나 감동을 받고 마음에 지울 수 없는 인상을 남겼는지를 지적한 후, 당신이 지도하고 투쟁을 조직하는 방식에 대해 비판을 하였다. 간디 선생님의 조직력과 지도력에 대한 비판을 연결하는 것은 당신의 책인 《힌두 스와라지(Hind Swaraj)》에서 드러난 당신의 세계관을 비판하는 것이다.

간디 선생님의 생애와 당신의 가르침을 추적하는 과정에서 내가 취한 접근은 대중을 동원하고 지도하는 데에서 당신의 역할을 인정하지만 동시에 당신의 조직에 대한 지도력, 당신의 지도력에 지침이 되는 사회 경제적 세계관을 비판하는 것이었다. 이에 대해서는 '간디주의의 의미'라는 장에서 간략하게 요약하였다.

그러므로 비판가들이 제시한 '사실'은 그들의 상상력의 소산이기에 나는 그들의 '설명'을 반박할 필요가 없다.

일부 비판가들은 거칠고 근거 없는 주장을 펴기도 한다. 책으로 나오기 전의 원래 글들에 내가 기본적인 수정을 어느 정도 했다는 것이다. 이 '기본적 수정'은 소련 학자들이 입장을 변경하자 거기에 맞추기 위해 애초의 입장을 변경했다는 주장이다! 내가 지적하고 싶은 것은 어떠한 '기본적 수정'도 없다는 것이다. 이는 이 서문의 초반에 이미 밝혔다. 나는 시간에 따라 따로 썼던 연재물을 하나의 이어진 이야기로 만들기 위한 필요에 맞춰 수정했을 뿐이다. 대부분의 수정 사항은 스타일에 관한 것이다. 민족 정치의 관한 장에서 연속성을 주기 위해서 사소한 수정을 했을 뿐이다. 《마하트마 간디 불편한 진실》에 대한 나의 접근은 어떠한 변경도 없다.

그렇지만 다시 한 번 나는 친구들이 해준 비판에 대해서 감사를 드리고 싶다. 그를 통해 내가 이 책에서 했던 비평의 다양한 측면들을 재검토하는 것이 가능했기 때문이다.

E. M. S. 남부디리파드
트리반드룸
1959년 10월 20일

재판 서문(1981년)[*]

14개의 장으로 구성된 이 책이 처음 나왔을 때(1958년 — 옮긴이), 그 글들은 원래 1955년에서 1956년 사이에 월간지인 〈뉴 에이지〉에 연재된 것이었다. 약간의 수정과 내용 추가를 거쳐 1958년 1월에 책으로 묶어 발간하였다. 재판본은 본문에는 변화가 없지만 저자 서론이 추가되었다.

이 최신판에서는 재판에 있던 서론을 제외했고 지난 23년 동안의 변화를 짧게 돌아보는 마지막 장('제도화' — 옮긴이)을 추가하였다. 본문은 약간의 수정이 있으나 주로 사소한 것들이다.

이 판은 이전에 나온 책들이 몇 년 동안 재고가 없었고 이 주제에 관해 관심이 있는 이들의 계속되는 요청 때문에 나오게 되었다. 이 기회를 빌려 이 책을 발간해준 출판사에 감사를 드린다.

E. M. S. 남부디리파드
뉴델리
1981년 3월 25일

---

[*] 원래대로라면, 이 판본은 삼판이 되겠지만 남부디리파드는 이를 재판으로 명명하였다.

서장

그때는 저명한 간디주의자인 J. C. 쿠마라파(J. C. Kumarappa) 박사*와 판딧(Pandit, 학식이 뛰어난 스승 — 옮긴이) 순델랄(Sunderlal)조차도 소련과 중국에 관한 진실, 즉 이 나라들이 인간관계를 개선시키고 민중들에게 보다 나은 삶의 수준을 제공하고 있다는 놀랄 만한 진보에 대해 언급했다는 것만으로도 '공산주의자를 추종하는 철새'라는 비난에서 벗어날 수 없었던 시대였다. 그들은 진정한 간디주의자였기에, '간디주의가 실현되고 있는' 이 나라들에서 벌어진 일에 대하여 터놓고 말할 수밖에 없었던 것이다.

또한 그 시기는 마드라스(Madras)의 주 총리인 스리(Sri, Mr.의 의미 — 옮긴이) C. 라자고팔라차리(Rajagopalachari)가 자신이 '주적(主敵)'으로 묘사한 공산주의자들과의 전쟁을 선언한 시절이었다. 철도장관은 소련 서적들은 '선전' 책자이기에 철도 서점에서 판매를 금지시킨 반면에 '자유세계'에

---

* J. C. Kumarappa(1892~1960). 경제학자로 간디주의에 바탕을 둔 경제학을 발전시켜 '간디주의 경제학'이라는 학파를 형성하였다.

서 수입한 퇴폐적이고 음란한 책들은 자유로이 유통하도록 허용한 시절이었다. 재무장관은 의회에서 공산주의자 국회의원인 순다라야(Sundarayya)가 제출한 소련과의 무역협정 결의안을 거부한 시절이었다.

볼가 강과 마찬가지로 갠지스 강을 따라서도 도도한 물결이 흐르고 있다. 인도-소련 통상 관계에 대한 공산주의자의 결의안을 재무장관이 거부한 지 채 일 년도 되지 않아 인도-소련 협정은 서명이 되었다.* 문화 대표단, 다양한 형태의 기술 대표단, 의회와 정치 지도자들, 대중조직의 대표단 등 일일이 셀 수 없을 정도로 빈번히 양국 대표단들이 상호 방문하였다. 공산주의자들을 '주적'이라고 말한 당사자인 라자고팔라차리가 핵무기와 수소폭탄 금지와 평화를 위한 투쟁에서 소련이 하는 역할에 대해서 대놓고 칭송을 했다. 무엇보다도 우리 총리가 소련을 방문했을 때 예상하지 못한 따뜻하고 열광적인 환영을 해주었고 이어서 소련 지도자들이 인도를 방문했을 때 우리도 비슷한 환영을 해주었다. '힌디-러시 바이 바이(Hindi-Russi Bhai Bhai)'**라는 감동적인 구호가 울려 퍼졌다.

양국 간의 우애적인 관계는 '다른 사회 체제 국가들 간의 평화적 공존'을 양국 지도자들이 받아들였기 때문에 가능하게 되었다. 국민회의 총서기인 쉬리만 나라얀(Shriman Narayan)은 다음과 같이 썼다.

우리는 타국의 이데올로기에 개입하려는 의도가 전혀 없으며, 어떠한 나라

---

* 인도의 경제 발전은 소련과 동구에 힘입은 바가 컸다. 정호영, 《인도는 울퉁불퉁하다》, 한스컨텐츠, 2011 중에서 3장 3절 '네루 시기의 계획경제와 더불어 시작된 부패', 3장 4절 '국가 자본주의를 강화한 인디라 간디' 참조.
** '인도와 러시아는 형제, 형제'라는 의미의 러시아어로 1955년 12월 흐루쇼프가 캘커타(현재의 콜카타)를 방문했을 때 그를 환영해준 2백만 명의 인도 민중을 보고 감격에 차서 한 말이다.

들도 우리가 사는 방식에 대해 개입하는 것을 허용하지 않을 것이다(*AICC Economic Review*, 1 December, 1955).

동시에 인도와 소련 지도자들은 양국의 사회·국가 체제와 정치 지도자들의 지침이 되는 철학적 세계관은 서로 다르다는 점을 지적하였다. 불가닌(Bulganin)*과 흐루쇼프(Khrushchov)는 평화라는 대의에서 상호 협력을 원하는 두 나라 정부와 민중들 사이의 열광적인 요청을 마르크스주의 철학과 실천에 대한 강력한 옹호와 결합시켰다. 이에 대한 응답으로, 인도 여당의 지도자들은 자신들이 간디주의라고 알려진 철학과 실천을 고수하고 있다는 점을 분명히 하였다. 그들 중 한 사람인 쉬리만 나라얀은 이에 대해 명확하게 천명하였다.

(세계 평화, 5대 원칙을 바탕으로 한 협력, 착취 일소와 경제 정의 구현을 통한 대다수 사람들의 경제적 개선 같은) 목표들을 달성하기 위해 인도와 소련에서 채택한 수단과 방법은 완전히 다르다는 점을 잊지 말아야 한다. [⋯] 레닌의 이념과 간디의 이념은 절충될 수 없다(위와 같음, 저자 강조 추가).

인도와 소련 양국의 상호 협력을 통해 외교 분야에서는 무수히 많은 가능성 — 세계 평화를 위한 것뿐만 아니라 양 국민에게 돌아갈 경제적 이익 — 이 열려 있다고 하더라도, (스스로 간디주의 가르침에 기반을 두고 있다고 주장하는) 인도 여당과 (스스로 마르크스–레닌주의에 서 있다고 주장하는) 민주적

---

* 당시 소련의 국방상으로 흐루쇼프의 개혁과 반(反)스탈린운동을 지지했고 영국, 유고슬라비아, 인도를 같이 순방했다.

인 야당들 간의 내부 투쟁은 줄어들지 않을 것이란 사실이 이를 통해 분명해진다. 국가 간 평화 공존이나 국제적인 분쟁을 해결하기 위한 국가 간의 협력이 한 국가 안에서 서로 다른 이데올로기를 가진 계급 간의 **충돌을** 해결하지는 못한다. 예를 들어, 소련 지도자들에게는 성대한 환영을 보여주었던 인도인들이 다음과 같은 내부 정책적 문제들은 해결하지 못했다.

- 우리 나라의 토지 문제는 부단운동(Bhoodan movement)*을 통해서 해결할 수 있는가? 아니면 지주나 다른 반동 계급 세력을 분쇄하기에 충분할 정도로 강력한 조직된 농민운동의 발전이 필요한가?
- 급속한 산업화 프로그램들(이제는 모든 나라에서 시행되고 있는)이 외국 독점 자본과의 타협을 통해 수립될 수 있는가? 아니면 외국 독점자본에 대한 투쟁으로 귀결되어야 하는가?
- 급속한 산업화 목표 그 자체는 올바른 목표인가? 아니면 여당 지도자들이 실시하고 있는 사르보다야(Sarvodaya)** 이념과 충돌을 가져올 것인가?

이러한 쟁점들에 대한 입장 차이와 견해의 충돌은 간디주의와 마르크스-레닌주의 사이에서만 벌어지는 것이 아니라, 스스로를 간디주의자라 부르는 다양한 경향들 사이에서도 계속되고 있다.

이런 상황으로 인해 간디주의 철학과 실천에 대해 정확하게 평가하는

---

* 부단은 '선물로 받은 땅'이라는 의미로 지주가 자발적으로 자신이 소유한 토지 중 1/6을 땅이 없는 농민들에게 분배하는 운동.
** 전체의 상승이란 뜻으로 존 러스킨의 정치경제학을 간디가 차용한 개념. 간디는 농민들에 대해서는 힌두 우익으로서 온화한 인상을 가진 지주의 입장을 취했고 노동자에 대해서는 존 러스킨 등의 부르주아 개인주의 철학으로 대했다. 존 러스킨의 부르주아 개인주의 철학에 대해서는 에릭 홉스봄, 《혁명의 시대》(정도영 외 옮김), 한길사, 1998. pp. 470~471을 참조하라.

것이 마르크스-레닌주의자들에게 필수적인 작업이 되었다. 이러한 (간디
주의의 철학과 실천에 대한 — 옮긴이) 검토는 D. G. 텐둘카르의 8권짜리 전기
인 《마하트마》가 나오면서 속도를 얻게 되었다. "정확한 이야기를 전달하
기 위해, 가능한 한 운동을 지도했을 뿐 아니라 운동에 관한 가장 훌륭한
주석가인 간디 선생님 자신의 말로 들려주려는" 노력을 했다고 저자는 주
장했다(I, pp. xvii–xviii).

저자는 간디에 관한 자료를 수집한 후, 그가 직접 검토하도록 했다.

> 내가 선생님을 마지막으로 만난 것은 1948년 1월 22일이었고, 그때 우리는
> 아주 세세한 부분 — 전기의 형식, 활자, 삽화, 맞춤법, 인용 표시, 심지어
> 하이픈까지 의논했다. 선생님은 내 작업에 많은 관심을 보여주셨고 내게
> 은혜로운 협력을 해주셨다(I, pp. xviii–xix).

저자는 자신에게 도움을 주었던 마하데브 데사이(Mahadev Desai), R. R.
디와카르(R. R. Diwakar), K. G. 마슈루왈라(K. G. Mashruwalla)를 포함하여
간디의 수많은 추종자와 제자들로부터 받은 도움과 협력에 대해서 감사하
고 있다. 무엇보다 "그 시대에 위대했던 인간의 생애만이 아니라 인도 역
사에서 본질적으로 중요한 시기에 대한 기록으로서 위대한 가치가 있는
책이다"라고 했던 총리의 서문을 통해 이 책은 정확한 평가를 얻게 된다(I,
p. xiv).

초창기

텐둘카르가 25쪽에 걸쳐 플라시(Plassey) 전투*에서 암리트사르(Amritsar)**
까지의 인도 역사에 대한 서술로 《마하트마》 1권을 시작한 것은 매우 적절
하게 보인다. 그는 위대한 역사적 사건과 인물들을 보여준다. 이를테면,
잔시(Jhansi)의 라니 락슈미바이(Rani Lakshmibai)라는 누구도 잊을 수 없는
인물을 낳은 1857년의 혁명***, 1770년 벵골 대기근을 시작으로 영국 식
민지 시기에 인도 전역을 덮친 기근들, 자유·평등·박애라는 혁명의 기
치를 드높인 프랑스에 모국 인도의 경의를 표하기 위해 프랑스 선박을 방
문하고자 고집했던 위대한 람모한 로이(Rammohan Roy), 페로즈샤 메타
(Pherozshah Mehta), 다다바이 나오로지(Dadabhai Naoroji), 라나데(Ranade),

---

* 1757년 인도의 지배를 둘러싸고 영국과 프랑스가 치른 전투로, 이 전투 이후 인도에 대한 식민 지배
는 거의 영국의 독무대가 된다.

** 1919년 펀자브 주의 이 지역에서 영국이 자행한 대량 학살을 계기로 간디는 비협력운동을 선포하게
된다.

*** 1857년 혁명은 1857년 세포이 항쟁을 시발로 인도 각지에서 일어난 민족적 항쟁을 아우른다. 잔시
지역의 왕후인 라니 락슈미바이가 이끈 무장투쟁은 그중 하나다.

틸라크(Tilak) 같은 학자이자 정치가였던 인물들, 1904년 암스테르담 국제 사회주의자대회(International Socialist Congress, 제2인터내셔널)에서 인도 민족주의의 원로인 다다바이 나오로지가 인도 민중을 대표해 참석했을 때 각국 대표자들이 벌떡 일어나 그 앞에 모자를 벗고 엄숙히 경의를 표한 감동적인 장면, 국민의회 연단에서 터져 나온 스와라지(자치)에 대한 요구, 삼인방으로 유명한 랄, 발, 팔[(랄라 라지파트 라이(Lala Lajpat Rai), 발 강가다르 틸라크(Bal Gangadhar Tilak), 비핀 찬드라 팔(Bipin Chandra Pal)]이 지도하는 새롭고 급진적인 정치학파의 출현, 틸라크에게 선고된 역사적이자 야만적인 형벌*에 반대하여 아마도 인도 노동자들이 벌인 첫 번째 정치적 파업이었던 봄베이 섬유 노동자의 파업(레닌이 곧바로 상찬을 보낸)을 포함하여 전국적으로 일어났던 저항, 제1차 세계대전 기간에 등장해 이후에 더욱 거세진 반제국주의에 대한 새로운 물결 등등.

이때는 인도 민중들이 반제국주의 투쟁을 거치면서 서서히 단결해간 시기였고 이런 시대 분위기 속에서 모한다스 카람찬드 간디(Mohandas Karamchand Gandhi, 간디의 본명 — 옮긴이)는 카람찬드 간디의 막내아들로 태어났다. 할아버지 우탐찬드(Uttamchand)는 간디의 아버지와 마찬가지로 여러 카티아와르(Kathiawar, 구자라트 주(州)의 반도에 위치한 지역 — 옮긴이) 공국의 총리를 역임했다.

이 공직 수행을 통해 그분들은 공국의 관료들 중에서 보기 드문 충성심, 능력, 성품, 뛰어난 자질로 명성을 얻었다. […] 간디 선생님 집안은 포르반다

---

* 틸라크는 1897년에 18개월의 형을 받아 이미 지명도를 얻었고 출감 후 스와라지를 선언하여 더욱 거센 반영 활동을 하였다. 1908년 당시 53세의 틸라크가 다시 체포되어 선고받은 형은 감옥에서 6년간의 강제 노역이었다.

르(Porbandar, 구자라트의 항구 도시 — 옮긴이)의 정치에서 중요한 역할을 했다 (I, pp. 27-28).

시대 상황이 주는 영향을 어린 모한다스도 느꼈던 것으로 보인다. 우리 는 어린 간디를 가장 매료시켰던 육식 선호에 대한 논쟁을 들어서 알고 있 다. "힘센 영국인을 봐라! 그는 작은 인도인을 다스린다. 고기를 먹기 때문 에 키가 5큐빗(약 2미터)이나 된다!" 당시 어린 학생들 사이에서 유명한 우 스갯소리였다. 모한다스는 생각했다. "우리 나라 사람들도 고기를 먹는다 면 영국을 이길 수가 있을 거야." 이는 물론 80살 가까이 살 때까지 채식주 의자였던 간디의 생에서 보면 짧은 촌극에 불과하다.

우리가 또 들은 것은 아주 어린 시절에 모한다스는 종교가 불가촉천민 을 인정하지 않는 것에 대해 어머니와 곧잘 논쟁했다는 것이다. 모한다스 자신도 외국으로 유학을 가는 것 때문에 그의 카스트에서 추방당해야 했 다. "오늘부터 이 아이는 천민(outcaste)으로 취급되어야 한다. 누구라도 이 아이를 돕거나 부두에 배웅을 나가면 1루피 4아나의 벌금을 내야 한다"라 고 카스트 전체 회의에서 이야기되었다.

모한다스가 영국으로 가지고 간 추천서 중 하나는 다다바이 나오로지 앞으로 된 것이었다.

다다바이는 당시 런던에 있었다. 1890년 인도 문제를 논의하기 위해 〈인디 아〉라는 잡지를 시작했고 이 잡지는 영국 내 젊은 인도 학생들에게 영향을 주었다. [⋯] (그는) 인도협회에서 강연회를 하곤 했다. 간디는 한번 용기를 내서 이 모임에서 다다바이에게 추천서를 드렸다. 다다바이는 "언제라도 네가 좋을 때 와서 내 의견을 들을 수 있다"라고 말했다(I, p. 37).

런던에서 신진 변호사가 된 모한다스 간디는 다양한 진보적인 운동에
관심을 기울이고자 했다. 그 자신이 무신론자는 아니지만 당시 영국에서
대표적인 인물이었던 찰스 브래들로(Charles Bradlaugh)를 통해서 무신론에
흥미를 가지게 되었다. 간디는 몇몇 영국 유명인사들을 따라 브래들로의
장례식에도 참석을 했다. "브래들로와 같은 무신론자에게는 진리가 신의
자리를 대신하였다"는 것이 그의 의견이었다.

1889년 런던 부두 노동자 파업 동안에 간디가 인도 친구들과 함께, 파업
노동자들을 돕고 있던 매닝 추기경(Cardinal Manning)을 찾아가서 축하한
것은 흥미로운 기록이다.

하지만 훗날 위대한 영혼(Mahatma)이 될 그가 런던 체류 시에 가장 관심
을 가진 운동은 바로 '채식주의'였다.

> 도심을 산책하면서 하는 일과 중 하나는 채식주의 음식을 찾는 것이었는
> 데, 우연히 채식주의 음식도 제공하고 책을 통해 이를 알리는 특이한 식당
> 을 발견하였다. 그는 이곳에서 솔트(Salt)의 저서인 《채식주의를 위한 청원》
> 을 구입했고 이를 통해 식이요법에 대한 관심으로 옮겨가게 되었다. 그는
> 채식주의의 중심인물들과 관계를 가지기 시작했다. […] 런던 채식주의자
> 협회에 가입을 했고 곧 집행위원이 되었다. 배지 디자인하는 것을 돕기도
> 했다. 자기 지역인 베이스워터(Bayswater)에서 모든 열정을 다해 채식주의자
> 클럽 활동을 시작했다. 그곳의 간사가 되었고 […] 힌두 관습과 음식에 관한
> 9편의 글을 잡지 〈베지테리언(Vegetarian)〉에 기고했다(I, pp. 35-36).

이 시기 영국의 시대적 상황에 대해 《마하트마》의 저자는 다음과 같이
묘사하고 있다.

영국 역사에서 전무후무한 새로운 이상이 설파되고 실천되었다. 독립노동당(The Independent Labour Party)이 1887년에 창당되었다. 시드니 웹(Sydney Webb)과 버나드 쇼(Bernard Shaw) 주도로 페이비언협회(Fabian Society)*가 사회주의와 과학 사상을 대중화시키고 있었다. 카를 마르크스의 《자본론》 1권이 영국에 상륙하자마자 노동계급의 성서가 되었다. 영국에 살고 있던 마르크스의 동료인 프리드리히 엥겔스는 1885년에 독일어로 된 2권을 출판했고 이제 《자본론》 3권을 작업 중이었다. 1889년에 버나드 쇼가 《페이비언 에세이(Fabian Essay)》를 발행하였다. 1871년 나온 다윈의 획기적인 《인류의 유래》에 대해 지금까지도 토론이 되고 있다. 크로포트킨(Kropotkin)은 〈상호부조론〉을 《19세기》에 발표한 후에 자신의 이상을 영국에서 전파하고 있었다. 러스킨(Ruskin)과 윌리엄 모리스(William Morris)는 예술계에서 새로운 세력을 형성하고 있었다(I, p. 3).

이러한 모든 급진적, 지적, 실천적 정치운동 중에서 무엇보다 채식주의를 선호했던 간디는 당시에는 괴짜로 여겨졌다. 그러나 훗날 그에게서 그런 괴짜 같은 모습은 전혀 찾아볼 수 없다. 인도의 위대한 원로(다다바이 나오로지)를 향한 존경, 자신과는 달랐던 영국인 무신론자이자 인도의 친구인 찰스 브래들로에게 보였던 진심 어린 존중, 런던 부두 노동자들의 파업에 보인 관심, 채식주의운동과의 일체감, 이 모든 것들은 다음 반세기의 인도 역사에서 결정적인 것이 되었던 행동 철학의 일부분이다.

이는 사실상 몇 년 후에 드러나게 된다. 젊은 변호사 모한다스 간디는

---

* 사회주의를 표방하나 자본주의를 수정의 대상이 아니라 극복의 대상으로 간주하며 계급혁명을 부정하는 영국에서 창립된 단체이다. 이 페이비언주의는 네루의 근본 사상이기도 하다.

1900년의 간디. 식민지 관료가 되기 위해 영국에서 공부한 인도 지식인의 전형적인 모습.

남아프리카에 살고 있던 인도인들의 구체적인 삶의 조건들 속에서 자신의 법률과 인생철학을 실천했다. 텐둘카르는 1893년에서 1914년에 걸친 기간 동안에 간디가 사티아그라하(Satyagraha)*의 기술을 완성했고, 이후 1921년, 1930년, 1932년, 1942년에 전국적인 규모로 계속해서 시도했다는 것을 130쪽이 넘는 분량을 할애해서 서술하고 있다. 물론 이후의 운동에서 간디는 사티아그라하의 기술들을 더욱 발전시키고 완성시켰다. 그러나 오늘날 간디주의로 알려지게 되는 철학적 세계관과 실천의 주요 윤곽은 이 첫 시도를 통해 엿볼 수 있다. 그러므로 이 지점에서 이십 년 동안 발전을 거듭한 남아프리카 운동의 두드러지는 특징들을 살펴보는 것이 필요하다.

첫 번째, 다른 부분의 국외 운동이 그렇듯이 남아프리카 인도인 운동은 상이한 계급과 신념을 가진 모든 인도인들에게 영향을 준다는 점에서 계급을 뛰어넘는 운동으로, 인도인들에게도 유럽인들과 동등한 권리를 누릴 수 있도록 요구한 문제였다. 한 예로 간디가 남아프리카 의회에 인도인의 공민권 박탈 법안에 대한 토론을 연기하도록 탄원서를 제출했을 때,

---

* Satya는 진리, graha는 파악, 주장. 간디의 철학 전반을 의미하는 용어로 간디주의와 의미가 가깝다. 국내에서는 '비폭력저항운동'으로 번역되는 경우도 있다.

이전까지는 어떤 공적 업무도 해본 적이 없는 청년들이 그 작업에 참여했다. 처음으로 꽤나 많은 기독교 청년들이 함께 모여들었다. 영어가 가능한 자원봉사자들과 더불어 여러 사람들이 밤을 새워 탄원서 복사본을 만들었다. 상인 자원봉사자들은 서명을 받기 위해 자신들의 마차를 타고 돌아다녔다(I, p. 49).

남아프리카뿐만 아니라 인도에서도 마찬가지였다. 1896년 간디가 인도에 잠시 머물면서 남아프리카 인도인들의 대의를 널리 알리자, 인도의 신문과 정치인들이 호의적인 반응을 보였다. 〈파이오니어(Pioneer)〉, 〈타임스 오브 인디아(The Times of India)〉 같은 앵글로-인디언 신문조차도 간디가 이를 주제로 쓴 소책자에 호의적인 논평을 했다.

남아프리카 운동이 발전해감에 따라, 간디는 인도 사회의 부유층으로부터 재정적인 지원을 받기 시작했다. 남아프리카 사티아그라하 기금으로 타타 기업의 설립자인 라탄지 잠셋지 타타(Ratanji Jamshedji Tata)는 25,000루피를 기부했고, 아가 칸(Aga Khan)은 인도무슬림연맹 회의에서 3,000루피를 모금했고, J. B. 페팃(J. B. Petit)은 400파운드를 보냈으며, 하이데라바드의 니잠(Nizam)*은 2,500루피를 기부했다.

두 번째, 비록 이 운동이 인도 사회 부유층의 지원을 담보로 하기는 했지만, 이 운동의 실제적인 힘은 남아프리카에서 가난한 노역 계층에 있던 인도인들의 투쟁적이고 자기희생적인 정신으로부터 나왔다는 점이다. 공민권 박탈과 같은 법적 무능력이 모든 계급의 인도인에게 영향을 주기는 하지만, 최악의 탄압과 착취에 직면해야 했던 것은 바로 이들 가난한 계약

---

* 영국과 결탁한 가혹한 착취로 악명 높은 공국 군주로 텔랑가나 농민봉기의 대상이었다.

노예(indenture) 노동자들이었기에 이것은 너무도 자연스러운 현상이었다. 계약노예 노동자들의 삶에 대한 간디의 첫 경험을 저자는 다음과 같이 설명하고 있다.

> 넝마를 걸친 타밀(Tamil)* 남자는 손에 두건을 들고 앞니가 두 개가 부러진 채 입에 피를 흘리면서 젊은 변호사 앞에 서 있었다. 간디는 이 광경을 보고 충격을 받아서 그에게 터번을 쓰고 동등하게 행동하라고 설득했다. 이는 가난한 노예에게는 새로운 경험이었다. 발라순다람(Balasundaram)이라 불리던 이 가난한 방문자는 더반(Durban) 시의 유명한 유럽인 거주자 밑에서 계약노예로 일을 했었다. 주인은 이 불쌍한 노동자가 피를 흘릴 때까지 때렸다. 간디는 의사에게 진단서를 끊고 다친 이를 데리고 치안 판사에게로 갔다. 간디의 바람은 고용주를 처벌하는 것이 아니라 발라순다람이 그 고용주로부터 자유롭게 되는 것이었다. 노예와 마찬가지로, 계약노예 노동자는 주인의 재산이었다. 간디는 주인을 다른 사람으로 바꿔주는 데 성공했다. 발라순다람 사건이 모든 계약노예 노동자의 귀에 들어갔고 마드라스(인도 타밀나두 주의 주도(州都) — 옮긴이)까지도 전해졌다. 간디는 그들의 친구로 여겨지게 되었다(I, p. 52).

일단 각성을 하고 행동에 들어가면 불쌍한 계약노예 노동자들은 노동계급만이 보여줄 수 있는 놀랄 만한 영웅적 행동을 펼쳤다. '장엄한 행진'이라 이름 붙인 장에서 저자는 남아프리카 뉴캐슬에서 6천 명의 탄광 노동자

---

* 타밀나두 주에서 엄청난 수의 인도인이 이렇게 인도 이외의 영국 식민지로 계약노예 노동자로서 송출되었다. 스리랑카의 비호감천민(Undesirable)으로 불리는 타밀인들도 영국에 의해 차밭 플랜테이션으로 송출된 타밀 주 사람들이 정착한 것이다.

들이 투쟁의 한 부분이 된 파업을 어떻게 이어나갔는지를 묘사하였다. 이 투쟁의 과정에서 그들은 영웅적 행동과 조직 역량을 보여주었다.

파업은 절정에 이르렀고 노동자들의 행렬은 철도와 도로에까지 이어졌다. 그 과정에서 어린 자식을 잃었지만 끝까지 찰스타운(Charlestown)에 도착한 불굴의 용기를 가진 두 여성이 있었다. 아이들 중 하나는 행진 대열에 그대로 휩쓸려 죽었고 다른 아이는 시내를 건널 때 어머니의 손에서 떨어져 익사하였다. 그러나 용감한 그녀들은 낙심하지 않았고 그들 중 하나는 "아무리 애타게 갈망하더라도 우리에게 돌아오지 못할 아이를 위해 애도해서는 안 된다. 우리는 살아 있는 사람을 위해서 계속해야만 한다"라고 말했다(I, p. 170).

간디는 보통 사람들이 보여준 이 투쟁의 정신과 자기희생에 깊은 감동을 받았고 마음에 지울 수 없는 인상을 간직하였다. 1915년 간디와 그의 부인이 마드라스에서 환영을 받고 그 답례로 했던 연설을 통해 그것을 확인할 수 있다.

만약 환영 연설에서 해주셨던 말의 1/10 정도가 저와 아내에게 보상으로 당연히 받을 만한 것이라면, 남아프리카의 고통 받는 동포를 위해서 생명을 잃고 그럼으로써 과업을 마칠 수 있었던 이들을 위해서는 어떤 말을 해주시겠습니까? 조국의 명예를 위해서라는 단 하나의 믿음을 가지고 온갖 고난과 고통, 모욕에 용감하게 맞섰던 나가판(Nagappan, 감옥에서 받은 학대로 사망했다 ― 옮긴이), 나라야나스와미(Narayanaswamy, 강제 이송 중 사망하였다 ― 옮긴이), 이 열일곱, 열여덟 살의 젊은이들을 위해서는 무슨 말을 해주시겠습니까? 한 달 간 징역 후 열병으로 쓰러져서 뼈와 살만 남은 채 마티스버그 감옥에서 풀려난 발리아마마(Valliamama), 열여섯 살 사랑스러운 소녀를 위해서는 어떤 말을 해주시겠습니까? 여러분들은 제가 이 위대한 사람들을 고무시켰다고 합니다만, 저는 그런 주장을 받아들일 수 없습니다. 그들을 이끌었던 것은, 신앙 안에서 부지런히 일하면서도 자그마한 보상도 기대하지 않았던 소박한 민중, 바로 그들입니다. 그들이 저를 적절한 위치에 이르도록 이끌었고, 그들의 위대한 희생과 위대한 신앙과 위대한 신에 대한 위대한 신뢰가 제가 할 수 있는 일을 하도록 다그쳤습니다. 저와 제 아내가 세상의 주목을 한 몸에 받으며 일을 했으며, 우리가 할 수 있었던 이 작은 일들에 합당하지 않은 과장된 평가를 받은 것은 제게는 불운입니다. 여러분들이 저희에게 씌워주려는 왕관을 받을 자격이 있는 것은 그들입니다. 여러분들이 애정을 담아 맹목적으로 후하게 주려는 모든 찬사는 그 젊은이들만이 받을 자격이 있습니다(I, pp. 200-201).

세 번째로, **투쟁에서 노동 대중이 가장 영웅적인 행동을 하기 때문에 가장 결정적인 역할은 하지만 어떤 운동을 할 것인지를 결정하는 것은 그들이 아니라 간디 자신이었다.** 마하트마가 이끌었던 일련의 투쟁에서와 마찬가지로 남아프리카 투쟁의 전 과정을 통해 우리는 익숙하면서도 공통된 특징들을 발견하게 된다. 영웅적 행동과 희생을 보여주는 위대한 민중이 있지만, 상층부에 있는 소수의 지도자들이 자기들이 최선이라고 생각하는 길로 운동을 계획하고 지도하는 것이다. 사실상 우리는 이후에 간디가 채택하게 되는 조직과 투쟁의 기술적인 구성 요소들을 대략적으로 감지할 수 있다.

〈인디언 오피니언(The Indian Opinion)〉이라는 신문 창간과 관리는 〈영 인디언(Young Indian)〉과 〈하리잔(Harijan)〉의 전조였다. 1904년 피닉스 공

1914년 간디와 아내 카스투르바이(Kasturbai). 남아프리카의 인도인 계약노예 노동자들이 자신을 그들과 동일시하도록 처음으로 인도 의상을 착용했다. 파키스탄 건국의 아버지인 진나조차도 양복을 벗고 무슬림 전통 복장을 입기 시작했을 정도로 간디의 이미지 정치 전략의 영향력은 당대에 이미 시작되었다.

동거주지(Phoenix Settlement)*와 1910년 톨스토이 농장(Tolstoy Farm) 설립은 사바르마티 아쉬람(Sabarmati Ashram, 간디 아쉬람, 하리잔 아쉬람, 사티아그라하 아쉬람으로 불리는 간디의 거주지 — 옮긴이)과 와르다 아쉬람(Wardha Ashram, 역시 간디의 거주지로 마하라슈트라에 위치 — 옮긴이)의 전조였다. 공동거주지 구성원들을 위한 상세한 관리 규칙들과 자체 부여한 '규율'의 준수를 자세하게 연습했다. 이는 투쟁을 시작하고 수행하는 데 필수적인 전제 조건이었다. 투쟁 시작 전후 과정에서 권위에 따를 것을 면밀하게 문서화했다. 감옥 안에서조차 서신 교환과 협의를 했다. 공동거주지들은 투쟁에 참여하는 민중의 동의나 지식 없이 권위로 운영되었다. 간디가 체포되었을 때는 그의 후임자가 간디가 내리는 개인적 지침, 투쟁의 세부 사항까지도 그대로 따라야 했다. 투쟁을 준비하고 관리하고 중단하는 방법에 대

---

* 더반 시내에서 25km 떨어진 곳에 세웠고 정치조직 운영과 매체 간행을 했다.

한 이 모든 특징들이 남아프리카에서 처음으로 나타났다.

이것과 연관해서 한 가지 주목할 것은 간디의 활동 전반에 걸쳐 그를 이끌었던 극도로 반동적인 사회관이다. 영국 체류 시에 채식주의자협회 회원이었다는 사실이 주는 실제적인 의미를 이 지점에서 알 수 있는 것이다. 간디가 연대라는 대의에서 채식주의와 런던 부두 노동자 파업을 통합하면서도 당시의 급진적인 사상에 대해서는 그것이 경멸하지 않는 것인 한에는 철저하게 무관심했다. 남아프리카에서도 이와 유사하게 민중의 과격한 투쟁을 반계몽주의 이념으로 통합하였다. 더욱 부정적인 점은 간디가 과격한 투쟁을 이끌던 바로 그 당시에 민중에게 극단적인 반계몽주의 이념을 전했다는 것이다. 그 결과 마르크스와 엥겔스, 그리고 그와 동시대인이었던 레닌과는 뚜렷하게 대조를 보여주게 된다. 간디가 젊은 변호사로서 채식주의에 대한 글을 쓰고 있을 때, 레닌 역시 젊은 변호사로 마르크스와 시드니 웹 등을 번역하였고 《러시아에서의 자본주의의 발전》을 직접 저술하고 있었다. 레닌은 노동계급의 전투적 대중운동을 가장 진보적인 이데올로기와 결합시켰다. 반면에 간디는 이를 당대의 경향 중 가장 반동적이고 반계몽주의적인 이념과 결합시켰다.

예를 들어, 1909년에 발간된 《힌두 스와라지(Hind Swaraji)》 또는 《자치(Indian Home Rule)》에서 그가 근대 세계에 대한 관점을 어떻게 표현하였는가 보자. 텐둘카르가 한 요약을 보면, 《힌두 스와라지》는 '근대 문명'에 대한 신랄한 비난이다. 그 책은 스와라지, 문명, 법률가, 의사, 기계, 교육, 수동적 저항 등의 문제를 20장으로 나누어 다루었다. 간디가 친구에게 보낸 편지에서 직접 요약한 책 내용을 텐둘카르가 전문 인용하였다. 아래 발췌문은 간디의 세계관을 그대로 보여준다.

[…] 인도를 지배하고 있는 것은 영국인이 아니라 철도, 전신, 전화를 통한 근대 문명과 소위 문명의 승리라고 하는 거의 모든 발명품들이다. 봄베이, 캘커타와 인도의 여타 주요 도시들은 실제로 전염병이 유행하는 지역이다. 만약 영국의 지배가 내일 당장 근대적인 수단에 기반을 둔 인도인의 지배로 바뀐다고 해도, 영국으로 빠져나가는 얼마간의 돈을 지키는 것 외에 인도가 나아질 것은 거의 없다. 그렇게 되면 인도는 유럽이나 아메리카의 두 번째 혹은 다섯 번째 국가가 될 것이다. […] 의학은 흑마술의 진수를 모은 것이다. 고도의 의학 기술로 여겨지는 그런 것보다 차라리 엉터리 치료가 더 바람직하다. 병원은 악마가 자신의 왕국을 유지하기 위한 목적으로 사용하고 있는 도구이다. 그것은 악덕, 불행, 타락, 진짜 노예제를 영구화시킨다. […] 성병 치료나 결핵 치료를 할 병원이 없다면 결핵도 줄어들고 매춘도 줄어들 것이다. 인도의 구원은 우리가 지난 반세기 동안 배운 것을 잊어버리는 것에 있다. 철도, 전신, 병원, 법률가, 의사 같은 것들은 모두 사라져야 한다(I, p. 130).

간디는 이러한 이념을 설명하는 데 그치지 않고, 피닉스 공동거주지와 톨스토이 농장에서 그리고 투쟁하는 내내 추종자들을 조직하는 과정에서 이를 실천하려고 했다. 공동거주지나 협동농장에 들어온 소년 소녀들을 유명한 '서약과 진리' ─ 아힘사(Ahimsa)*, 금욕, 도둑질 안 하기, 무소유, 맛있는 음식에 대한 자제 ─ 에 숙달되게 한다는 방침에 따라 훈육하려 하였다. 젊은 세대들이 이념과 지식을 형성하는 것에 대해서 극단적인 경멸을 가지면서, 그는 독립적인 사고를 무비판적인 믿음으로 대체하려고 하였다.

---

* 불살생의 의미가 타인에 대한 상해 불가로 발전.

하지만 이 모든 것은 간디의 기치 아래 모인 소년 소녀들의 이상주의, 무사 무욕, 희생정신에 호소하는 것들이다. 그가 가진 사회적 전망의 반계몽주의적 내용을 정당화시키는 것은 악에 대한 투쟁에서 고통을 견디는 이상주의자의 의지였다. 간디가 근대 문명에 대해서 품었던 모든 경멸, 자신을 따르는 사람들에게 심어주고자 했던 그 경멸은 인도와 여타 억압받는 민중들의 제국주의적 착취에 대한 반대라는 형태를 취했다. 그 유명한 《공산당 선언》에서 '사적 유물론'의 창시자들이 했던 프티 부르주아 사회주의에 대한 설명은 간디의 《힌두 스와라지》에 대해서도 어느 정도 적용이 가능하다.

> 이 사회주의 학파는 현대 생산관계들 속의 모순들을 매우 날카롭게 해부하였다. 이 사회주의는 경제학자들의 위선적 변명들을 폭로하였다. 이 사회주의는 기계 및 분업의 파괴적 작용들, 자본과 토지 소유의 집적, 과잉 생산, 공황, 프티 부르주아와 소농민들의 필연적 몰락, 프롤레타리아트의 빈곤, 생산에서의 무정부성, 부의 분배에서의 심한 불균형, 국가들 상호 간의 산업상의 섬멸전, 낡은 예절과 낡은 가족 관계들과 낡은 국민성의 와해 등을 반박할 여지없이 증명하였다(K. Marx and F. Engels, *Selected Works*, Vol. 1, p. 57).*

---

* 《카를 마르크스·프리드리히 엥겔스 저작선집》 1권, 박종철출판사, 1997, p. 424. 이 뒤로 이어지는 문장은 다음과 같다. "그럼에도 불구하고 그 적극적 내용으로 보면 이 사회주의는 낡은 생산수단들과 낡은 교류 수단들을 그리고 그와 함께 낡은 소유 관계들과 낡은 사회를 재건하려고 하거나, 혹은 현대의 생산수단들과 교류 수단들을 그것들에 의해 산산조각 났고 또 산산조각 날 수밖에 없었던 낡은 소유 관계들의 틀 속에 억지로 다시 밀어넣으려 하고 있다. (이 둘 중의) 어느 경우에 있어서나 소부르주아 사회주의는 반동적이며 동시에 공상주의적이다."

하지만 간디의 근대 문명에 대한 비판은 억압받는 민중의 반(反)제국주의와는 아무 관계가 없다. 그가 '근대 문명'에 대해서 날벼락을 내리던 시기에 근대 문명의 가장 큰 중심 가운데 하나였던 영국 제국주의의 충실한 신하로서 어떻게 행동했는가 하는 점을 눈여겨볼 만하다. 이후에 그는 유명한 서한인 〈인도에 있는 모든 영국인들에게 드리는 편지〉에서 스스로를 이렇게 규정하였다.

저는 제국의 이상을 위하여 제 생명을 네 번 헌신하였습니다. 보어 전쟁(1899년 보어인의 영국에 대한 반란 — 옮긴이)에서 저는 불러 장군(General Buller)의 공문서에서 언급되었던 바로 그 야전 의무대에서 근무했고, 나탈(Nathal)에서 줄루족 반란(Zulu Revolt)이 있을 때에도 유사한 부대에 있었습니다.* 최근의 전쟁이 발발한 시기에도 야전 의무대로 소집되어 고된 훈련으로 인해 늑막염을 앓았습니다(1914년 런던에 유학 와 있던 인도인들로 야전 의무대를 조직했다 — 옮긴이). 결국 저는 델리 전시회의에서 첼름스퍼드 경(Lord Chelmsford)과 한 제 약속을 지켰습니다.** 저는 케다 지역(Kheda District)에서 적극적인 모병 활동에 헌신하여 죽을 정도로 심한 이질에 걸렸어도 길고 고된 행진을 했습니다. 저와 같은 행동으로 제국 내에서 제 나라가 동등한 지위를 얻게 될 것이라는 믿음에서 이 모든 것을 했습니다(II, pp. 30-31).

---

* 영국의 다른 식민지 민족 억압에 적극 협력한 이 활동들로 간디는 두 번 다 영국으로부터 공훈훈장을 받았다. 후에는 영국 정부가 친영 인도인에게 주는 가장 큰 상인 카이사르 아이 힌디(Kaisar-i-Hind) 금메달도 받았으나 이 금메달은 비협력운동을 시작하면서 반납한다.

** 베전트와 틸라크 등은 간디에게 영국은 그들이 곤경에 처하지 않는 이상 권력을 양보하지 않을 것이라고 간디의 환상에 대해 경고를 하였다. 이들은 전시회의에 참가하지 않았다.

이 시기는 전국적으로 새로운 정신, 제국주의에 반대하는 혁명이 고양되고 있을 때였다. 한편에는 품성과 비폭력 철학의 간디가 있었다. 다른 한편에는 제국주의 전쟁에 총알받이가 될 젊은이들을 모병하는 활동을 통해서 제국에 봉사하면서, 커즌 와일 경(Sir Curzon Wyle, 인도 착취에 정통했던 인도담당 정치보좌관 — 옮긴이)에 대한 암살을 시도했던 마단랄 딩그라(Madanlal Dhingra)*에 대해서 영국에서도 보기 드물게 비난을 한 극소수의 한 사람인 간디가 있었다. 즉결 심판소에서 딩그라는 자신이 이 일을 한 것은 애국자로서 자신이 가진 권리라고 외쳤다.

> 조국이 외세의 총검에 점령을 당해 있는 것은 영구적인 전쟁 상태라고 믿는다. 무장해제된 국민에게 전투란 불가능한 것이기에 […] 가난하고 못 배운 나 같은 아들들은 조국을 지키기 위해서는 자신의 피 외에는 바칠 것이 없다. 그래서 조국의 제단 앞에 이를 희생물로 바쳤다. 지금 인도에 요구되는 교훈은 어떻게 죽는가이다. 이를 가르치기 위한 유일한 방법은 우리 자신을 죽이는 것이다. 그러므로 나는 영광스럽게 순교한다(I, p. 125).

딩그라의 이 발언은 주요한 제국주의자이자 식민청의 차관이었던 윈스턴 처칠조차도 "조국애의 이름으로 행해진 가장 훌륭한 일"이라고 말하게 하였다.** 그러나 간디는 이에 대해서 다르게 평가하였다. "딩그라의 행동

---

* 1909년 7월의 이 암살 시도가 있은 지 2개월 후 안중근 의사는 이토 히로부미를 저격한다.
** 당시 영국 의회 내에서는 여야를 떠나서 그의 순교를 높이 칭송하는 분위기였다. 인도 독립을 끝까지 반대한 인물들 중 한 명인 처칠조차도 로이드 조지 경의 말을 인용하면서 딩그라의 순교는 2,000년 후에도 남을 것이라고 격찬했다.

이나 인도 내에서 일어나고 있는 그런 종류의 행동이 인도에 득이 된다고 믿는 사람들은 심각한 잘못을 저지르고 있는 것입니다. 딩그라는 애국자이지만 그의 애국심은 맹목적인 것입니다. 그는 그릇된 길에 몸을 바쳤으며, 그 결과는 해악만을 끼칠 뿐입니다."*

그리하여 여기에서 우리는 수많은 민중을 제국주의 착취와 억압에 대항하여 행동하도록 각성시켰던 한 인간을, 투쟁 과정에서 보여준 영웅적 행동과 자기희생적 정신으로 역사에 깊이 각인된 그런 수백 명 남녀들의 맨 앞에 서 있는 한 인간을, 인도 전역에서 수천 명의 충성과 신뢰를 담보하였던 한 인간을, 하지만 추종자들에게 착취를 끝내는 것은 전투적인 투쟁이 아니라는 것을 설득하기 위해 최선을 다했지만 전쟁과 억압에 봉사하였던 한 인간을, 비폭력의 이름으로 딩그라 같은 혁명가들의 애국적 행동들을 비난하였지만 수많은 젊은이들을 제국주의의 총알받이로 보내는 것에는 양심의 가책이라고는 전혀 없었던 한 인간을, 무엇보다도 제국주의 착취에 대항한다는 명분으로 인류의 문명에서 근대적이고 과학적이고 진보적인 모든 것을 비난하는 한 인간을 보고 있는 것이다.

---

* 간디, 《힌두 스와라지》(안찬수 옮김), 도서출판 강, 2002, p. 112. 이 책 15장에서 간디는 딩그라를 겁쟁이라고 하였다.

비협력운동

　간디는 제1차 세계대전 막바지에 인도 국내 정치에 입문하여 고칼레 (Gokhale) 같은 훌륭한 민족 지도자들로부터 의심할 여지없이 존중을 받았으나, 여러 면에서 약간은 '괴짜'로 간주되던 그런 인물이었다. 예를 들어 텐둘카르에 따르면, 고칼레와 인도 공직 사회의 동료들이 그에게 크나큰 존중과 사랑을 보냈지만, 아직은 자기들의 일원으로는 받아들이지 않았다. 고칼레가 말했듯이, "그들은 위험을 감수하는 것을 주저하고 있었다. 당신에 대한 높은 관심 때문에 곤란해질 수도 있기 때문이다." 고칼레는 또 간디가 낮은 계급의 여행객들이 겪는 비참한 환경을 알기 위해 3등 칸을 타고 인도를 여행하겠다는 결심을 말했을 때 자신이 놀라는 것이 아니라 얼마나 재미있어 했는지 전해주고 있다.

　간디가 인도로 돌아와 정착한 지 몇 년 되지 않아 유사 이래 가장 커다란 민족정치운동에서 확고부동한 지도자가 되었다. 아마도 그의 사회적, 철학적 전망을 함께하는 사람은 극소수였을 것이다. 정치 활동을 하는 대부분의 선배와 동년배들은 정치에서뿐만 아니라 사생활과 관련한 모든 면에서 그와는 아주 다른 생각을 가지고 있었다. 간디가 가진 품성에 매료되어 그의 정치적 영향력이나 심지어 개인적 영향력 밑에 모여들어 그의 조언과 지도에 따르던 것에 비추어보면 국내 정치에의 입문은 어렵사리 이루어진 것이다. 지적인 능력에서 간디보다 뛰어난 남녀가 사실상 그의 지도 아래서 봉사할 것을 서약했고, 심지어 모든 판단을 그에게 맡기게 되었다.

언뜻 보기에는 놀라운 현상들이지만 결과적으로는 그리 놀랄 만한 것이 아니다. 이 모든 것은 간디의 일상적이고 종교적이며 영적인 사회관에서 나온 것이며, 그가 정치적 목적과 목표를 실현하기 위해서 추구해온 특유의 전술에서 나온 것으로, 어떤 독특한 특징이 있다. 즉 그것은 인도 사회에서 점진적으로 성장해가고 있고 민족 정치에서 자기 주장을 높여가고 있는 한 계급의 요구에 완전하게 맞춰진 것이었다.

이것과 관련하여 19세기 전반기에 인도 사회에 등장했던 신흥계급의 징후들을 상기해보는 것이 좋겠다. 결혼, 여성의 권리, 상속 등과 같은 진보적인 사회 개혁을 향한 운동의 성장과 람모한 로이로 대표되는 새로운 문화운동은 영국 지배 이전의 중산층이 서서히 근대 부르주아지의 계급적 성격들을 획득하고 있음을 보여주었다. 새로운 지배자들, 즉 영국에 의해 성장한 이 계급은 영국 문명의 복제물을 인도에도 세우고자 원할 정도로 영국 체제에 깊은 충성을 바쳤지만, 영국이 부르주아 민주주의를 국내 내수용으로만 간주하고 수출은 하지 않자 어느 정도는 충돌하게 되었다. 이것이 인도국민회의의 선구자들이 말하는 '온건한 정치'에 반영된 신흥 부르주아지의 이중적 성격이었다.

그런데 그들로 대표되던 계급이 '온건한 정치'가 규정한 한계를 서서히 벗어나기 시작하였다. 부르주아 지식인들의 지속적인 성장, 상공업 부르주아지의 경제력의 느리지만 확실한 성장, 수십 년 동안 인도를 근대화시키려는 시도에서 이 양자가 축적한 경험, 그리고 무엇보다도 1905년 러시아혁명과 일본, 중국 같은 동양 국가들에서의 민주화운동이라는 새로운 격동은 소위 '극단주의 정치'라는 것이 등장하도록 이끌었다. 고칼레, 나오로지 등과 같은 낡은 지도 세력에 반대하여 틸라크 등으로 대표되는 새로운 세력이 등장했다. 대표단과 '충성주의자(loyalist)'의 선동을 이끌어서 유서 깊은 전통인 결의안을 통과하는 관행*에 반대하여, 새로운 형태의 대중 선동이 등장하기 시작했다. 이 새로운 형태는 영국 체제에 대항하는 민중을 결집하는 데 있어서 너무도 강력하여 지배자들을 완전한 혼란 상태로 만들 정도가 되었다.

이것이 삼인방으로 알려진 랄라 라지파트 라이, 발 강가다르 틸라크, 비핀 찬드라 팔과 같은 새 지도자 세대가 애호하던 대중 선동의 새로운 방법으로, 틸라크가 6년형을 선고받았을 때 그를 근대 민족운동의 첫 번째 영웅으로 만든 방법이기도 하다. 벵골 분할 문제로 전국을 격발하게 하고 경제적 독립을 쟁취하기 위한 첫 번째 전국적 운동인 스와데시(Swadesh)운동을 일으킨 것도 이 방법이었다. '테러리스트' 운동이라고 잘못 알려지긴 했지만, 벵골의 아누실란(Anusilan)과 유간타르(Yugantar)**, 펀자브의 가다르(Gaddar)*** 같은 혁명가 집단이 주도한 벵골, 펀자브, 우타르프라데시 등의 운동들도 이러한 새로운 격동이 주는 영향에서 생겨난 것이다.

구세력과 신세력의 충돌은 1906년 국민회의 수라트(Surat) 회기에서 정점에 이르렀다. 두 세력 간에 공개적 분열의 결과로, 이들 중 한 세력(과격

---

* 국민회의 회기를 통해 법적인 구속력은 전혀 없는 건의 사항을 결정하였다.

** Anushilan은 벵골어로 '청년'이란 뜻이고 Yugantar는 Juganthar라고도 표기하며 '새 시대'란 뜻이다. 이 두 조직은 20세기 초에 활동하던 벵골의 무장 독립운동 조직이다.

*** 혁명이란 의미로 미국과 캐나다 이민자들이 혁명을 위해 대거 귀국하면서 무장투쟁을 시작했다.

파들)은 사실상 국민회의 밖으로 추방되었다.

그러나 이 분열을 가져온 주원인은 오래가지 않았다. 식민지 세계 전체를 흔들었고 아시아 각국에서 민족해방 투쟁의 발전을 가져다 준 제1차 세계대전은 수라트 회기의 온건주의자들조차도 그대로 두지 않았다. 그 전쟁 중에 전 세계에 걸쳐 식민지와 종속된 민중들을 휩쓸었던 반제국주의 정서와 함께 연합국 정치인에 의해 제창된 '민족 자결(自決)'이라는 구호는, 가장 '충성'스럽고 가장 '온건' 했던 우리 부르주아지 정치가들에게도 '과격파들'이 10년 전 채택했던 방법들을 자신들이 채택하기만 하면 정치적 힘을 신장할 수 있다는 확신을 주었다.

이러한 상황 변화는 수라트 회기 이후 10년 동안 분열이 지속되었던 두 세력에게 그 유명한 러크나우(Lucknow) 회기(1916년)에서 진지하게 화해할 수 있는 길을 열어주었다. '온건파'와 '과격파' 사이의 이 화해와 동시에 이루어진 인도국민회의와 무슬림연맹 사이의 상호 협정(잘 알려진 대로 러크나우 협정은 국민회의의 구상에 의해 무슬림들에게도 정치적 참여를 보장해주었다)은 '자치(Home Rule)'를 향해 서서히 발전해가는 전국적인 운동에 강력한 촉매제가 되었다. 두 가지 자치 연맹이 결성되었는데, 하나는 베전트 여사(Mrs. Besant)*가 이끄는 것이고 또 다른 하나는 틸라크가 지도하는 자치 연맹으로, 이 두 연맹은 러크나우에서 나온 두 가지 협약을 국가 행정체제의 근본적인 변화를 요구하는 강력한 전국 대중운동으로 전환시켰다.

이 시기는 부르주아지 전체가 국내 정치 투쟁의 장으로 진입하던 때였고 통합된 부르주아지는 자치라는 단일한 구호로 전(全) 국민을 모으려고

---

* 페이비언 사회주의, 마르크스주의, 신지학회 활동을 한 운동가이다. 그녀 생애의 가장 큰 성취는 신지학회 활동으로 종교 신동인 크리슈나무르티를 발견하고 그 능력을 계발시켜준 것이 아니라 1916년 러크나우 협정이었다. 이 협정 직후 그녀는 바로 그녀의 조국인 영국에 의해 체포당했다.

하던 때였다. 이런 상황에서 간디가 남아프리카에서 운동을 조직하고 이끌었던 특수한 경험을 가지고 인도로 돌아왔다. 그 운동은 간디와 관련된 모든 일이 그러하듯이, 찬사와 조롱을 동시에 야기했다.

'온건파'에 속해 있든지 '과격파'에 속해 있든지, 국민회의에 헌신적이든지 무슬림연맹에 헌신적이든지, 두 자치 연맹의 어디에 조직되어 있든지 모든 부르주아 정치인들은 남아프리카에서 계약노예 노동자를 규합하여 자신들의 요구 사항에 대해 부분적인 양보를 하도록 지배자들을 강제한 간디의 방식에 경의를 보냈다. 그렇지만 그들은 간디의 활동에서 스스로를 이끌었던 철학적 세계관도, 그가 의지했던 다양한 행동 방식과 투쟁 방식도 진심으로 받아들이지는 않았다.

전국 부르주아 민주주의 정치운동의 모든 파벌들은 근대 부르주아지의 정치운동과 철학적 세계관에 기반을 두고 활동하였다. 그들에게 '온건파'냐 '과격파'냐 하는 것은 근대 자본주의 국가들, 특히 영국의 정치(토리당과 자유당)를 유사하게 응용하는 것이었다. 그런데 여기에 근대 부르주아지의 철학, 경제학, 사회학, 정치학에 기반을 두지 않고 기독교의 영향을 감지할 수 있는 힌두교에 기반을 둔 사람이 있는 것이다. 간디는 세속 정치의 기본 원칙을 철저하게 부정을 하면서 그들 앞에 등장하였다.

두세 해가 흐른 후 그들은 온건파와 과격파 사이의 화해, 그리고 국민회의와 무슬림연맹 사이의 화해를 이끌었던 바로 그 목적을 달성하기 위해 간디를 가장 강력한 대중운동의 지도자로 받아들였다. 소위 '간디주의식 기술'이라는 것이 제1차 세계대전 후의 국내 정치 상황에 어떻게 적용되었는지, 이 기술이 1916년 러크나우에서 전체 부르주아지들을 통합하는 주된 요소로 어떻게 기여했는지, 그 기술의 주요 요소들을 제대로 평가하지 못하게 되면 이는 그저 의외의 사건으로 보이게 될 것이다.

한쪽에서는 간디를 한 축으로 하고 다른 쪽에서는 당대 모든 정치가들을 한 축으로 하는 양자 사이의 한 출발점이 있는데, 후자와 다르게 간디는 민중, 그들의 삶, 문제점들, 정서, 소망과 하나가 되었다. 그에게 정치란 박식한 정치인들 사이에 오가는 수준 높은 논쟁의 문제가 아니었다. 민중의 이익을 보호하기 위해 사심 없이 봉사하고 민중의 모든 것들과 자신을 동일시하는 문제였다. 실천에서 드러나는 간디주의의 이러한 독특한 면모는 남아프리카 투쟁에서 이미 가시화된 것이다. 우리가 알고 있듯이 간디는 민중의 순수하면서도 헌신적인 행동에서 영감과 힘을 얻었던 것이다.

민중과 밀접한 관계를 가지려는 이러한 열정, 민중이 짊어진 삶의 조건과 문제에 익숙해지려는 이러한 열망이 간디로 하여금 '과격파'의 기술과는 다른 '온건파'로서 정치 활동의 기술을 천천히 진화시킬 수 있도록 해주었다. 이 기술이 인도에서 처음 사용된 방식에 대해 텐둘카르는 다음과 같이 설명하였다.

> 1월 중순에 간디 선생님은 라지코트(Rajkot)와 포르분다르(Porbundar)에 친지들을 만나러 가셨다. 당신은 항상 가난한 승객처럼 차려 입고 3등 칸을 이용하셨다. 거추장스러운 망토와 하얀 스카프를 버리고 셔츠와 도티(dhoti, 인도 전통 의상으로 남성 하의 — 옮긴이), 값싼 카슈미르산 모자를 썼다. 경유역인 와드완(Wadhwan)에서 유명한 공무원이자 재단사인 모틸랄(Motilal)은 간디 선생님을 만나서 악명 높은 비람감 세금(Viramgam customs, 관세이자 통행세였다 — 옮긴이)으로 인해 철도 승객이 겪어야 하는 고통을 이야기했다. "감옥 갈 준비가 되어 있습니까?"라고 간디 선생님이 갑작스레 물어보시자 모틸랄은 "우리는 물론 감옥에 갈 준비가 되어 있습니다. 당신께서 우리를 지도하시기만 하면"이라고 답했다(I, p. 196).

간디는 즉각 이 비람감 세금 문제에 착수해서 봄베이 정부와 서신 교환을 시작했다. 이 서신 왕래는 아무런 결과를 얻지 못했지만 이후에 그가 총독을 만날 기회가 있었을 때 이 문제는 해결되었다. 비람감 세금은 결국에는 없어졌다.

비하르 주(Bihar) 참파란(Champaran)의 인디고 재배지의 경우에도 같은 기술이 사용되었다. 참파란은 비람감보다 더 높은 층위의 대중운동이었다. 참파란 문제는 투쟁 없이는 해결이 되지 않았기 때문이다. 참파란 투쟁은 사실상 간디가 인도에서 최초로 이끈 대중 투쟁이었다.[*]

참파란 투쟁은 아주 중요한 사건이다. 첫째는 유럽인 경작자들을 향했기 때문이고, 둘째는 민중의 요구를 위한 투쟁의 깃발 아래에 당시의 유능한 젊은 지식인들이 모였기 때문이다. 이들 중에는 간디의 긴밀한 협력자이자 충실한 추종자가 된 라젠드라 프라사드(Rajendra Prasad), 마자룰 하크(Mazarul Haq), J. B. 크리팔라니(J. B. Kripalani) 등이 있었다. 셋째, 유럽인 경작자들과 그들을 비호하던 관료들의 완강한 반대에도 불구하고 간디와 그의 동지들은 투쟁을 성공적으로 마무리 지었다는 점이다. 이 투쟁은 간디가 앞으로도 여러 번 지도해나가게 될 전국적 투쟁 형태의 첫 번째 총연습이라고 말할 수 있을 것이다. 이 운동은 중산층과 상층계급 출신의 사심 없는 개인들이 모여서 잘 정제된 요구들을 성취하기 위해서 민중과 일체감을 가지고 당국에 대항하도록 민중을 각성시키는 그런 운동이었다.

전혀 다른 면이긴 하지만 마찬가지로 중요한 점은 1918년 2월에서 3월까지 있었던 아마다바드 섬유 노동자들의 파업에 간디가 개입했던 방법에

---

[*] 1918년~1919년에 구자라트의 케다와 비하르의 참파란 운동에서 사티아그라하란 용어가 처음 사용되었다.

있다. 이때가 노동자와 자본가 사이의 충돌에서 처음으로 자신의 기술을 사용한 경우이다. 이 투쟁을 이끌었던 방법이 점차 진화하여 '간디주의 노동조합주의'로 알려지게 되는데, 이 방법은 전국적 운동으로 진화해가는 과정뿐 아니라 노동계급운동을 넘어 부르주아 지도력의 진화에서도 굉장히 중요한 것이다.

파업을 성공적으로 이끌기 위해서 간디 선생님께서는 새로운 방법들을 발전시켜 나가셨고 여러 조건들을 제안하셨다. 즉, 폭력에 의지하지 말 것, 파업 반대자를 괴롭히지 말 것, 구호(救護)에 의지하지 말 것, 파업이 아무리 길어지더라도 굳건하게 남아 있을 것,* 파업 기간 중에 어떠한 정직한 노동을 해서라도 밥벌이를 할 것. […] 그들(파업 참가자들)은 수천 명이 집회에 왔고 당신께서는 그들이 한 서약, 그리고 평화와 자부심을 지켜야 하는 의무에 대해 상기시키셨다. 노동자들은 '서약을 지키자(Ek Tek, Keep the Pledge)'란 문구가 적힌 깃발을 들고 매일 아마다바드 거리를 평화롭게 행진했다.
상황은 점점 심각해졌다. 간디 선생님은 직공들이 구호 물품에 의존하여 스스로의 품위를 떨어뜨리는 것을 허락하지 않으셨다. 그러나 수천 명의 사람들에게 일거리를 제공해주는 것이 쉬운 일은 아니었다. 첫 두 주 동안 노동자들은 용기와 자기 절제를 보여주었고 매일 큰 집회를 열었다. 그러나 결국에는 쇠퇴하는 기미를 보이기 시작했다. 간디 선생님은 노동자 쪽에서 난폭한 태도가 나타나고, 그럼으로써 대의를 잃어가는 상황을 걱정하셨다. 매일 열리는 집회에 참석하는 인원 또한 줄어들었고, 참석한 이들의 얼굴에는 낙심과 절망이 역력했다.

---

* 2010년 판에는 없고 1950년대 판에는 있는 구절.

파업 기간 중 간디 선생님은 공장주들과 수시로 만나 의논하고 그들에게 노동자들을 공정하게 대해줄 것을 간청하셨다. "우리도 우리의 서약이 있습니다"라고 그들은 말했다. "우리가 노동자들과 가지는 관계는 부모와 자식 간의 관계입니다. 어떻게 우리가 삼자의 개입을 참아야 하나요? 중재를 위한 여지가 어디 있나요?'

간디 선생님께서 말씀하셨다. "20일이 지났습니다. 굶주림과 공장주의 첩자들이 악영향을 끼쳐서, 악마는 이 땅에 인간을 도와줄 신과 같은 것은 없다고 속삭이고 있습니다. 서약은 약한 자들에 의해 무너지고 있습니다." 직공들이 느낀 부담감은 "간디 어르신(Saheb)께서 우리에게 죽을 때까지 싸우라고 한 것은 좋다. 그러나 우리는 굶어 죽어야 한다"라는 투덜거림으로 표출되었다.

3월 12일 아침 노동자 집회에서 간디 선생님께서는 암중모색하던 중에 한 가지 생각을 떠올렸다. "당신들의 서약을 지키기 위해서," 당신께서 말씀하셨다. "우리 같이 굶어 죽읍시다." 당신의 입에서 거침없이 나온 말은 "파업자들이 계속 모이지 않고 파업이 지속이 되지 않는다면, 타결이 되거나 모두가 공장을 떠날 때까지 저는 음식을 건드리지 않겠습니다."

파업자들은 이 발언에 대해서는 전혀 준비가 되어 있지 않았다. "당신이 아니라 저희가 단식을 하겠습니다. 당신이 단식을 하시는 것은 터무니없는 일입니다. 부디 저희의 과실을 용서해주십시오. 저희는 끝까지 서약을 충실하게 지키겠습니다(I, p. 269-270. 저자 강조 추가)."

물론 이때가 간디가 처음으로 단식에 의지하던 시기는 아니다. 그러나 투쟁하는 민중의 전투성을 점검하기 위해서 단식에 의지한 것으로는 처음이었다. 모든 계급이 참여하는 운동에서가 아니라 노동계급 투쟁에서 단식을 사용함으로써 그 중요성이 더해진 것이다. 이 실험을 통해 그가 거둔 성공은 자신이 대변자로 있는 계급, 즉 부르주아지에게는 값을 매길 수 없는 교훈이었다. 여기서 그들에게 보여준 것은 단번에 대중을 모을 수도 있고 그들이 전투적인 행동을 하는 것을 막을 수도 있는 투쟁의 기술이 존재한다는 것이었다.

하지만 비람감, 참파란, 아마다바드는 더 큰 것을 위한 총연습이었다. 그들 각각은 민중 전체로 보면 특정 계급에 속해 있고, 자신들의 계급적 요구들과 연결되어 있었기 때문이었다. 다른 한편으로는 전체 민중의 기본 요구, 즉 자치를 위한 요구가 존재했기에 '과격파'도 '온건파'도 '국민회의'도 '무슬림연맹'도 러크나우에서 단결을 할 수 있었다. 간디가 이런 국가적 요구를 담보하기 위해 이 기술을 사용하는 것은 반드시 필요한 것이었다.

간디는 구자라트의 케다 지역 민중들 사이에서 '모든 촌락마다 20명씩 모병하기'란 슬로건을 내걸고 운동을 전개하면서 이 기술을 사용했다. 우리가 상기해야 되는 것은 이 시기에 영국은 성공적인 전쟁 수행을 위해서는 수천 명의 인도인들을 모병해야 하는 절박한 요구가 있었다는 것이다. 총독은 델리에서 전시회의를 열고 누구보다도 먼저 간디를 초청하였다. 간디는 모병 결의에 대해서 지지한다고 말했고, 단 하나의 조건은 힌두-우르두어로 말하는 것을 허락해달라는 것이었다. 총독은 기꺼이 이에 동의했다.

간디가 이런 모병 문제에 대처하는 방식은 전형적으로 현명한 부르주아 정치인으로 처신하는 것이었다. 비록 '비폭력'이라는 도덕적 가치의 표현으로 말하고 있지만 제국주의 전쟁에 인도 청년들을 총알받이로 모병하고, 그 보상으로 자치를 얻어내겠다는 데 양심의 가책이라고는 전혀 없었다. 일례로, 그가 스와라지를 위한 운동의 일부로써 모병운동을 어떻게 옹호했는지 알아보자.

> 스와라지를 획득하기 위한 가장 쉽고 직접적인 방법은 제국 방어에 참여하는 것입니다. 제국이 쇠퇴하면 우리가 간직해온 소망도 같이 쇠퇴하게 됩니다. 어떤 이는 우리가 지금 우리의 권리를 획득하지 않으면 결국엔 속게 될 것이라고 합니다. 제국을 방어해서 얻은 권력이 이러한 권리들을 지킬 수 있는 권력이 될 것입니다(I, p. 280).

그렇지만 간디와 다른 정치인들을 들뜨게 하던 희망은 이루어지지 못했다. 자치를 허락하기는커녕 영국은 민족운동에 새로운 공격을 가했다. 제도적 개혁을 위한 몬터규-첼름스퍼드(Montague-Chelmsford) 보고서는 민족운동이 대변하고 요구하는 모든 것에 부정적이었다. 심지어 가장 '온건'한 정치인들도 이에 실망했다. 여기에 더해서 롤래트 법안(Rowlatt Bill)은 외국 지배에 대항하는 모든 저항을 분쇄할 수 있는 힘으로 정부를 무장시키는 것이었다. 이에 대한 여론은 몬터규-첼름스퍼드 보고서와 롤래트 법안에 반대해서 힘을 모으자는 것이었다.

간디는 비폭력이라는 기본적인 틀 안에서 대중의 정치적 행동에 대해 자신의 기술을 사용해야만 하는 상황에 직면했다. 간디는 자신의 이념이 점차적으로 광범위하게 받아들여지고 있기는 하지만, 국민회의의 여러 존경받는 지도자들의 심각한 반대에 부딪치게 될 것임을 알았다. 그래서 그는 국민회의와는 분리된 독자적인 자신의 세력을 형성하였다.

악명 높은 롤래트 법안이 관보에 게재되자 간디는 자신의 사티아그라하 아쉬람에서 협의회를 조직하였고, 거기서 발라브바이 파텔(Vallabhbhai

Patel), 사로지니 나이두(Sarojini Naidu), B. G. 호르니만(B. G. Horniman), 우마르 소바니(Umar Sobani), 샹켈랄 반케르(Shankerlal Banker), 아나수야 벤(Anasuya Behn) 등이 사티아그라하 서약 초안을 작성하고 서명을 했다. 서명자들이 "충심으로 선서하는" 것은 "[…] 이러한 법안들이 통과되는 경우에는 그것이 철폐될 때까지 우리는 여기에 지명된 위원회로서 이 법과 여타 법에 따르는 것을 정중하게 거부하는 것이 옳으며, […]" 더 나아가 그들은 "이 투쟁에서 우리는 충실하게 진리를 따르며 생명, 개인, 자산에 대한 폭력을 자제할 것이다"라고 확약했다.

간디는 봄베이에서도 사티아그라하 사바(Satyagraha Sabha, Sabha는 협회, 모임의 의미 — 옮긴이)를 시작했고 사티아그라하 서약에 서명을 한 사람들을 모으기 시작했다. 2주일 동안 1,200명이 그 모임에 가입하였다. 1919년 3월에 사바가 발행한 성명서에는 "사티아그라하 서약에 따라 심사숙고한 결과, 위원회는 당분간 문헌과 신문 등록을 금지하는 법에 대해서는 정중하게 따르지 않을 수 있음을 권고한다"고 되어 있었다. 위원회는 유포가 금지된 문헌 목록을 발췌하였는데 이중에는 《힌두 스와라지》, 《사르보다야, 모두가 깨어나는 새벽(Sarvodaya or Universal Dawn, 존 러스킨의 책을 발췌 번역한 책 — 옮긴이)》, 《사티아그리히 이야기(Story of a Satyagrahi, 사티아그라히는 사티아그라하를 실천하는 사도 — 옮긴이)》도 있었다.

롤래트 법안에 저항하는 실천의 일환으로 간디는 전면적인 하르탈(hartal)*을 제안하였다.

---

* 현재는 파업의 의미로 쓰이고 있으나 당시에는 힌두교 전통에서 세상의 모든 일을 중단한다는 의미에서 나온 말인지라 여기에서는 그대로 하르탈로 옮긴다.

사티아그라하는 자기 정화의 과정이며 우리의 싸움은 성스러운 것이기에, 내게는 자기 정화의 행동으로 시작되어야 마땅할 것으로 보입니다. 그러므로 인도의 모든 사람들이 그널 하루 사기 일을 멈추고 하루를 단식과 기도로 보내도록 합시다. 무슬림들은 하루 이상 단식하지 않아도 좋습니다. 그러니 단식 기간은 24시간이 되어야겠지요. 모든 지역이 이러한 우리의 요청에 응답할 것인지 아닌지는 단언하기 어렵습니다. 그러나 나는 봄베이, 마드라스, 비하르, 신드(Sind)는 잘해줄 것으로 확신합니다. 이들 지역에서 하르탈을 적절하게 지키는 것만으로도 충분하다고 느낄 이유가 있다고 생각합니다(I, p. 297).

하르탈은 1919년 4월 6일로 정해졌다. 하르탈은 롤래트 법안에 반대하여 인도 전역으로 뻗어나간, 전국적인 운동의 시작이 되었다. 암리차르에서는 대중적인 열광과 관료들의 잔악함이 극에 도달했다. 그 사건은 악명 높은 마이클 오드와이어 경(Michael O' Dwyer)의 야만적인 통치 아래에서 다이어 장군(General Dyer)의 협력으로 일어났다. 4월 6일 시위는 악명 높은 잘리안왈라 바그(Jallianwala Bagh) 대학살*에서 정점에 달했던 일련의 연속된 사건들을 연이어 낳았다.

킬라파트운동(Khilafat)**의 성장은 간디와 비협력운동에 새로운 힘이 되었다. 킬라파트 문제를 종교와 정치가 결합된 문제로 보고 있던 거의 모든

---

* 집회에 모인 6,000명의 시민에게 다이어 장군이 사전 경고도 없이 발포 명령을 내려 10분 동안 무차별 총격이 가해졌다. 간디의 조사에 의하면 1,200명이 죽고 3,600명이 부상을 당했다.

** 이슬람 수니파의 중심이었던 터키의 무슬림 최고 군주인 칼리프 제도가 영국에 의해 폐지되자 이를 재건하겠다는 운동이 인도에서도 일어났고 국민회의와 힘을 합쳤으나 간디는 시민불복종운동을 중단하면서 사전 협의도 없이 협력 관계를 일방적으로 중단하여 그동안 이용만 당했다는 배신감을 무슬림들에게 안겨주었다.

이슬람교 성직자들이 비협력운동에 지지를 더해주었다. 간디는 영리하게 이를 영국에 대한 불만 사항에 포함시켰다.

1920년 3월 10일자 기록에서 그는 이렇게 말했다.

> 킬라파트는 문제 중의 문제가 되었습니다. [⋯] 지금 만약 요구를 들어주지 않으면 무슨 일이 벌어질지는 한 단어로 족합니다. 가장 야만적인 방법은 공개적인 방식이든 은밀한 방식이든 전쟁입니다. 이는 실행 불가능하기 때문에 배제해야 합니다. 전쟁은 늘 최악의 선택임을 내가 모든 사람들에게 설득할 수 있다고 해도, 우리는 모든 합법적인 결과를 보다 빠르게 얻어야 합니다. 개인이든 국가든 폭력의 발생을 막을 수 있는 권력이야말로 저항할 수 없는 권력인 것입니다(I, p. 345).

그렇지만 무슬림 성직자들이 관심을 보인 것은 비폭력에 대한 믿음이 아니라 강력한 대중 혁명으로 발전시키고자 하는 열망임을 간디는 알고 있었다. 그래서 간디는 그들에게 자신이 말하는 비폭력의 원칙을 받아들이라고 강하게 주장하지 않았다.

> 그러나 이슬람교도들에게는 힌두교도들이 참여해도 되고 참여하지 않아도 되는 그러한 특별한 코란의 의무가 있습니다. 그러므로 그들은 비폭력을 통한 비협력운동의 실패 시에, 정의를 실행하기 위해 이슬람 교리에서 명하는 모든 방법에 의지하기 위해서 그들 스스로를 지킬 권리가 있습니다(I, p. 346).

자신을 둘러싼 독립적인 조직인 사티아그라히(Satyagrahi) 집단, 롤래트 법안과 펀자브에서의 학대 행위와 같은 민중이 가장 중요하게 여기는 생생한 정치적 이슈에 관한 성공적인 선동, 킬라파트 문제에서 이슬람 성직자들과의 협력 등 이러한 모든 상황들이 결합하면서 1920년 8월 1일, 간디가 독단적으로 비협력운동의 신호를 보내는 것이 가능하였다. 판딧 말라비야(Pandit Malaviya) 같은 지도자들은 간디가 국민회의의 결정을 기다려야 한다고 반대하였다. 간디는 다음과 같이 답했다.

> 국민회의에 대한 나의 충성심은 내 양심과 반대되지 않는 경우에 정책을 실행하도록 요구합니다. 내가 만약 다른 소수파였다면, 이 정책을 국민회의의 이름으로 수행하지 않았을 것입니다. 그러므로 어떠한 주어진 문제에 대한 국민회의의 결정이란 국민회의인이 반대되는 행동을 하는 것을 막는 것이 아니라, 자신이 하는 행동에 대해 스스로 위험 부담을 안고 국민회의는 그에 동조하지 않는다는 것을 알면서도 한다는 의미입니다.
> 모든 국민회의인들, 모든 공인들은 권리를 가지고 있지만, 자신의 의견을 피력하고 그에 따라 행동하며 그런 다음 국민회의의 결정을 기다리는 것이 때로는 그들의 의무가 되기도 합니다. 이것이 진실로 국민에 봉사하는 최선의 길입니다(II, p. 3).

마울라나 샤우카트 알리(Maulana Shaukat Ali) 등의 사람들과 함께 간디는 여러 곳을 돌아다니면서 롤래트 법안과 펀자브의 비극, 킬라파트운동의 쟁점들로 민중을 일깨웠다. 이는 1920년 9월 4일부터 9일까지 캘커타에서 열린 국민회의 특별 회기에 영향을 미쳤다. 국민회의는 간디가 발한 점진적인 비폭력·비협력운동에 관한 결의안을 채택하였다. 그 운영에 대해서는 다음과 같다.

이 대회는 상술(上述)한 학대 행위들이 바로잡히고 스와라지가 성립될 때까지 점진적인 비폭력·비협력 정책을 승인하고 채택하는 것 외에 인도 민중에게 다른 방침은 없다는 것을 밝힌다.

또한 지금까지 여론을 형성하고 대표했던 계급들에 의해 시작되어야 하는 까닭에, 또한 정부는 민중들에게 부여된 직위와 관직, 그것으로 관리되는 학교, 그리고 법원과 입법원을 통해 그 권력을 통합하는 까닭에, 그리고 운동의 현재 상태에서는 바라는 목표의 성취와 비교했을 때 최소의 위험과 최소한의 희생이 바람직한 까닭에, 이 대회는 다음과 같이 간절하게 권고한다.

(a) 직위와 명예 관직의 포기와 지역 단체에서 임명받은 직에서 사임하기

(b) 공무원이나 그들 명의로 개최하는 알현식, 두르바(durbar)*와 여타 공식, 준공식적인 행사에 참여 거부

(c) 다양한 지역에서 아이들을 점진적으로 학교나 대학에서 자퇴시키기

(d) 변호사와 소송 당사자를 통한 영국 법정에 대해 점진적으로 보이콧을 하고 개인 간 분쟁 해결을 위한 사적 중재 기관 설립하기

(e) 군사·사무·노동계급 부문에 제안되는 메소포타미아 지역에서의 근무 거절

(f) 개혁적인 입법회의 선출 후보들의 사퇴와 국민회의의 권고에도 불구하고 선거에 나선 후보에 대한 투표 거부

(g) 외국 제품에 대한 보이콧(II, p. 12-13).

---

* 무굴제국 때는 재판이 열리는 공간을 의미했고 영국 지배 시에는 의례(儀禮)적인 모임을 의미한다.

결의문에 대해 연구해보면 간디가 주창한 강령의 본질적인 계급 정치적 성격이 드러난다. 비협력운동은 캠페인이고 "지금까지 공론을 형성하고 대표했던 계급들", 즉 부르주아지와 프티 부르주아지에 의해 시작되어야 하는 캠페인이라고 분명하게 언급되어 있다. 나아가 강령에 포함된 항목들은 관료들을 성가시고 괴롭게 하여 그들을 당황하고 불편하게 만들기는 해도, 사소한 부분에서조차 제국주의 지배의 근본을 흔들지는 않는 것들이다.

결의문은 외국 지배자의 경제적 · 정치적 기반이자 인도 자본가들과 지주들의 기반인 이윤을 건드리는 산업 노동자들의 파업이나 농민들의 소작료 거부, 토지 쟁취 같은 전투적 대중 행동을 제안하지 않는다. 심지어 "군사 · 사무 · 노동계급 부문의 근무 거절"은 "메소포타미아 지역"으로 한정하고 있다. 그러므로 명백한 것은 비폭력 · 비협력운동은 제국주의 국가 구조의 뿌리를 흔드는 형태의 행동은 전혀 생각하지 않았고 단지 지배자들에게 압력을 가하여 국민회의와 합의하게 하려는 것이다.

이와 관련하여, 1919년 4월 18일에 정치적 행동 형태로서 산업 노동자의 동맹 파업에 관해 간디가 했던 말을 상기하는 것이 도움이 될 것이다.

남아프리카에서 사티아그라하 투쟁을 벌이는 과정에서 수천 명의 계약노예(indenture)* 노동자들이 일을 거부했습니다. 이는 사티아그라하 파업이었습니다. 그래서 모두 평화적이었고 자발적이었습니다. 그 파업이 계속되

---

* indenture를 계약노동자로 번역하는 경우가 많은데 indenture는 비정규직 계약노동자(contract worker)와는 다르게 계약 기간을 노예로 보내기에 계약노동자로 번역하는 것은 혼동을 줄 수 있다. 또 indenture는 도제노동자(apprentice)와 같은 의미로 쓰이기는 하나 식민지 시절 인도의 indenture는 기술을 배우는 것이 아니라 말 그대로 노예이기 때문에 '계약노예 노동자'로 번역하였다.

는 동안 유럽인 광부들, 철도 노동자들 등등의 파업이 […] 선포되었습니다. 유럽인 파업자들과의 동맹 제안이 저에게 왔습니다. 사티아그라히로서 저는 그렇게 해볼까라는 생각을 한순간도 하지 않았습니다. 더구나 저는 폭력적인 수단과 공개된 곳에서 무기를 사용하는 유럽인들의 파업과 우리 파업을 똑같이 보는 것이 두려워서 파업을 연기했습니다. 그때부터 스무츠(Smuts) 총독 말대로 "합법적인 운동"으로서 사티아그라하는 남아프리카의 유럽인들에게 명예롭고 정직한 운동으로 인식되기 시작했습니다. 저는 지금의 위기에 처해서도 그렇게 할 수 있습니다. 만일 그때 저의 어떤 행동이 폭력을 키우는 데 사용되도록 허락했다면 저는 사티아그라하에 진실하지 못했을 것입니다(I, p. 317. 저자 강조 추가).

폭력에 대한 혐오를 아주 많이 거론하였지만 이것은 단지 노동자계급이 자신이 가진 투쟁의 무기 — 정치적 총파업 — 로 정치적 행동으로 들어가게 되면 운동은 설정한 한계를 넘어서게 된다는 사실에 대한 부르주아지로서의 본능적인 공포일 뿐이다. 이것이 제국주의의 피비린내 나는 전쟁터에 총알받이로 '모든 촌락마다 20명씩 모병하기'를 요구하면서 어떤 망설임도 없었던 그가 민중, 노동자, 농민들이 조직된 정치 세력으로 행동의 영역으로 들어갈 때 발생되는 사소한 폭력 사건들에 몸서리를 쳤던 이유이다.

이것이 일관되게 자신의 강령에 중농, 빈농, 토지 없는 가난한 이들의 요구인 고리대금업자의 빚 청산, 지대의 획기적인 경감, 토지분배 등을 포함시키지 않은 이유이다. 간디가 그들을 위해 준비하고 실행한 최상의 것은 1921년 11월 국민회의의 나그푸르(Nagpur) 회기 결의문에 짜 넣었던 것이다. 즉,

[…] 국민회의는 비폭력·비협력운동에 관한 결의를 한 번 더 지지하면서, 한편으로 정부와의 자발적인 협력을 거부하고, 다른 한편으로 세금 납부를 거부하는 비폭력·비협력운동의 전체 혹은 부분적인 계획은 인도국민회의나 AICC(All-Indian Congress Committee, 전인도국민회의위원회)*가 결정한 때에만 실행되어야 함을 선언한다(II, pp. 35-36).

정부에 세금 납부를 거부하는 것은 간디가 준비했던 최종 한계선, 즉 부농이나 지주들까지도 지지할 수 있는 한계선이었다.

하지만 당시에 민중들은 자신들의 활동이 그렇게 제한되는 것을 거부했다. 그 성격 자체는 비폭력이었지만 반란을 요구하는 목소리가 나왔고 농민들, 기능공들, 노동자들이 자발적으로 억압에 대항하여 일어서기 시작했다. 산업 노동자들과 플랜테이션 노동자들의 파업과 더불어 농민들 사이에서 나타나기 시작한 격렬한 불만은 간디가 그토록 막기를 원했던 몇 가지 사건으로 귀결됐다. 텐둘카르는 이에 대해 다음과 같이 설명하였다.

국민회의에 새로 들어온 이들 대다수는 일종의 도취 상태에 있었다. 공포, 억압과 분노의 감정이 완전히 사라졌다. 아주 외진 촌락에서조차 민중들은 국민회의와 스와라지에 대해, 그리고 킬라파트와 펀자브에서 일어난 일들에 대해 말하기 시작했다. '킬라파트'란 말은 대부분의 농촌 지역에서 아주 생소한 의미를 내포하고 있었다. 민중들은 킬라프(khilaf) — 우르두어**로 '대항하는'이라는 의미 — 라는 말에서 나온 것이라고 생각하여 이를 '반

---

* 각 주의 대표들로 구성된 최고간부회의다. AICC의 의장이 최고위이고 현재는 소냐 간디이다.
** 인도 이슬람교도의 공용어로, 현재 파키스탄에서는 영어와 더불어 공용어이다.

정부'의 의미로 받아들였다. 민족주의와 종교와 신비주의의 낯선 결합이었다(II, p. 46).

간디의 반응은 30년 가까이 운동을 지도한 인물다운 것이었다. "사탄의 정부"에 비협력하자는 자신의 요청에 민중들이 보이는 열렬한 반응과는 거리를 두면서, "집단적 시민불복종을 유일하게 정당화시킬 수 있는 비폭력과 신뢰할 수 있는 분위기"가 부족한 데 대해서 놀라워했다.

그가 처음으로 놀란 것은 롤래트 법안 선동 기간에 "내 발길을 되돌아보니, 히말라야 같은 판단 착오였고, 신과 사람 앞에 내 자신이 초라해지고, 집단적 시민불복종이 아니라 나 자신에게서, 즉 내가 아는 것이라고는 시민이 되는 것과 비폭력이라는 것에서 멈출" 때였다.

1922년의 (스스로 자신의 '쓰디쓴 굴욕'이라고 부른) 차우리 차우라 사건(Chauri Chaura)*이 벌어지고 나서야 자신이 준비하고 가시화시킨 집단적 시민불복종운동이 자신의 통제에서 완전히 벗어날 수도 있음을 깨달았다. 그제야 간디는 시민불복종운동을 중지하기로 결정하였다.

차우리 차우라는 개별적인 사건이 아니었다. 이전에 말라바르 반란(Malabar Rebellion) — 주로 모플라 반란**으로 알려진 — 이 이미 있었다. 거기서는 영국에 대한 비협력운동이라는 간디의 요청과 지주에 반대하는 농민들의 요구가 결합하여 수만 명에 이르는 말라바르의 억압받는 농민

---

* 경찰이 농민에게 총격을 가해 사망자가 발생하자 농민들이 반격에 나서서 경찰서를 불태우고 22명의 경찰을 죽였다. 이에 경찰은 보복으로 재판 없이 12명의 농민을 죽였다.
** 1921년 8월 말라바르에서 3만여 이슬람교도 농민들이 지대 경감과 토지 분배를 기치로 봉기한 것을 일컫는다. 농민 반란은 군대에 진압되었고, 11월 영국에 체포된 반란의 주모자들은 밀폐 화차로 수송 도중 61명이 질식해 죽었다.

집단이 결집했다. 몇몇 다른 지역들에서도 노소(老少)를 불문하고 수백 명이 학교, 대학, 법정에 대한 보이콧에 동참하여 비협력운동의 정신을 전하는 전업 활동가가 되었다. 그들은 농민들에게로 가서 지대와 과도한 세금 경감 등의 요구를 말하기 시작했다. 간디에 따르면 "지금까지 여론을 형성하고 대표했던 계급들"에서 시작되어야 할 그 운동은 사실상 이들 계급이 설정한 한계를 벗어나기 시작했고 진정한 전국적 운동이 되었다.

나아가 일단 운동에 참여하게 되면 이 새로운 계급, 농민은 자신의 투쟁 형태와 조직 형태를 빠르게 세워나갔다. 지주의 장부 태우기, 등기소의 파괴, 관청에 대한 공격, 경찰 무장해제시키기, 민중 법정의 설립, 지주의 식량과 소유물 분배와 같은 전형적인 농민 혁명의 형태에 의존하게 된다는 점을 말라바르 반란에서 분명하게 볼 수 있었다.

차우리 차우라 사건 역시도 일단 농민이 공권력과 직접 마주치게 되면 불가피하게 간디가 정한 비폭력의 한계를 벗어나는 행동으로 가게 된다는 것을 보여주었다.

다음은 간디 자신의 고백이다. "마드라스(말라바르)는 경고를 주었다. 그러나 나는 그 경고에 주의를 하지 않았다. 그러자 신께서는 차우리 차우라를 통해서 분명하게 말씀해주셨다." 그는 차우리 차우라에서 경찰이 '분노를 도발한 것'에 대해서는 전혀 의심하지 않았다. '폭도'들이 경찰서에 불을 지르고 경찰을 죽이도록 유발한 것은 경찰의 도발이었다. 그러나 간디는 그것이 비록 경찰의 도발에 의한 것이라고 해도 '폭도들의 폭력'은 용서할 준비가 되어 있지 않았다. 일단 농민들이 각성되어 행동을 하게 되면 이들과 영국 지배하의 기관들 사이에 그런 식의 충돌은 반복되어 일어날 수밖에 없다는 것이 간디에게는 너무나도 분명한 사실이었다. 운동을 지속하도록 결정하는 것이 "우리들의 맹세를 부정하고 신에 대한 죄"가 될 수도 있다는 생각만으로도 간디에게는 끔찍한 예측이었다. 그래서 내려진 결정은 시민불복종운동을 중단하는 것이었다.

첫 번째 불화

간디의 수많은 부관들과 동료들은 간디가 비협력운동 과정에서 일어난 특정 사건들에 왜 그렇게 당황해야 했는지 이유를 알지 못했다. 운동을 중지하겠다는 간디의 결단에 대한 그들의 반응을 텐둘카르는 다음과 같이 설명하였다.

운동의 갑작스런 중단은 충격으로 다가왔다. 바르돌리(Bardoli)*의 결정은 대부분 감옥에 있었던 국민회의 지도자들을 대경실색하게 만들었고, 평당원들을 분노하게 했다. 간디 선생님은 모든 곳에서 공격을 받았다. 모틸랄 네루(Motilal Nehru), 라지파트 라이(Lajpat Rai) 등은 감옥에서 간디 선생님에게 당신의 입장에 항의하는 성난 편지를 보냈다. 모틸랄 네루는 케이프 코모린(Cape Comorin, 인도 가장 남쪽에 있는 곳 — 옮긴이)에 있는 촌락이 비폭력을 지키지 못한 것 때문에 왜 히말라야 산 밑(인도 제일 북쪽을 의미 — 옮긴이)

---

* 사티아그라하 투쟁의 모범 지역이었고 운동 중단을 선언한 곳.

에 있는 마을이 그 대가를 받아야 하는지 물었다. 차우리 차우라나 고라크
푸르(Gorakhpur) 지역은 배제하고, 개인과 대중은 시민불복종운동을 계속하
자고 요청했다(II, p. 117).

이것이 반(反)롤래트 법안과 킬라파트 선동 기간 이후로 간디가 국민회
의 일반 당원들 속에서 점차 두각을 나타낼 수 있게 해주었던 그 연합에서
의 첫 번째 불화였다. 비폭력·비협력운동은 과격파만 아니라 온건파도
모을 수 있었던 프로그램이었다. 비폭력에 대한 주장은 온건파를 만족시
켰고 반제국주의 집단행동에 대한 요청은 과격파를 고양시켰다. 하지만
대중들의 전투적인 행동을 보면서 가지게 된 간디의 공포와 시민불복종운
동 중단을 결정했던 성급함은 앞서 국민회의 당원들을 분열하게 했던 모
든 근본적인 문제들을 전면으로 가져오게 했다.

민족의 요구를 실현하기 위한 투쟁의 길은 무엇이 되어야 했는가? 영국
과의 평화적 협상을 통해서인가, 아니면 그들에 맞선 전투적인 투쟁을 통
해서인가? 체제에 저항하는 확실한 행동으로 우리 민중을 규합하는 길인
가, 아니면 점진적인 개혁을 담보하는 합법적인 기구에 의존하는 길인가?
이전에 온건파를 과격파와 분리하게 만든 이러한 질문들이 다시 전면에
나오게 되었으나 다른 형태를 취하게 되었다.

간디의 시민불복종운동 중단에 항의했던 모틸랄 네루, 라지파트 라이
등의 인물들은 전투적인 반제국주의자가 아니었다. 이들 중 일부(모틸랄 네
루와 같은)는 초창기에는 오히려 온건파 진영에 속해 있었다. 그들이 간디
의 지도력을 받아들인 것은 영국 제국주의에 대항하여 대중을 동원하는
방법이 제국주의를 상당히 압박할 수 있을 것임을 깨달았기 때문이다.

그들은 이러한 압박을 통해 제국주의가 국민회의와 협상을 하게 만들

고, 간디의 지도력으로 폭발된 집단행동을 잘 활용하여 점점 더 많은 합법적 개혁을 성취할 수 있기를 기대했다. 그래서 여기저기서 벌어지는 일부 '폭도들의 폭동' 에 대해서는 걱정을 하지 않았다. 국민회의는 분명하게 이런 일이 발생하는 것에 대해 책임을 질 수도 없고 책임을 지면 안 되는 것이었다. 그들은 이 운동이 자기들 계급이 정한 안전선을 벗어날 수도 있다는 간디의 비관적 전망에 동의하지 않았다. 그래서 그들은 간디의 결정을 들었을 때 그렇게 분노했던 것이다.

그러나 이제 시민불복종운동의 중단은 기정사실이 되었고, 그들은 피할 수 없는 질문을 해야 했다. 그럼 그 다음에는 무엇을 할 것인가? 그들은 대중들이 비폭력의 이념에 서서히 동화되어서, 간디가 구체화한 비폭력 투쟁과 같은 형태의 투쟁을 국민회의가 시작할 수 있는 충분한 준비가 가능하게 될 것이라는 주장에는 참을 수가 없었다. 영국과 국민회의와의 협상을 성공적으로 강제한다는 지극히 실용적인 관점에서만 비폭력·비협력운동의 기술을 바라봤기 때문에, 시민불복종운동의 중지가 결정되면 국민회의가 새로운 전술을 찾아야 한다는 결론에 도달했다.

새로운 전술의 모색에서 그들이 도달한 결론은 새롭게 만들어진 입법회의(legislative councils)를 거부하기보다는 활용해야 한다는 것이다. 그들의 주장은, 전국의 시민불복종운동을 이끌고 있는 비폭력·비협력운동의 프로그램과 분리할 수 없는 한에서는 입법에 대한 거부가 옳지만, 시민불복종운동이 중지되면 이것은 아무 의미가 없다는 것이다. 그들은 이런 의견을 공개적으로 표명했을 뿐만 아니라 이 프로그램을 수행할 새로운 정당인 스와라지당(Swaraj Party)을 만들고자 했다. 이런 입장은 물론 소수의 국민회의인으로 한정되었다. 이 입법회의 참여 계획은 1922년에 열린 국민회의 가야(Gaya) 회기에서 1,740표 중 890표의 반대로 부결되었다.

이것이 대다수 국민회의인이 가진 투쟁적인 분위기에 대한 증거였다. 그럼에도 불구하고 소수인 스와라지주의자들은 국민회의 내부에서 지대한 영향을 미쳤다. 그 이유는 첫째, 국민회의 내에서 가장 저명한 최고 지도자들이 이에 앞장서고 있었고 둘째, 입법회의 참여의 반대자들에게는 구체적인 행동 대안이 없었기 때문이다.

스와라지주의자들과 이에 대한 반대파의 투쟁은 간디가 투옥된 동안에 시작되고 심화되었다(역설적이게도 시민불복종운동을 중지한 며칠 뒤, 간디는 체포되어 수감되었다). 그래서 간디가 석방되기 전에 국민회의는 이미 두 진영으로 갈라져서 거의 두 개의 조직으로 분열될 지점까지 갔었다. 간디는 분열을 치유하고 국민회의의 이 두 날개를 통합시키는 문제에 몰두하였다. 그는 분위기를 감지하고 입법회의 참여가 기정사실이라는 것을 확인했다. 그는 국민회의 지도자들 사이에 존재하는 첨예한 의견 차이가 다수결로 해결될 수 없다는 것을 알았다. 그래서 다음과 같은 문제를 제기하였다.

문제는 기정사실인 입법회의 참여를 두고 "무엇을 해야 할 것인가?"입니다. 비협력운동가들은 스와라지주의자의 방법에 대하여 계속해서 대립할 것인가, 아니면 중립으로 남아서 자신들의 원칙을 지키는 한에서는 협조할 것인가? […] 만약 스와라지주의자의 방법이 성공하여 조국에 이익이 된다면, 그런 가시적인 증거가 우리들 실책에 대해 정당하게 회의하는 나 같은 사람들에게 확신을 심어줄 것입니다. 나는 스와라지주의자들이 경험에 환멸을 느꼈을 때에는 자신들의 행보를 다시 돌아볼 만큼 애국적이라는 것을 압니다. 비록 내가 그 계획을 신뢰하지 않기에 그들을 적극적으로 도울 수는 없겠지만, 그래도 나는 그들이 가는 길에 어떠한 장해물도 되지 않을 것이며 스와라지주의자들이 입법에 참여하는 데 반대하는 어떠한 선동도 하지 않을 것입니다(Ⅱ, p. 172).

이것이 간디가 스와라지주의자들에게 찬성하는 방법이었다. 이는 비협력운동 '고수파(固守派)' 부관들인 라자고팔라차리(Rajagopalachari), 발라브바이 파텔(Vallabhbhai Patel), 라젠드라 프라사드(Rajendra Prasad) 등의 요구에 일치하는 것은 확실히 아니었다. 그래서 간디가 인내심을 가지고 그들과 논의해야 했던 것은 그들 '고수파' 전술의 우월성은 스와라지주의자들 계획에 대한 계속적인 반대가 아니라 입법 외부에서 지속적이고 체계적인 작업으로 검증될 것이라는 점이었다. 간디가 설명한 것은, 스와라지주의자들이 입법회의 활동에 열중하는 것은 자유를 위한 투쟁에서 결국 성공을 거두지 못할 것인데, 왜냐하면 그 성공은 오직 대중들의 고된 노력, 의심할 여지 없이 앞으로의 투쟁을 위해 나라 전체를 준비시키는 작업을 통해서만 성취될 수 있기 때문이라는 것이다. 간디는 오직 전 민족적 대의에 입각하여 민중을 조직하는 데 집중하라고 조언해주었다.

간디는 이런 능수능란하고 호소력 있는 주장으로 결국 국민회의를 설득해서 스와라지주의자들을 국민회의 내의 일부로 인정하게 할 뿐만 아니라 국민회의의 중심으로 만들 수 있었다. 동시에 스와라지주의자들도 카디(khadi, 물레를 손으로 돌려 짠 옷감 ― 옮긴이) 판매, 불가촉천민의 폐지, 힌디어의 전파와 같은 활동에 의무적으로 참여하도록 만들었다.

그리고 내가 도달한 결론은 조국의 이익이라는 관점에서 '고수파'의 방해 없이 '스와라지파'에게 자신들의 프로그램을 할 수 있는 최대한의 기회를 주자는 것입니다. '고수파'는 원하지 않으면 그 활동에 참여하지 않아도 됩니다. 스와라지주의자에게 의무가 있는 것처럼 고수파는 건설적인 프로그램(constructive programme)*만을 추구할 자유와 의무가 있습니다. 또한 그들이 개인적으로 비협력운동을 계속하는 것은 자유입니다. 그러나 국민회의의 중지 결정은 비협력운동자들이 국민회의로부터 어떠한 지원이나 후원을 받을 수 없다는 것을 의미합니다. 그들은 그들 내부에서 모든 힘을 끌어내야 합니다. 그리고 이것이 그들의 시금석이 될 것입니다(Ⅱ, p. 22).

그래서 그 후로 몇 년 동안 간디와 그의 '고수파' 추종자들은 '건설적 프로그램'을 진전시키는 데 집중하게 되었다. 간디가 전인도카디위원회(All India Khadi Board)를 조직한 것도 이 프로그램 실행의 일환이었다. 이를 대중화하기 위해 전국 방방곡곡을 순회했다. 그는 가는 곳마다 카디 프로그램을 대중화시켰고, 불가촉천민 신분을 반대하였고, 링구아 프랑카(lingua franca)** 프로그램을 지지했다.

'건설적 프로그램'의 대의를 대중화하기 위해 이곳저곳 돌아다니는 방식은 대중 동원을 가능하게 하는 몇 가지 특징이 있었지만, 대중들이 제국주의에 반대하는 전투적인 투쟁을 하지 못하도록 막기도 하였다.

그 가운데 가장 주목할 만한 특징은 간디가 정치적 문제에 대해 거의 언급하지 않았다는 점이다. 1921년에서 1922년까지의 연설을 보면 펀자브 학살, 롤래트 법안과 킬라파트운동을 자주 언급했는데, 이는 모두 영국 정부를 겨냥한 것이었다. 이와는 대조적으로 1924년에서 1928년까지 했던 대부분의 연설은 사회적이고 영적인 문제에 관한 것들이었다. 간디는 민중

---

* 카스트와 자티 시스템에 기반한 사회로 인도를 복귀시키려는 간디의 계획으로, 국내에서는 인도 농촌의 부흥을 위한 포괄적인 계획으로 소개가 되었다.
** 모국어를 달리하는 사람들 사이에 의사전달 수단으로 쓰이는 공통언어. 간디는 인도의 링구아 프랑카로 힌디어를 지지했다.

의 물적 토대인 정치나 경제체제에 대한 반대가 아니라, 일정한 사회악에 반대하고 일종의 영적인 가치를 통해 그들을 각성시켰다.

두 번째로, 간디는 제국주의, 지주제, 여타 다른 형태의 억압과 착취에 저항하라고 민중들을 각성시키지는 않았지만 가난, 전국에 만연한 불평등, 민중의 고충을 해소시킬 필요성에 대해서 언급하였다. 그는 여러 계층의 민중이 가진 문제점을 모두 연구했고, 그들의 처참한 조건들을 전면에 드러냈으며, 그들을 위한 위로와 평안을 청중들에게 호소하였다. 이를 통해 그는 가난하고 짓밟힌 다양한 계층의 민중을 끌어안을 수 있었다.

한 예로 그가 어떻게 데바다시(devadasi)*와 대화를 나누었는가 보자. 간디가 데바다시들에게 물어보았다. "만약에 내가 당신을 데리고 가서 충분한 음식과 옷과 교육과 깨끗한 주거 환경을 준다면 당신은 이 부끄러운 생활을 버리고 나와 같이 가겠습니까?" 대답은 "예"였다. 그는 연설에서 이를 언급하면서 심경을 토로했다.

제가 그들과 대화를 나누고 이 일의 내막을 알게 되었기에 제 온 영혼은 비도덕적인 목적으로 미성년 소녀들을 취하는 관습에 반대하는 저항으로 일어섰습니다. 그들을 '데바다시'라고 부르는 것은 종교의 이름으로 신 자체를 모독하는 것입니다 [...] (II, p. 371).

또한, 시정 문제에 대해서 간디에게 의견을 듣고자 했던 방갈로르의 납세자들에게 어떻게 대답했는지 보자.

---

* 힌디어로 신을 위해 헌신하는 소녀들이라는 의미이다. 사원 소속으로 성매매를 했다. 힌두교의 역사만큼이나 이들의 역사는 길다.

저는 여기서 여러분들이 기초 의무교육에 대해서 소개해준 것을 기쁘게 생각합니다. 당신들 도시의 넓은 도로들, 멋진 등불과 아름다운 공원에 대해 축하를 드립니다. 당신의 연설에서 저는 중간계급이나 상층계급은 이곳에서 행복할 것이라고 추측할 수 있습니다. 이곳에 가난한 계급이 있는지 없는지 저는 모릅니다. 하지만 만약 그런 계급이 있다면, 그들의 청결과 건강을 유지하기 위해 무엇을 하고 있나요? 여러분은 그들의 고충과 슬픔을 함께하고 있나요? 청소부와 넝마주이가 살고 있는 환경에 대해서 생각해본 적이 있나요? 극빈층에 있는 아이들과 노약자들을 위해 우유를 싼 값으로 공급해주고 있나요? 식료품상들이 파는 식자재가 깨끗하고 안전한 것이라고 확신하고 있나요? […] 저는 당신들에게 더 많은 질문을 할 수 있습니다. 당신들이 여기에 대해서 만족스럽게 답해줄 수 있다면 저는 당신들을 축하해드릴 수 있습니다. 그러나 그렇지 못하다면, 저는 당신들의 가장 진실한 배려를 그들에게 해주라고 간청합니다(Ⅱ, pp. 363-364).

세 번째, 비록 간디가 노동 대중의 이름으로, 그들이 이해할 수 있는 언어로 말하기는 했지만, 기존 사회체제에 반대하여 민중들을 규합하는 것에는 강하게 반대했다. 1927년에 인도를 방문한 사클라트왈라(Shapurji Saklatvala)*와 가진 긴 인터뷰에서 간디의 대답은 전형적인 것이다. 간디는 "사클라트왈라 동지는 놀라울 정도로 진실합니다. 그의 진실성은 명백합니다. 가난한 이들을 위한 그의 열정은 의문의 여지가 없습니다"라고 인정했다. 그러나 "사클라트왈라 동지는 사실에 대해 공부할 필요가 있다고 생

---

* 영국에 이주한 인도인으로, 공산주의자 후보로서 영국 국회의원에 선출되어 영국에서 의정 활동을 하였다.

각합니다", "인도와 인도인들이 처한 상황을 무시합니다"라고 말했다.

그렇다면 사클라트왈라 동지가 무시했다는 그 '사실'과 '상황'은 무엇인가?

> 저는 자본이 노동의 적이라고 생각하지 않습니다. 저는 이 둘 사이에 완벽한 조정이 가능하다고 확신합니다. 남아프리카, 참파란, 아마다바드에서 제가 맡았던 노동자 조직은 자본가에 대한 적개심이 없었습니다. 상황에 따른, 그리고 필요하다고 생각한 범위 안에서의 저항이 모두 성공했습니다. 저의 이상은 공평한 분배이지만, 제가 아는 한 아직 실현되지 않았습니다. 그러므로 저는 공평한 분배를 위해서 일합니다. 저는 카다르(khaddar, 인도산 면직물 — 옮긴이)를 통해서 이를 얻고자 합니다. 이 성취를 통해 영국의 착취를 무화시키는 것이 핵심이므로, 영국과의 관계를 깨끗하게 하도록 의도된 것입니다. 이러한 의미에서 카다르가 스와라지로 가는 길인 것입니다 (Ⅱ, p. 340).

다른 말로 하면 카디 프로그램은 노동·자본의 협력을 조직하고 영국과의 관계를 '정화'시키는 프로그램이다.

네 번째, '건설적 프로그램'은 이를 맹세한 모든 이들이 반드시 해야 한다는 의미에서 구체적인 행동 프로그램이다. 간디의 위대함 중 하나는 자신에게 온 모든 사람들에게 일을 주는 기술을 터득한 점이다. 그들은 노동자이거나 농민이나 전문가일 수 있다. 어떤 신분이든 간에 간디는 그들이 바쁘게 움직이도록 무엇인가를 시켰다. 그들이 무엇인가 바쁘게 일을 함으로써, 간디는 그들에게 영적으로 경제적으로 정치적으로 조국을 부흥시키는 대의에 봉사하고 있다는 활기 넘치는 느낌을 주었다. 이것이 물레

(charkha)에 대한 메시지, 여타 목화 산업에 대한 메시지, 힌디어에 대한 메시지, 불가촉천민의 신분 향상에 대한 메시지, 전반적인 사회 개혁에 대한 메시지를 통해 그가 성취한 것이다.

간디는 이러한 모든 쟁점에 관해서 활동하도록 사람들을 각성시키고, 스와라지를 위한 투쟁에 필요한 준비로서 이러한 모든 일들을 하고 있다는 느낌을 그들 안에 가지게 했다. '건설적 프로그램'의 모든 개별 항목 뒤에 있는 것은 제국주의에 대한 저항의 메시지였다. 이를 통해서 간디는 자신의 지도력 밑에서 민족운동에 확고한 수백 명의 간부진을 만들어내었다. 이들은 봉사와 자기희생의 정신으로 불타고 있었지만, 간디가 대변하는 바로 그 계급의 존재를 위협할 수 있는 혁명적 열정이라는 '죄'에 가장 덜 '오염'된 사람들이었다.

다섯 번째, 이 시기에 간디의 활동 중 가장 주목할 특징은 표면상 비정치적인 '건설적 프로그램'을 스와라지주의자의 명백한 정치적 활동과 통합시킨 그 능숙한 방법이다. 스와라지주의자들에게는 '현실적인' 정치 작업, 즉 가능한 모든 수단과 방법으로 정부와 싸우고 폭로하는 작업을 하고 있다는 만족감을 갖게 하였고, 마찬가지로 '건설적 프로그램' 활동가들에게는 앞으로 다가올 제국주의와의 피할 수 없는 투쟁을 위해 조국을 준비시키고 있다는 만족감을 갖게 하였다. 간디는 국민회의의 양 날개인 스와라지주의자와 '건설적 프로그램' 양자 모두를 통제할 수 있었고, 이를 통해 국민회의의 지도부와 평당원을 자신 밑에 통합하였다.

스와라지주의자를 인정하면서, 입법 기관 안에서 그들이 추구해야만 하는 노선으로 "국민회의의 건설적 프로그램을 강화시킬 수 있는 노력"을 제시하였다. 간디가 그들에게 따르지 말도록 요구한 것은 다음과 같았다.

의사진행 방해 정책입니다. […] 그러나 다음과 같은 경우에는 중앙과 지방 정부에 요구하는 결의안을 제출합니다. 첫째, 모든 옷감 구매는 손으로 짜고 뽑은 카다르 직물로 하도록 한다. 둘째, 외국 옷감에 금지적 관세(prohibitive duty)를 부과하도록 한다. […] 만약 입법회의에서 통과된 이러한 결의안 실행을 정부가 거부를 하면, 나는 입법회의를 해산하고 유권자들이 선거를 하도록 통보하겠습니다. 만약 정부가 해산하지 않으려고 하면 나는 이 자리에서 사퇴하고 시민불복종운동을 전국적으로 준비하겠습니다(Ⅱ, pp. 172–173).

간디 스스로는 자신을 스와라지주의자라기보다는 건설적 프로그램 활동가라고 주장했지만, 스와라지주의자들의 모든 활동에 예민한 관심을 가지고 있었다. 중앙 입법회의에서 스와라지주의자들과 그들의 동맹자들이 채택한 유명한 전술들을 인정하였다. 즉 민족적 요구에 관한 훌륭한 결의안을 제출하고 이것이 수용되지 않으면 의사진행을 방해하는 전술을 수행하고 항의의 표시로 퇴장하는 것이다. 간디는 영국인 지배자들과 협상을 개시하기 위해 스와라지주의자들이 하는 모든 노력에 자신의 이름이 가진 거대한 무게와 권위를 실어주었다. 그러나 간디 스스로는 이런 협상들이 일정한 정도 성공의 가능성이 있다고 느끼는 단계에 도달할 때까지는 배후에 남아 있었다.

이런 점에서 스와라지주의자의 지도자인 데쉬반두 다스(Deshbandhu Das)*와 영국의 인도담당 국무장관(Secretary of State for India)인 버컨헤드

---

* 본명은 치타란잔 다스(Chittaranjan Das)이고 데쉬반두는 '국민의 친구'라는 의미. 1925년 6월 다르질링의 자택에서 사망했을 때, 간디는 직접 찾아가서 캘커타에서의 장례식을 이끌었다.

경(Lord Birkenhead)의 협상에서 스스로를 어떻게 표현했는가는 주목할 만하다. 1925년 5월 1일 캘커타 연설에서 간디는 영국에서 온 "비할 데 없는 외교관들"과 외교적 관계에 참여하는 대신에 자신은 인도 내에서 힘을 기르는 "건설적 프로그램"에 집중하는 것을 더 선호한다고 말했다. 하지만 얼마 후, 6월 20일에는 데쉬반두가 한 제안에 응답할 것을 영국인들에게 공적으로 호소하였다.*

> 파리드푸르(Faridpur) 연설은 그 뒤에 위대한 목적이 있었습니다. 그 연설은 위대한 애국자들이 자신의 입장을 밝히고 서로에게 처음 다가가기를 열망하도록 하는 영국과 인도 친구들에 대한 관대한 응답이었습니다. 그가 그것을 해냈습니다. 죽음의 잔혹한 손은 우리들로부터 우리들 몸짓의 입안자를 제거하였습니다. 그러나 나는 다르질링에 머무르면서 데쉬반두의 동기가 가진 진실성을 아직까지 의심하고 있는 영국인들에게, 나를 가장 흔든 것은 그 연설에 대한 그의 절대적인 진실함임을 보증하고 싶습니다. 정녕이 명예로운 죽음이 상처를 어루만지고 불신을 해소하지 못한단 말입니까?(II, p. 255).

요약하면, 간디가 비협력운동 시기 이후 서서히 진화시킨 기술은 스와라지주의자들에게는 모든 기회를 활용하여 자치에의 요구를 주장하고 영국 정부와의 협상을 개시할 수 있도록 해주고, 동시에 수만 명의 사심 없는 '건설적 프로그램' 활동가들의 에너지를 활용하여 조직망을 만들어서

---

* 데쉬반두는 벵골의 파리드푸르에서 스와라지와 자치령에 대해서 "계급들이 아닌 대중들을 위한 스와라지, 스와라지는 민중에 의한 민중의 정부, 오늘날의 자치령은 노예 상태가 아니다. 협력의 진정한 정신에서의 이익"이라고 연설했다.

협상이 실패로 끝날 경우 비폭력 투쟁의 다음 단계를 준비하는 것이었다.

이것은 부르주아의 정치적 요구 사항에 탁월하게 들어맞을 뿐만 아니라 간디가 성공적으로 수행했던 정책으로서, '건설적 프로그램'을 직접 지도하는 간디와 협상 국면에서는 스와라지주의자를 간접적으로 지도하는 간디를 자신 안에 결합시킨 것이다. 부르주아지들의 요구 사항들을 만족시키는 간디의 능력은 그를 건설적 프로그램 활동가뿐만 아니라 스와라지주의자들, 더 나아가 국민회의인뿐만 아니라 자유주의자들(Liberals, 이들은 노골적인 친영 정당이었다 — 옮긴이)이나 다른 부르주아 조직과 분파 모두가 인정하는 지도자로 만들어주었다.

푸르나 스와라지

국민회의가 간디의 영향력 밑에서 입법회의 참여와 건설적 프로그램을 함께 수행하고 있을 때 국내 정치에 새로운 두 세력, 즉 꼬뮤날리즘 세력(힌두와 무슬림)과 급진적 반제국주의 세력이 등장했다. 이 두 세력 모두 시민불복종운동 중지 이후에 이로부터 야기된 분노와 정치적 혼란의 결과로 등장하기 시작했다. 이 새로운 세력들은 자기들 나름의 방식으로 프로그램을 수행하고 있던 스와라지주의자와 건설적 프로그램 활동가 진영에 있는 간디와 그의 동료들을 방해하기 시작했다.

시민불복종운동이 중단되었을 때 국민회의 내부에서 일어난 분열은 곧바로 스와라지주의 진영 그 자체의 분열을 야기했다. 의회를 폭로와 선전 목적으로 활용하자는 원래 안은 '답을 받을 수 있는 협력'이라고 불리는 정책을 선호하는 원조 스와라지주의자 분파에 의해 바로 포기되었고, 이에 따라 그들은 별도의 조직을 만들었다. 입법회의 안에서 추구할 구체적인 전술 문제에 대한 이러한 입장 차이는 더욱 강해졌고, 꼬뮤날 성격을 취하게 되었다.

1921년의 대다수 비협력운동가들은 이런저런 집단에서 자기들 분파의 요구를 옹호하는 대변자가 되었다. 대부분의 꼬뮤날 조직, 그중에서도 특히 힌두와 무슬림 조직들이 성장하기 시작해 자신들의 조직을 위한 요구를 내세웠다. 더욱 안 좋은 상황은 특정 꼬뮤날의 이러한 분파적 요구가 국민회의의 저명한 지도자들에게조차 지지를 받은 것이다. 이들 중 일부는 힌두 꼬뮤날 조직을 도왔고 다른 이들은 반대편 무슬림을 도왔다.

그렇지만 꼬뮤날리즘은 고위층에서만 주장을 하고 또 반대 주장을 하는 것으로 국한되지 않았다. 공적 영역 전체를 감싸버렸다. 암소 도살, 모스크 앞에서의 싸움, 이 종교에서 저 종교로의 개종과 재개종 등 이 모든 문제들이 심각한 부분을 차지했고 어떤 경우에는 충돌과 살인으로까지 치달았다. 비협력운동과 킬라파트 시기에 발생하여, 운동에 민족적이고 민주적 성격을 부여했던 꼬뮤날 통합의 분위기는 심각한 긴장으로 바뀌어버렸다.

이 상황에 대한 간디의 반응은 그다운 것이었다. 그의 민감한 영혼은 비협력운동 시기 영광스러웠던 날들의 흥겨웠던 분위기를 파괴해버린 상호 파괴적인 다툼에 몸서리를 쳤다. 입으로는 신의 이름을 말하지만 악마의 대리인처럼 행동하는 사람들이 저지르는 비인간적인 행위로 인해 그의 마음은 몹시 고통스러웠다. 종교의 이름으로 자행되는 형언할 수 없는 참사에 대항하여 그는 평화와 화합을 위한 단식을 시작함으로써 첫 번째 공개적 항의에 들어갔다.

물론 이런 단식이 주는 효과는 일시적인 것이었다. 각 꼬뮤날의 지도자들이 모여 꼬뮤날의 화합과 평화를 유지하도록 최선을 다하겠다고 간디에게 약속을 했다. 그러나 공적 영역에서는 그 효과가 오래가지 않았다. 이에 반해, 간디의 지도하에 있는 국민회의가 스와라지를 위한 성공적인 투쟁의 방향으로 나아갈수록 꼬뮤날 상황은 나빠졌다. 제국주의에 대한 투쟁의 모든 국면마다 꼬뮤날 상황이 간디에게 가장 큰 걸림돌이 되었다. 결국 이런 상황이 간디가 대표하는 모든 것에 타격이 되었던 스와라지의 왜곡된 형태, 즉 힌두교 주도의 인도 연방(India Union)과 이슬람교 주도의 파키스탄으로 인도가 분리되도록 이끌었고, 힌두 꼬뮤날 대열에 속한 암살자의 손에 간디가 비극적인 결말을 맞도록 했다.

꼬뮤날리즘 세력의 부상에 대한 간디의 대응은 종교의 이름으로 자행되는 잔악성에 대한 인도주의적인 혐오로 국한되지 않았다. 무엇보다도 스와라지를 위한 투쟁에서 다양한 계급과 공동체, 그리고 인도 민중의 여러 구성단위를 하나로 묶는 노력을 하는 정치인으로서 그가 즉각 깨달은 것은, 꼬뮤날 문제란 서로 다른 종교를 따르는 사람들 사이에 관계되는 인간적인 문제만이 아니라 실천적, 즉 정치적 문제라는 것이었다. 그는 이를 영국인 지배자들로부터 힘겹게 되찾으려고 노력했던 권력의 분배라는 점에서 인도 민중의 각 구성단위의 상이한 요구들을 조정하는 것으로 보았다.

스와라지는 그 형식과 내용이 어떻게 구성될 것인지에 대해 일정 정도 동의가 없다면, 또한 새로운 헌법적-정치적 기구의 설립을 통해 다양한 구성단위의 민중이 무엇을 기대하는지에 대해 이해가 없다면 달성이 불가능한 것이었다. 이것은 당시 무엇보다 중요한 의미가 있었다. 스와라지에 대한 요구를 인정하지 않는 어떤 합리적인 정치적 논의도 하지 않으면서 영국인 지배자들은 자기들 편리한 대로 여러 꼬뮤날 사이의 분열과 불화를 가장 중요한 논의인 양 활용하던 시기였기 때문이다.

당시 영국의 인도담당 국무장관인 버컨헤드 경은 인도 정치인들에게 모든 민중이 받아들일 수 있는 헌법을 구상하라는 난제를 던져놓았다. 버컨헤드는 필연적으로 힌두교도와 이슬람교도가 상반되는 요구를 하고, 기독교도와 불가촉천민 계급들은 또 이들 모두에 반대되는 요구를 하며, 유럽인들, 공국, 지주 등의 '이해관계'에는 침묵하게 되는 이런 상황이, 국민회의와 여타 꼬뮤날 성격이 아닌 민주주의적 집단들이 제출할 민족적이고 민주적 요구를 완전하게 무효로 만들 것이라는 점을 확신했다.

이는 국민회의가 최고의 민족 정치조직으로 살아남으려면 피해갈 수 없는 매우 어려운 도전이었다. 그래서 그 문제를 수용했다. 국민회의는 아버지 네루(모틸랄)를 의장으로 하고 아들 네루(자와할랄)를 서기로 하는 전인도정당위원회(All Parties Committee)를 소집하여 주도권을 쥐고 나갔다. 제출된 보고서(네루 보고서)와 추천받은 헌법 초안은 비록 선거구 분리, 의석 수 배당, 중앙정부와 주 정부 사이의 권력 배분 등의 문제에서 여전히 극명한 차이점을 드러내고 있었지만, 모든 꼬뮤날의 주류 정치인 세력을 모으는 집결점이 되었다.

간디의 승인 아래서 네루 보고서를 중심으로 국민회의, 자유주의자들 그리고 여타 고위급 정치인들의 이러한 연합이 스와라지주의 지도자들의 큰 성취였던 반면에, 이 연합에 잠재하는 총체적 접근이라는 난제가 앞에서 언급했던 새로운 두 세력들 중 후자인 급진적인 반제국주의 세력으로부터 돌출되었다.

시민불복종운동의 중지는 국민회의에 있던 광범위한 부문의 일반 활동가와 자원봉사자들의 분개를 샀다. 적들이 가장 약해 있는 바로 그 순간에 그들의 지도자들로부터 배반당했다는 감정이 수만 명에 달하는 국민회의인들을 엄습했다. 그들은 간디가 지도하는 운동이 무엇인가 잘못된 길을 가고 있다고 느끼면서도 다스, 아버지 네루, 파텔 등이 국민회의로 도입하고자 했던 새로운 정치운동에 대해서는 그렇게 느끼지 않았다. 그래서 그들은 입법회의 참여에 반대한다는 의미에서 비협력운동 '고수파' 진영에 있었다. 하지만 얼마 지나지 않아 결국에는 건설적인 프로그램이 된 '고수파'의 정치운동과도 공감대를 형성하지 못했다. 양쪽 모두에 만족하지 못했던 것이다. 즉 무엇인가 잘못되었지만 그것이 뭔지 알아내지 못하는 것에 무력감을 느끼고, 어떤 변화를 열망하지만 아직까지도 찾지 못하는 것에 좌절하였다.

해외로부터 새로운 이념들, 즉 국외의 전투적인 반제국주의 이념(아일랜드와 이집트에서)*, 급진적인 사회 문화적 변혁의 이념(터키에서)**, 사회주의 이념(소비에트 러시아에서)이 환멸을 느끼던 국민회의인들 가운데로 들어오기 시작했다. 이 모든 이념들이 환멸을 느끼던 젊은 국민회의인들의 마음을 사로잡는 것과 함께 새로운 사회계급과 구성단위들이 공직에 활발하게 진출하기 시작했다.

이러한 상황에서 특히 중요한 것은 1920년대에 노동자계급이 주목할 만한 세력으로 부상한 것이다. 비협력운동 이전과 그 기간 중 산업과 정치 활동의 특징이 되었던 파업운동은 서서히 노동계급 조직의 초기 형태인 노동조합으로 강화되기 시작했다. 산업계 현장에서 성장했고, 정부가 ILO(국제노동기구) 회의에 보낼 대표자들을 뽑는 기구(1920년에 ILO에서 인도 노동조합 대표를 보내달라는 요청에 의한 것이다 — 옮긴이)로 이용했던 전인도노동조합회의(All India Trade Union Congress)***는 점점 늘어나는 노동조합의 수에

---

* 아일랜드는 열악한 무기로 무장봉기를 하고 전국적인 파업을 통해 1921년 12월 자치령을 달성했고, 영화 〈마이클 콜린스〉로 알려진 마이클 콜린스 등 당시 아일랜드의 지도자들은 이 자치령조차도 완전한 독립으로 나아가기 위한 중간 단계로 생각하였다. 이집트는 1914년부터 영국이 보호령에서 식민지를 만들려는 시도에 맹렬하게 저항하여 1922년 근대 이집트 왕국으로 독립하여 간디의 비폭력운동과는 비교가 되었다.

** 1922년 9월 점령국이 퇴각한 후 술탄을 폐지하고 세속 공화국을 열었다. 이슬람법을 따르는 것을 근대화의 장해로 보고 이슬람법으로부터 유럽법으로의 전환, 종교 학교의 폐쇄, 종교적 달력이 아닌 서구식 달력의 도입 등으로 이어져서 스와라지를 라마 신의 나라라고 외친 간디의 사상과는 비교가 되었다.

*** 1920년에 결성되었고 현재는 인도공산당(CPI)의 노동운동 날개다.

기반하고 있었다. 대다수 노동조합들은 젊은 민족주의자들이 이끌었고 이들은 노동계급과의 긴밀한 유대를 통해서 노동계급에게 각별한 급진적인 반제국주의와 사회정의의 이념을 천천히 받아들이기 시작했다.

따라서 노동계급에게로 가서 그들의 투쟁에 능동적으로 참여한 젊은 민족주의자들은 자연스럽게 급진적인 반제국주의와 사회 문화적 혁명 그리고 사회주의라는 새로운 이념을 위한 운동의 핵심이 되었다. 흩어져 있던 사회주의자 그룹과 공산주의자들까지도 산업 도시 봄베이와 캘커타에서 면모를 드러내기 시작했다. 그들은 서서히 정치 활동의 또 다른 중심을 펼쳐나갔고 결국 노동자농민당(Workers' and Peasants' Party)* 같은 조직을 결성하게 되었다.

그러나 급진적 반제국주라는 새로운 이념의 전달 수단이 되었던 것은 노동계급에 들어간 사람들만이 아니었다. 스스로를 도시 프티 부르주아지로 규정한 이들 가운데에서조차 이러한 이념들이 성장하고 구체화되기 시작했다. 이들 중 일부는 개인 테러리즘의 숭배와 결합되었다. 비협력운동 이후의 시기는 이러한 그룹들의 급속한 성장과 그들이 수행했던 (테러) '행동'의 빈도수에 상응하는 성장의 무대가 되었다. 그렇지만 이들 중에는 개인 테러리즘과 결합되지 않았음에도 간디가 설파한 비폭력 철학과 건설적 프로그램뿐 아니라 스와라지주의자들의 입법회의 참여라는 정치 활동도 받아들이지 않는 이들이 있었다. 영웅적이고 자기희생적인 이들 급진적 반제국주의자들은 국민회의의 정치에 동의하지 않았던, 자유를 향한 민족 투쟁의 진정한 대변자를 이들 급진적 반제국주의자들에게서 발견한 대다

---

* 공산당의 대중 조직으로 1925년에서 1929년까지 국민회의 내에서 결성되어 활동하였다. 네루 등의 국민회의 지도자들과 깊은 관계를 가졌다.

수 국민회의인들의 찬탄의 대상이 되었다.

물론 이러한 급진적 반제국주의자들은 그들 활동을 이끌어줄 조직화된 전국적 지도력 없이 뿔뿔이 흩어진 몇 개 그룹으로 있었다. 각각의 그룹 사이에는 뚜렷하고 극히 중요한 정책적 차이가 존재했는데, 이는 스와라지주의자들과 고수파, 순종적인 협조자들과 그들과는 다른 스와라지주의자들, 국민회의인과 자유주의자들 사이에 존재하는 것만큼이나 극명한 차이였다.

인도 국민과 국민회의에 던져진 버컨헤드의 난제에 전인도정당회의(All Parties Conference)와 네루 보고서를 통해 대응한 이후로 벌어진 광범위한 공적 토론은 모든 그룹들이 동의할 수 있는 핵심 논의, 즉 민족의 목표라는 논쟁을 제공하였다.

정치인들 진영에 반대하여 네루 보고서를 중심으로 모인 전국의 급진적 반제국주의자 청년들은 '완전한 독립'이라는 기치 아래 뭉쳤다. 간디, 모틸랄 네루, 온건파 그리고 여타 분파들 사이에 연합이 형성된 것은 인도의 투쟁 목표가 대영제국 내에서 캐나다, 오스트레일리아 등이 누리던 자치령 지위라는 생각에 합의했기에 가능한 것이었다. 급진적 반제국주의자들의 다양한 그룹에서 조직된 그들의 통일된 목소리, 즉 완전한 독립이라는 기치가 이들 연합에게는 도전이 되었다. 그들은 국민회의가 자치령 지위라는 구상을 명확히 거부하고 투쟁의 목표를 영국 제국주의로부터의 완전한 독립으로 할 것을 요구했다.

이러한 요구는 국민회의 외부의 급진적인 조직만이 아니라 국민회의 자체 내에서도 큰 부문을 형성했다. 그들을 국민회의 평당원들로만 한정할 수 없는 것은 그들 중 저명한 국민회의인들, 즉 후일 국민회의 총서기이자 전인도정당위원회 총서기로 활동했던 자와할랄 네루, 벵골 의회 지도자로 데쉬반두 다스의 영향 하에 있던 수바스 찬드라 보세(Subhas Chandra Bose)*, 국민회의 가우하티(Gauhati) 회기의 의장이었던 스리니바사 이옌가르(Srinivasa Iyengar), 국민회의의 유능한 의회 정치인 중 하나인 사티아무르티(Satyamurti) 등이 있었기 때문이다.

'푸르나 스와라지(Poorna Swaraj, 완전한 자치)'라는 구호는 대다수 국민회의인들에게 너무나 강력하고 호소력이 컸기에 1927년 국민회의 마드라스 회기에서 결의로 채택되었고 국민회의의 목표로 선언되었다.

간디는 이 모든 생각에 반대하였다. 제1차 세계대전 시기에 스스로 명확히 밝혔듯이 그는 대영제국의 친구였다. 간디에게 있어 제국과의 유일한 불화는 인도인들과 제국의 다른 국민들이 제국과의 관계에서 받아야 할 혜택을 누리지 못했다는 점이었다. 그러므로 그의 유일한 요구는 인도인들도 캐나다, 오스트레일리아 그리고 뉴질랜드 사람들과 같은 권리를 가져야 한다는 것이었다. 간디는 마드라스 회기에서의 결정을 완강하게 거부했고 이를 숨기지도 않았다.

> 국민회의는 이를 효과적으로 수행할 능력이 안 되는 것을 알면서도 매년 이런 성격의 결의를 반복함으로써 자신들의 어리석음을 드러냅니다. 이런 결의를 통과시킴으로써 스스로의 지위를 웃음거리로 만들고, 비평가들의 조롱거리가 되거나 적들의 경멸을 불러옵니다. […] 우리는 거의 어린 학생들의 토론회 수준으로 퇴행했습니다(II, p. 402).

국민회의가 그 '목표'로 완전한 독립을 채택한 마드라스 회기(1927년)부

---

* 보세는 국민회의 활동 초기에는 다스의 노선을 따라서 카디 판매를 했었다.

터, 완전한 독립을 먼 미래의 목표로 잡는 것에 반대하여 이를 '당면 과제'로 채택한 라호르 회기(1929년)까지의 2년은 극심한 논쟁 기간이었다. 모틸랄 네루와 간디는 자와할랄 네루, 수바스 보세, 스리니바사 이옌가르 그리고 완전독립운동파의 지도자들을 설득하려고 최선을 다했는데, 그들은 자치령과 완전 독립은 차이가 없다는 사실을 놓고 용어 문제로 대립하고 있었다. 그 예로 간디는 〈영 인디언〉(1928년 1월 12일)에서 다음과 같이 말했다.

> 나는 스와라지야말로 언제나 모두를 만족시키는 목표라고 생각합니다. 영국식 교육을 받은 우리 인도인들은 무의식적으로 영어로 말하는 극소수의 인도인들을 인도 전체로 생각하는 끔찍한 오류를 범하곤 합니다. 독립 (Independence)이라는 단어를 민중들이 쉽게 이해할 수 있는 일반 용어로 만드는 노력이 필요하다고 봅니다. 우리의 목표는 어떤 경우에도 3억의 인도 인들이 이해할 수 있는 토착어로 알려져야 합니다. 그리고 우리에게는 다다바이 나오로지가 민족의 이름으로 처음 사용한 단어인 스와라지가 있습니다. 이 말은 독립을 포함하면서도 독립이라는 말보다도 무한히 위대한 것입니다(II, p. 428).

거의 일 년 후, 국민회의 캘커타 회기를 마치면서 모틸랄 네루는 말했다.

> 저는 여러분에게 한 가지 충고를 하겠습니다. 오늘부터 여러분 마음속에 외국어에서 온 두 가지 용어, 즉 독립과 자치령을 지우십시오. 그리고 우리의 말인 스와라지와 아자디(azadi)*를 사용합시다. 어떤 이름으로 부르든 스와라지를 위해 우리 모두 함께합시다(II, p. 441).

국민회의의 두 최고 지도자의 공개적인 반대에도 불구하고 자치령의 목표를 완전한 독립으로 바꾸려는 운동은 약화되지 않았다. 오히려 마드라스 회기 이후에 시간이 갈수록 이 운동 세력이 더 강해졌다. 자와할랄 네루, 수바스 찬드라 보세, 스리니바사 이옌가르, 사티아무르티 등이 조직한 인도독립연맹(The Independence of India League)은 수천을 상회하는 젊은 국민회의인들의 집결지가 되었고 차츰 국민회의를 대신할 지도 세력으로 부상하였다.

이러한 상황들을 감지한 간디는 자치령파와 완전독립운동파 사이에 타협을 이루도록 노력하였다. 그 타협안은 완전한 독립이라는 목표를 고수하면서 국민회의는 자치령을 받아들이고 일 년 안에 자치령이 인정되도록 규정한다는 것이었다. 만약 정해진 기간 내에 인정받지 못하면 간디-모틸랄 네루 지도자 그룹은 국민회의가 완전한 독립을 수용하는 것에 동의하고 더 나아가 독립을 이루기 위한 비폭력·비협력운동을 조직하는 것으로 했다.

이러한 타협은 국민회의 캘커타 회기(1928년)에서 결의안 형태로 제안되었다. 자와할랄 네루와 수바스 보세가 처음으로 동의한 타협이었다. 그러나 자신들을 따르는 추종자들의 압력 때문에 그들은 결국에 타협 결의안을 수정해서 제출해야 했다. 간디는 타협 결의안 배후에서 다수의 대표들을 이끌 수 있었지만, 973명이나 되는 대표가 일 년을 더 기다리는 것에 반대한 것은 (기다리겠다는 1350표에 반대해서) 자치령과 협상의 정치를 인내하기가 얼마나 힘든지 보여주었다.

그렇지만 영국 정부는 그런 요구를 인정함으로써 간디-모틸랄의 지도

---

* 인도 이슬람교도들이 사용하는 우르두어로 자유(freedom)라는 의미.

력을 승인할 생각이 전혀 없었다. 국민회의의 다수가 자치령의 지위조차도 만족해하지 않는 데까지 왔는데도 영국은 주(州) 자치 외에는 어떤 것도 준비하지 않았고, 그것마저도 유럽인, 지주 등과 같은 소수의 '이익'을 위해 제공되는 모든 가능한 '안전 장치'와 함께였다. 무슬림과 다른 소수 꼬뮤날을 위한 '안전 장치'는 언급도 없었다.

간디-모틸랄 지도부는 사프루(Sapru) 같은 온건파들과 협력하여 마지막 순간까지 협상에 최선을 다하였다. 국민회의 라호르 회기(1929년)의 전날, 캘커타 국민회의에서 정한 '은총의 해'가 만료되는 시점에 이르러서야 국민회의와 영국 정부 사이에 일부 기본적인 사항에 일치점을 찾으려는 최후의 시도가 있었다.*

영국 정부와 협상을 개시하기 위해 노력하는 한편, 간디는 캘커타 대회에서 가시화된 두 번째 우발적 상황, 즉 완전한 독립에 대한 요구에 대비했는데 이것이야말로 간디다운 접근 방법이었다. 그는 이런 우발적 상황에 정면으로 대응하기 위해서는 국민회의 내의 급진적인 반제국주의자 그룹에 어떤 의사표시를 해야만 하고, 그렇게 함으로써 자신의 지도력 아래 국민회의 전체를 단결시킬 수 있다는 것을 깨달았다. 그가 내보인 의사표시는 자와할랄 네루를 라호르 회기의 의장으로 제안하는 것이었다.

전국적인 직접 행동을 요구하는 회기였기에 간디가 국민회의의 수장이 되어야 한다고 주장하는 추종자들이 많았다. 젊은 (발라브바이) 파텔을 수장으로 제안하는 이들도 있었는데, 그들은 파텔이 성공적인 바르돌리 농

---

* 결의가 발표되고 완전한 독립의 깃발이 펄럭이던 순간인 1929년 12월 31일 11시 55분에 영국 총독은 자치령을 허락한다는 전문을 보냈다. 이 코믹한 사건은 당시 간디-모틸랄과 영국과의 관계를 잘 보여주는 것으로, 이들 지도자들이 국민회의의 다수를 그저 달래기 위해서 독립을 선언했을 뿐임을 알 수 있다.

민투쟁*의 지도자였고 바르돌리 농민투쟁은 차후의 완전한 독립 실현을 위한 투쟁 모델로 간주되었기 때문에 그가 의장직을 수락하도록 요청하는 것이 타당하다고 생각했다. 간디는 이 두 안을 모두 거부했다.

'나이든 사람들에서 젊은 사람들로의 권력 이양'이 국민회의에 재앙이 될 수 있다고 두려워하는 이들의 주장을 물리치면서, 그가 말한 것은 다음과 같았다.

> 사랑하는 제자인 그(자와할랄)는 자신에게 곤란한 것들까지도 강직하게 따를 수 있다는 것을 스스로 보여주었습니다. 그는 의심할 여지없이 상황에 대해 가장 극단적인 사고를 하지만, 파멸로 가는 경로는 강요하지 않을 정도로 충분히 겸손하고 현실적입니다(Ⅱ, pp. 489-490).

주로 청년들을 대상으로 하는 연설에서, 간디는 그들이 시험대에 올라 있다고 하면서 그들의 헌신에 대한 감사의 표시로 자와할랄을 선택하도록 요청했다.

"강하고 작은 통에 갇혀 있을 때에만 강력한 힘이 되어 거대한 운동을 만들어내는" 증기력을 언급하면서, "마찬가지로 이 나라 젊은이들의 자유 역시 그들이 가진 무한정의 에너지를 엄격히 계산되고 요구된 범위 안에 가두고 통제해야 비로소 자유롭게 될 수 있다"고 말했다.

국민회의 의장으로 자와할랄이 선출된 것은 이를 통해 간디가 고참 스

---

* 농민들이 세금 내는 것을 거부하고 징수원들을 피해 다니자 정부는 농민들의 땅과 집을 차압하고 경매에 붙였으나 사회적인 보이콧으로 누구도 이것을 구입하려 하지 않았다. 이를 구입한 부유한 이들은 사회적 지탄을 받았고 세금을 낸 한 촌락은 그들의 친척들로부터 절연을 당했다. 결국 봄베이 정부는 파텔과의 협상에 임했다.

와라지주의자들과 '고수파'를 화해시키려는 조치였다. 이는 인도 전역, 특히 젊은이들을 휩쓸고 있던 반제국주의자의 소요를 "엄격히 계산되고 요구된 범위 안에 가두고 통제해야 비로소 자유롭게 될 수 있는" 방향으로 취한 첫 번째 단계이기도 하였다. 그는 좌파운동 — 근대 사회주의 방향으로의 운동 — 이 독자적인 계급 노선으로 발전하는 것을 허용하지 않고, 오히려 자기(부르주아) 지도력의 틀 안으로 가져왔다는 점을 알고 주도권을 쥐게 되었다.

국민회의 의장으로 자와할랄 네루가 선출된 것과 라호르 회기에서의 '완전한 독립 선언'은 완전독립운동파들로부터 자신들의 승리로 환영을 받았다. 하지만 이런 승리 뒤에는 자치령파와 완전독립운동파, 두 정파의 실질적인 협상이 있었다. 이 협상은 캘커타에서 시도되었으나 실패한 것이었다. 이 협상의 기본 사항은 텐돌카르가 발췌한 두 가지 중요한 문서에서 볼 수 있다.

라호르 국민회의가 열리기 몇 주 전에 간디는 다음과 같이 썼다.

실제로 내가 진정한 자치령을 얻을 수 있다면, 오늘날 영국 사람들이 인도를 자유롭고 자기 존중의 나라로 보며 인도에 있는 관료들의 진실한 봉사 정신에 대한 진정한 심적 변화, 진정한 열망이 존재한다면, 나는 자치령 지위 구성을 기다릴 수 있습니다. […] **자치령에 대한 내 개념은 내가 원하면 영국과의 관계를 단절할 수 있는 현존하는 능력을 의미합니다**(Ⅱ, p. 502. 저자 강조 추가).

라호르에서 있었던 자와할랄 네루의 의장 연설은 대부분 간디의 심금을 울리는 것이었다.

우리에게 있어 독립은 영국의 지배와 영국 제국주의로부터의 완전한 자유를 의미합니다. 자유를 얻는다면 나는 인도가 세계 협력과 동맹에 관한 모든 시도를 환영할 것임을 믿어 의심치 않습니다. 또 동등한 구성원으로서 더 큰 그룹에 독립의 일부분을 포기하는 것조차도 동의할 것입니다(Ⅱ, p. 504. 저자 강조 추가).

다른 말로 하면 간디는 완전한 독립을 자신만의 해석으로 받아들인 반면에 자와할랄은 독립을 쟁취한 이후에 취해질 모종의 제한까지도 고려하는 데 동의한 것이다.

대중 투쟁만이 민족적 요구를 인정하도록 영국을 강제할 수 있다는 사실을 함께 깨닫게 되면서 차이점들은 좁혀졌고, 이것은 간디가 인정하고 저것은 네루가 인정하는 그런 타협과는 관계없이, 캘커타 국민회의의 결정인 완전한 독립을 수행하고 투쟁을 위한 준비에 착수한다는 데 동의할 필요성이 생긴 것이다. 이것이 간디가 라호르 대회에서 다음과 같이 선언한 이유이다. "우리는 이제 새로운 시대로 나아갑니다. 우리의 목적, 멀지 않은 목표는 완전한 독립입니다."

소금 사티아그라하 국면

전 인도인은 실로 새로운 시대로 들어서고 있었다. 새로운 대중 투쟁의 물결이 스스로 일어나고 있었다. 1922년의 시민불복종운동 중단에 분노했던 수천의 젊은 남녀가 이 독립이라는 대의에 훈련된 병사로서 스스로를 헌신하기 위해 나서기 시작했다. 운영위원회의 요청에 따라 1930년 1월 26일이 '독립일'로 정해지자 열광적인 대중 집회가 벌어졌다. 자와할랄 네루가 이끄는 운영위원회가 발행한 감동적인 문서(독립서약)는 외국인 지배자들의 악행과 잔악함에 대한 강력한 고발장이면서 동시에 전국의 애국적인 청년들에게 외세 지배의 흔적이 완전히 사라질 때까지 계속 행동하도록 고무시키는 요청이었다. 도시와 농촌에서 앞다퉈 이 역사적 날을 축하했다. 캘커타와 봄베이를 필두로 한 도시에서는 수천 명의 사람들이 만나서 위대한 결의를 받아들였고, 지방에서는 수천 명의 촌락민들이 셀 수도 없는 촌락 모임을 가졌다(Ⅲ, p. 12).

민중은 소금법을 철폐하려는 결정*과 간디가 맡은 단디(Dandi)로의 행진을, 완전한 독립을 쟁취하기 위한 거대한 대중운동의 시작으로 받아들였다. 단디에서 간디 자신이 최초로 시작했고, 후에 전국적으로 몇 군데 지역에서 다른 지도자들이 벌였던 소금법에 대한 저항이 시작되었을 때 남자, 여자, 심지어 아이들까지 영국이 만든 법에 대한 저항을 보여주기 위해 모였다. 체포, 곤봉, 발포에도 용기가 꺾이지 않고 민중들은 국민회의의 깃발 아래 모여서 운동에 참여하였다.

당시 민중의 정서는 다음 서술에서 확인할 수 있다.

> 캘커타, 마드라스, 카라치에서 발포가 있었고 인도 전역에서 곤봉 구타가 있었다. 회합과 집회는 금지되었다. 사람들은 외국 옷가게와 주점에 대한 집중적인 피켓 시위로 이에 맞섰다. [⋯] 4월 18일에는 치타공(Chittagong)의 경찰 무기고가 털렸다. 4월 23일 페샤와르(Peshawar)에서 거대한 대중 시위가 열림으로써 혁명의 고조가 절정에 달했다. 다음날 새로 결성된 쿠다이 키드마트가르(Khudai Khidmatgar, 신의 종들) 혹은 붉은셔츠단의 지도자인 칸 압둘 가파르 칸(Khan Abdul Ghaffar Khan)이 체포되었다. 그의 구금 장소에 수천의 사람들이 모여들었고 페샤와르에서 대규모 시위가 있었다. 성난 시위대를 위협하기 위해서 무장 차량들이 출동하였고, 그중 한 대가 불태워지면서 거기에 탑승했던 이들은 모두 도망을 갔다. 그러자 곧 군중들을 향한 전면적인 발포가 있었고 이는 곧 수백의 사상자로 이어졌다. 무슬림 군중들 한가운데 있던 제18 왕립 가르왈리 연대(18th Royal Garhwali Rifles)의 2대대 소속 2개 소대의 힌두 병사들은 발포를 거부하고 대열을 이탈하여 자신들의 무기를 그들 손에 넘겨주었다(Ⅲ, p. 44).

---

* 영국은 인도에서 소금의 생산과 판매를 통제하고 과도한 세금을 부과하였다. 1년 동안 농민들이 내는 소금세는 자기 수입의 1/3에 달했다.

소금 사티아그라하(소금행진)의 종착지인 단디
의 해변에서 소금을 집어 드는 간디.

뒤이은 간디의 체포는 엄청난 후폭풍을 불러왔다.

　간디 선생님의 체포는 인도 전역에 하르탈(hartal)과 파업을 이끌었다. 봄베
이에서는 약 5만 명의 섬유 노동자들이 공구를 내려놓았다. 철도 노동자들
또한 시위에 참가하였다. 경찰도 그 상황에서 철수하게 만들 만큼 대규모
행진이 있었다. 포목상들은 6일간의 하르탈을 결정했다. 간디 선생님께서
구금된 푸르나에서는 공직과 명예직 사퇴가 계속해서 이어졌다.
　혁명적 열정이 고조에 달했다. 숄라푸르(Sholapur)에서 민중들은 경찰을 대
신해서 질서를 지키면서 계엄령이 선포되기 전까지 일주일 동안 시가지를
점령했다. 미멘싱(Mymensingh), 캘커타, 카라치, 러크나우, 물탄(Multan), 델
리, 라왈핀디(Rawalpindi), 페샤와르에서 충돌이 있었다. 군대, 비행기, 탱크,
총과 탄약이 그 현장에 투입되었고 노스웨스트 프런티어(North-West

Frontier)* 주에서는 거리낌 없이 썼다. 6월에는 500톤의 폭탄이 파탄 (Pathans, 노스웨스트 프런티어 내에 있음 — 옮긴이)에 투하되었지만 투혼은 분쇄할 수 없었다. 붉은셔츠단은 수백 명에서 8만 명으로 늘어났다. 펀자브에서의 억압은 열혈 무슬림 조직인 아라르당(Ahrar Party)의 탄생을 가져왔다(Ⅲ, p. 49).

국민회의의 요청에 민중들이 이렇듯 장엄하게 응답한 반면에, 간디가 이끄는 지도부는 민중들의 열정과 전투성을 부르주아지에게 안전한 방향으로 돌리는 데 최선을 다했다. 이는 몇 가지 방법으로 시도되었다.

첫째, 그들은 완전한 독립을 '당면 목표'로 받아들일 것을 강요받았음에도 실제 실천에서는 '독립서약'의 잉크가 채 마르기도 전에 이를 포기했다. 총독의 공고에 대한 논평에서 간디는 "만약 영국이 외형상은 아니더라도 자치 정부의 실체를 인정한다면 시민불복종을 취소할" 준비가 되어 있다고 말했다. 그는 11가지를 요구했는데 완전한 금주, 1파운드 4펜스로 환율 회복, 토지세 50% 경감, 군비를 최소 50%로 감축, 공무원 급여를 절반으로 삭감, 외국 의류에 대한 보호관세, 근해 보호법(coastal reservation bill) 제정, 살인이나 살인 시도로 유죄 선고를 받지 않은 모든 정치범의 석방, 영국 경찰청 범죄수사과의 폐지 혹은 제한, 민중의 통제를 조건으로 한 자기방어를 위한 총기의 허가, 소금세 폐지(옮긴이 추가) 등이었다.

이 '11가지 요구 사항'을 열거하면서 간디는 "매우 단순하나 절실한 인도의 이 요구와 관련해 총독이 우리를 만족시키도록 합시다. 그렇게 하면 그는 더 이상 시민불복종이라는 말을 듣지 않아도 될 것입니다"라고 말했다.

---

* 식민지 시절의 주(州). 현재는 파키스탄 지역으로 아프가니스탄과 국경 지대.

둘째, 대중 시민불복종을 언급함에도 불구하고 그들은 직접 행동의 범위를 정해진 수의 사티아그라히들로만 제한하고자 하였다. 간디는 구자라트 비디아피스(Vidyapith)의 학생들에게 다음과 같이 말했다.

> 우리는 숫자의 힘에 의존해서는 안 되고 품성의 힘에 의존해야 합니다. 시민불복종 결의는 요청에 답하여 앞으로 나서는 사람들의 숫자가 아니라 소수의 자기희생적인 이들에 대한 믿음을 가지고 있었기에 된 것입니다(Ⅲ, p. 2).

셋째, 운동의 범위를 엄격하게 제한하기 위한 바로 그 목적에서, 간디가 선언문에서 '독립의 실체'라고 말한 바로 그 수백만 명의 노동자와 농민 여타 힘없는 민중의 요구를 조직화하지 못하도록 억눌렀다. 예를 들어 앞서 말한 11개의 요구 사항에는 노동자나 농민이 자신들의 고용주나 지주, 고리대금업자에 요구하는 사항은 전혀 포함되지 않았다. 농민과 직접적인 이해관계가 있는 것은 단지 토지세의 50% 삭감*뿐이다. 소작료 경감, 부채 탕감, 퇴거 중지, 노동자와 피고용인에 적절한 임금과 봉급 지급 등의 문제는 고려되지 않았다.

1년 후 카라치 대회에서 국민회의 지도자들이 노동 대중의 많은 요구들을 유명한 '기본권에 대한 결의'에서 수용한 것은 사실이다. 산업 노동자를 위한 최저임금, 노동 시간 제한, 건강한 노동 환경, 노약자와 실업자의 경제적 문제에 대한 보호, 농민이 지불해야 하는 소작료나 세금의 실질적

---

* 토지세는 정부에 내는 것이기에 지주들도 삭감을 원하던 것이고 소작료는 농민이 지주에게 내는 것이기에 토지세가 줄더라도 지주가 원한다면 소작료는 변하지 않는다.

인 삭감, 비경제적인 점유의 경우에는 필요하다고 인정되는 기간 동안 임대료 면제 등의 요구 사항이 국민회의 강령에 수용되었다. 그럼에도 불구하고 이 결의를 제출하면서 한 간디의 말을 주목해야 한다.

이 결의안은 입법자들이 아닌 사람을 위한 것이고 법령의 복잡한 문제에 대해 흥미가 없는 사람을 위한 것이고 국가 운영에서 주도적인 역할을 하지 않을 사람들을 위한 것입니다. 이는 스와라지 혹은 람 라지(Ram Raj)의 광범위한 성격을 제대로 이해하지 못하는 인도인들을 위한 것입니다. 단디로 행진하기 전에, 이미 저는 이러한 점들 중 일부를 '11가지 요구 사항'에 넣었습니다. 11가지 요구 사항은 포괄적으로 만든 것입니다. 이제는 별도의 결의안으로 여러분께 제시하였습니다. 이것들은 주요 결의안에서는 생략하도록 권고하는데 왜냐하면 협상 대표단에게 부담이 될 수도 있는 위임 사항이기 때문입니다(Ⅲ, pp. 112-113. 저자 강조 추가).

다른 말로 하면 카라치 강령은 두 가지 목적으로 만들어졌다. 첫째는 국민회의 지도부가 노동 대중을 일깨우고 국민회의가 그들의 요구 사항을 위해 싸우고 있다고 생각하도록 현혹하기 위한 것이다. 둘째는 11가지로 구체화된 요구 사항을 영국 정부로부터 보장받기 위해서 대중적 지지라는 힘을 이용하려는 것이었다.

무엇보다도 완전한 독립이라는 당면 목표의 채택이나 대중 시민불복종 운동의 개시 결정에는 간디가 남아프리카 사티아그라하 시절부터 발전시켜왔던 기술, 즉 대중 행동을 배후에서 통제함으로써 제국주의와 협상하는 기술에서 어떠한 변화도 없었다. 실제 행동뿐 아니라 연설에서도 간디는 자신의 최우선 목표가 영국 정부와의 타협임을 명확하게 반복하였다.

그는 시민불복종운동이 착수되기 전에 총독에게 보낸 유명한 서한에서 다음과 같이 언급했다.

> 의도적이든 의도적이지 않든 예로부터 수도 없이 다른 국가를 약탈해 왔고 그 자체가 문화가 되었던 국가가 변환한다는 것은 그 어떠한 위험보다 가치가 있습니다.
>
> 저는 신중하게 변환이라는 단어를 사용하였습니다. 저의 열망은 영국인들이 비폭력을 통해서 바뀌기를, 그래서 그들이 인도에서 행한 잘못을 보게 만드는 것이기 때문입니다(Ⅲ, p. 22).

이것이 1930년 간디의 지도 아래 국민회의가 시작한 대중 시민불복종운동의 세 가지 특징으로, 영국 정부의 두 총독, 즉 어윈 경과 윌링던 경은 이를 교묘하게 이용하려고 했다. 영국 제국주의가 1930년에서 1932년까지 채택한 전술은 다음과 같이 요약할 수 있을 것이다.

우선 그들은 '이중 정책'으로 알려진, 즉 민중에 대해서는 억압 정책을, 지도자들과는 타협하는 정책을 채택했다. 이 이중 정책을 통해 1931년에 국민회의 지도자들이 시민불복종운동을 중단하는 데 동의하도록 만들었고, 국민회의 대표를 2차 원탁회의에 참석하게 만들었다.

국민회의가 시민불복종운동을 중지하고 원탁회의에 참석하도록 만들면서, 그들은 인도에 대한 억압 정책을 채택했다. 이는 비(非)국민회의 지도자 대표들에 대한 책략과 결합되어서 원탁회의에 참석한 국민회의 대표들을 고립시켰다. 이로써 영국 정부는 인도에서 제도 개혁을 하기에는 인도 지도자들이 해결할 수 없는 아주 복잡한 문제가 존재하며 따라서 영국 정부만이 '꼬뮤날 보상'이라고 부르는 해결책을 줄 수 있다고 전 세계에 주장할 수 있게 되었다.

국민회의가 원탁회의에서 고립된 채 제도 개혁의 '뒤엉킨' 문제들을 해결할 수 없음을 '드러내'면서, 제국주의 지배자들은 국민회의에게 직접적이고 잔인한 공격을 가했다. 간디가 원탁회의에서 돌아왔을 때, 우타르프라데시, 노스웨스트 프런티어 같은 주에는 이미 포고령이 내려졌고 자와할랄 네루를 포함한 국민회의 지도자들은 이미 감옥에 투옥되었다. 간디가 총독과 협상하고 소요 사태를 진정시키려 했던 모든 시도가 실패로 드러났다. 따라서 1931년 3월, 간디와 국민회의 운영위원회가 휴전을 끝내고 시민불복종운동을 재개하였을 때 온 나라는 이제까지 없었던 억압의 희생물이 되었다.

제국주의자들의 전술은 국민회의 지도자들이 자연스럽게 싸우도록 하는 것이었다. 이 방식이 간디주의의 철학과 기술이 구체적인 실천에서 어떻게 작동하였는가에 대한 명백한 지표였다.

소금법에 대한 저항의 형태로 시민불복종운동을 준비하고 시작하는 단계에서 그들은 민중에게 반제국주의 의식을 고취시키는 동시에, 영국 제국주의자들을 '전환'시킨다는 철학을 포함한 비폭력을 고수함으로써 그런 의식을 완화시키려고 하였다. 유명한 '독립서약'은 "영국 정부는 인도를 경제적으로, 정치적으로, 문화적으로, 영적으로 파괴해왔다. […] 우리는 이를 인간과 신에 대한 범죄로 간주하며 우리 나라에 이 네 가지 재앙을 야기한 지배는 더 이상 따를 수 없다"는 것을 확고히 했다. "우리는 그럼에도 자유를 얻는 가장 효과적인 길은 폭력에 의한 것이 아님을 인정한다"고 덧붙였다.

이것이 바로 '11가지 요구사항'이 나오게 된 배경과 보조를 같이하는 것이다. 즉 그것은 영국의 착취를 직접적으로 겨냥하였고, 그래서 부르주아지를 포함한 모든 부문의 민중을 집결시킬 수 있었다. 그러나 인도인 착취자들에게는 직접 맞서지 않았고, 따라서 '군중 폭동'이라 할 수 있는 어떠한 소요 사태도 유발하지 않았다.

이 단계가 끝나고 영국 정부와의 새로운 협상 단계가 열리자, 그들은 영국 정부에 대한 부르주아지의 경제적·정치적 지위를 강화시킬 수 있는 해결책을 만들어내기 위해서 모든 협상 수단을 사용하였다. 간디와 네루 부자(父子)가 시민불복종운동을 중지할 준비가 되었다고 했을 때 그 기반에 있는 조건들은 (1) 대영제국으로부터 자유로이 탈퇴할 수 있는 인도의 권리가 분명하게 인정되어야 하고 (2) 인도 민중에게 책임을 지는 완전한 민족 정부가 간디가 총독에게 보낸 서한에서 제시한 11가지 사항 전부를 통제하고 실현해야 하며 (3) 소위 말하는 인도의 공채를 포함하여 영국이 요구하는 이권을 독립적인 심판위원회에 위탁할 권리가 인도에게 있어야 한다는 것이었다.

그렇지만 이 조건들에 대한 해결이 불가능하다는 것을 알게 되자, 그들은 자국 내에서 국민회의의 정치적이고 조직적인 지위를 강화시켜주는 휴전을 받아들였다. 강력한 영국 정부가 국민회의와 협의하고 그 대표들과 공식 합의를 한 것은 엄연한 사실이다. 즉 국민회의의 요구(일부 지역에서 소금 생산을 허용한 것)를 일부 인정한 조항을 포함시킨 타협이었고, 거의 대부분의 정치범이 석방되었다. 이러한 것들은 국민회의를 강화시키기에 충분했고 독립 투쟁을 수행하는 것을 가능하게 하였다.

그들은 휴전을 통해서 얻은 대가를 열심히 지키려고 하였고 민중들에게는 휴전 협정의 조건들을 받아들인 것은 단지 독립을 위한 투쟁을 더 강화시킬 수 있기 때문이라고 말하였다. 그렇지만 이는 관료들이 좋아할 수 없는 결정이었기에 관료들과 국민회의 사이에는 정치범들의 석방, 주 법률의 강화, 토지세의 징수 등을 놓고 지루한 충돌이 있었다.

이 모든 쟁점마다 국민회의 지도부는 불평이 제기되는 것을 막으려고
노력하였고 정부가 휴전 조건들을 엄격하게 지키지 않는다면 두 번째 원
탁회의에는 대표를 보내지 않겠다고 위협하였다. 정부 측에서 일부 양보
가 나온 것은 그들이 결국에는 간디가 원탁회의에 참여하는 것을 허용했
기 때문이다.

두 번째 원탁회의에서도 영국에 의해 조직된 꼬뮤날 분쟁을 무슬림과
소수자들에 대한 양보 정책으로 해결하려고 노력했다. 그렇지만 두 번째
원탁회의에서의 분열은 영국 정부가 국민회의에 정면 공격을 시작하는 빌
미를 주었다. 이는 자연스럽게 직접적인 행동을 재개하도록 자극하였다.
그리고 오래지 않아 누구보다도 선견지명을 가진 간디가 새로운 전술로
진화된 두 번째 시민불복종운동을 시작하게 되었다.

간디가 체포된 날은 1932년 1월 4일이다. 하지만 3월 11일이 되어서야
완전한 독립을 쟁취하기 위해 시민불복종운동을 효과적으로 지도하는 것
보다 더욱 중요한 것이 존재한다는 결론에 이르렀다. 3월 11일자로 주 장
관에게 보내는 편지에서 그는 다음과 같이 말했다.

아마도 당신은 소수자들의 요구가 제시된 원탁회의 상에서의 제 연설 끝부
분을 다시 상기하게 될 것입니다. 저는 제 인생을 걸고 억압받는 계급을 위
한 분리 선거구를 반대한다고 주장하였습니다. 이는 순간적인 격정에서 한
말도, 비유로 한 말도 아닙니다. 이는 심각한 발언이었습니다(Ⅲ, p. 195).

영국 총리가 준 꼬뮤날 보상[억압받는 계급(달리트)에게 분리 선거구를
주는 것]은 간디가 죽음을 각오하고 단식을 하도록 만들 수 있는 문제였다.

그 서한은 국민회의 자체가 대중 시민불복종운동에서 서서히 벗어나서 한편으로는 의회 투쟁, 다른 한편으로는 '건설적 프로그램'이라는 새로운 강령을 채택하는 과정의 시작이었다. 최종 합의 결과 자신의 요구를 영국 정부가 거절하고 꼬뮤날 보상을 하려 하자 간디는 죽음을 각오한 단식을 시작했다.

이 단식은 국민회의와 억압받는 계급을 포함한 비국민회의 지도자들 사이에 회합을 이끌어내었고, 억압받는 계급에 대한 꼬뮤날 보상에 대해 수정된 동의안을 도출하도록 만들었다.

불가촉천민제도의 근절과 억압받는 계급의 조건 개선을 위한 전국적인 대중 캠페인이라는 동의안의 한 조항에 따라, 간디에게 감옥 안에서의 하리잔(Harijan)* 활동이 허용됐다. 이는 감옥 밖의 수많은 국민회의인들의 에너지를 시민불복종운동에서 하리잔 복지 활동의 조직화 작업으로 전환시켰다.

간디는 하리잔 활동의 진전 상황에 대해 전혀 만족할 수 없다면서, 1933년 3월 자기 정화를 위해 21일간 단식을 했다. 이를 통해 감옥에서 석방되었고, 당시 국민회의 의장 대행에게 시민불복종운동의 중단을 권고하게 된 것이다.

그렇지만 간디와 국민회의 의장 대행의 이러한 제스처가 영국 정부의 억압 정책을 완화시키고자 했던 효과를 얻지 못했기 때문에, 간디는 시민불복종운동의 재개를 권유했지만 이번에는 대중운동으로서가 아니었다. 운영에 있어서 엄격한 제한을 두었다. 간디 스스로는 개별적 시민불복종운동

---

* 간디는 불가촉천민을 '신의 아이'라는 의미인 하리잔으로 불렀다. 그러나 불가촉천민들은 유화 정책을 통해서 카스트를 유지하려는 간디에 거부감을 느끼고 이 용어 대신 '억압받는 자들'이란 의미의 달리트(dalit)를 사용하기 시작했다.

을 제안하였고 전국은 대중이 아닌, 개별적 시민불복종운동에 들어갔다.

간디가 감옥에서 다시 단식을 한 것은 정부가 이번에는 감옥에서 하리
잔 활동을 할 수 있는 편의를 제공하지 않았기 때문이었다. 간디는 다시
석방되었는데, 한때 그의 건강이 심각하게 안 좋았기 때문이다. 석방이 되
자 간디는 오직 하리잔운동을 위해서만 일할 것이고 정치 활동에서는 완
전히 손을 떼겠다고 선언했다.

1933년 말과 1934년 초반기 동안 간디는 전국을 다니면서 하리잔 활동
에 필요한 자금을 모집하는 표면상의 목적을 위해 보냈다. 그렇지만 이 기
간은 간디와 감옥 밖에 있던 다른 국민회의 지도자들이 시민불복종운동의
미래에 대해서 비공식적으로 논의하는 데도 유용했다. 그들 중 일부는 이
미 서로 만나서 스와라지당의 결성을 논의하고 있었다. 그들은 자연스럽
게 간디의 조언을 구했다. 이 간담회의 결과로 1934년 4월 7일에 간디는
다음과 같은 발언을 했다.

> [⋯] 저는 모든 국민회의인들에게 스와라지를 위한 시민 저항운동을 중단
> 할 것을 권고해야 합니다. 이는 특정한 불만들과는 구별되는 것입니다. 시
> 민 저항운동은 저에게 남겨두고 여러분은 떠나야만 합니다. 저보다도 그
> 상황을 더 잘 알고 또 확신을 줄 수 있다고 주장하는 이가 나타나기 전까지
> 는 제 생애 동안, 오직 제 지도하에서만, 이를 다른 것을 통해 재개해야만
> 합니다. 저는 이 의견을 샤티아그라하의 장본인이자 창시자로서 말합니다.
> 그러므로 향후에는 직접적으로 제 조언을 얻었든지 간접적으로 영향을 받
> 았든지, 스와라지를 위한 시민 저항을 추동받았던 이들은 부디 시민 저항
> 을 그만두셔야 합니다(Ⅲ, p. 319).

간디의 이 발언은 정부가 국민회의에게 "국민회의 지도자들이 그렇게 원한다면, 간디 선생이 최근 만든 정책과 시민불복종운동의 취소에 대한 언급을 인가하기 위해 열리는 전인도국민회의 혹은 AICC 회의에 대해서는 방해가 없을 것"을 확신시켜준 언급 이후에 나온 것이다.

그리하여 AICC의 5월 회의를 위한 무대가 만들어졌다. 여기에서 시민불복종운동을 중지하는 간디의 발언을 인준하였고 다가오는 중앙 선거에 참여하는 것을 결정하였다.

은퇴

이러한 사건들에 대해 이야기하다 보면 다음과 같은 의문이 들 수밖에 없다. 간디는 왜 이런 방식으로 행동했을까? 온 나라가 조국의 적을 향해 거대한 대중운동을 하려고 하는 바로 그때, 그 운동의 최고 지도자가 왜 상대적으로 경미한 쟁점(사회와 국가 제도에서 불가촉천민들의 지위에 대한 쟁점)에 주의를 기울이고 왜 이것을 정치적 대중운동보다 사회 개혁의 기반으로 만들고자 했을까? 대중 시민불복종운동의 중지를 권고하기 위해 왜 이것을 최우선적으로 활용했을까?

이런 의문들은 사티아그라하에 대한 간디의 견해 그 자체에서 논거를 찾으려면 답을 알 수가 없게 된다. 간디의 사티아그라하 이론에서 그것을 이유로 대중운동의 철회를 예상했던 유일한 돌발 상황은 그 운동이 '폭력적' 형태가 되었거나, 혹은 그럴 위험성이 있을 때이다. 1922년에 있었던 운동을 중지한 주된 이유로 간디가 강조했던 것이 바로 이런 위험성이었다. 이러한 돌발 상황은 1932년에는 존재하지 않았다. 외국 지배자들이 저지르는 몹시도 야만적이고 자극적인 온갖 행동에도 불구하고 사티아그라하를 따르는 사람들은 간디가 그들에게 요구한 바에 따라 평화롭고 비폭력적으로 남아 있었다.

사티아그라하를 따르는 수천 명의 젊은 남녀가 간디의 모든 지도를 성실하게 수행했다. 그렇기 때문에 불가촉천민에 대한 선거구 분리 문제로 단식을 하기로 한 간디의 결정을 알게 되었을 때 그들로서는 충격일 수밖에 없었다. 뒤이어 간디가 자신의 온 생애와 열정을 하리잔의 지위 개선을 위해 헌신하겠다고 결정한 것을 알게 되었을 때 그 충격은 말도 못할 정도였다. 반제국주의적 정치 행동의 선봉에서 스스로를 헌신하던 지도자가 자신의 추종자들에게 상대적으로 덜 중요한 사회 문제에 헌신하라고 요구하자 그들은 배신감을 느끼고 분노했다.

간디는 왜 전술상으로 명백하게 무모한 변화를 결정해서 수많은 추종자들에게 고통스러운 불만을 안겨주었을까? 그 이유는 몇몇 사람들이 주장한 것처럼 그가 "정치적 투쟁보다 사회 개혁에 관심이 많았기" 때문일까? 그 대답은 '틀린' 것이다. 간디는 무엇보다도 한 계급 — 부르주아계급 — 의 빈틈없는 정치 지도자였고 언제나 이 계급의 이해에 따라 행동했다. 1932년 9월의 단식과 표면적으로 하리잔 지위 개선이라는 사회적 문제로 이어지는 활동은 당면한 구체적 정치 상황에 따라 주의 깊게 채택한 전술의 요점이었다.

이런 관점에서 1932년 투쟁이 어떻게 시작되었는지 돌이켜보자. 간디가 국민회의를 대표했던 두 번째 원탁회의는 국민회의와 영국 정부 사이에 협상 결렬로 끝이 났다. 이러한 상황에서 국민회의와 같이 자부심이 강한 국가적 조직에게는 대중운동에 착수하는 것 외에 다른 수단이 없었다. 영국 정부로서도 국민회의와 결판을 짓기로 결정하고, 1930년에서 1931년 사이의 결과(국민회의와 정부의 협상), 즉 양보가 반복되지는 않는다는 것을 보여주기 위해 그에 상응하는 단계를 밟아간 것이다. 다시 말해 1932년의 투쟁은 간디와 국민회의 운영위원회 동료들에게 어쩔 수 없이 강요된 것이었다.

간디가 보기에 만약 이 상황이 지속된다면 정부는 자신들이 원하던 노선대로 제도를 만드는 방법을 찾게 될 것이었다. 꼬뮤날 세력들을 포함한 비국민회의 정당들이 이 제도를 활용하여 국민회의의 힘을 약화시킬 것이고, 그 다음에는 영국이 이를 민족적 요구를 거부하는 데 이용하게 될 것이었다. 그는 이러한 돌발 상황을 막고자 영국과의 협상을 위한 모든 가능한 방법들을 찾았고, 자연스럽게 시민불복종운동의 중지라는 방법을 찾은 것이다.

이것이 정치적이면서 동시에 사회적인 성격 — 불가촉천민의 선거구 분리 또는 결합 — 을 가진 문제를 선택하게 된 이유이다. 이를 통해 민중들 전면에 나서서 사회 개혁을 하기 위한 기회를 얻는 동시에 제도적 개혁이라는 측면에서 정부와 협상할 기회를 얻었다. 그렇지만 정부는 불가촉천민 지위 개선에 대한 간디의 관심을 그가 말한 그대로 순수한 사회 개혁의 문제로 받아들이고 정치적 문제에 대한 협상은 거부하였다. 간디로서는 동료들과 일반 민중에 대한 결속을 강화시키기 위해 이러한 작은 기회라도 이용해야 했다.

하지만 이어지는 사건들은 하리잔 복지운동에 대한 그의 관심이 순수하게 사회적 문제에 대한 것이 아님을 입증했다. 감옥을 나온 후(1933년 봄)에 그 첫 번째 기회에서 국민회의 의장을 넘어서는 자신의 권위를 대중적 시민불복종운동을 철회하기 위해 사용하였다. 그러나 정치적 쟁점에 관한 협상을 개시하는 것조차도 영국이 국민회의에게 완전한 항복만을 요구함으로써 무산됐다. 그래서 조직의 자부심뿐만 아니라 자신의 자부심도 지키기 위해 비록 대중적 규모는 아니었지만 시민불복종운동을 시작한 것이다. 그럼에도 불구하고 그는 일 년 동안 정치적 쟁점에 대해 침묵을 지키겠다는 결정을 공표함으로써 정부에게 암시를 주는 것으로 다시 한 번 그 첫 번째 기회를 활용하였다.

하리잔운동에 대한 간디의 관심과 활동은 정부와의 협상이 결렬된 상황에서 자신이 물러남으로써 국민회의에게 활동할 수 있는 여지를 만들어주려는 노력으로 간주해야 한다. 이는 타협점을 찾아 두 번째 원탁회의에서 시작되어 일시적으로 중단된 제도적 개혁에 대한 협상을 속행하고, 새로운 상황에 직면한 국민회의를 그에 적응할 수 있도록 재조직하기 위한 노력들이었다.

이것이 모틸랄 네루와 같은 온건한 우익 지도자들이 간디의 시민불복종운동 중지에 항의했던 1922년과는 다르게, 1934년의 시민불복종운동 중지 권고를 국민회의 모든 우익 지도자들이 진심으로 추인한 정확한 이유이다. 더 나아가 1920년대 국민회의 지도자들이 스와라지주의자들과 고수파들로 분열한 것과 다르게 1930년대에는 의회 활동에 대해서 지도자들은 거의 완전한 일치를 보였다. 간디 자신도 1934년에 "의회 정신이 정착되어야 한다"라고 언급했다. 국민회의의 모든 우익 지도자들은 차후 초안이 작성될 헌법이 가장 큰 정치적 쟁점이고 이에 대한 어떠한 부정적인 태도도 위험한 것이 될 수 있다는 점에서 하나가 되었다. 따라서 선거와 관련되어 국민회의 활동을 지도하는 것은 1920년대처럼 국민회의 외부에 있던 스와라지당이 아니라 국회 위원회를 지명하는 전인도국민회의위원회였다.

수행할 전술과 관련해서 국민회의 지도자들은 거의 만장일치에 가까웠지만, 조직으로서의 국민회의는 완전히 단결한 것은 아니었다. 치열한 토론 과정이 국민회의 당원들 사이에서 시작되었다. 간디가 사용했던 전술은 1932년 9월 단식 이후로 심각한 도전을 받고 있었다. 스와라지 정당 결성에 앞장섰던 일부 우익 지도자들의 활동은 날카로운 비판을 받게 되었다. 1933년과 1934년 사이, 국민회의 지도부의 정책에 대한 불만이 유례를 찾기 힘들 정도로 심각하게 퍼져나갔다. 이것이 어느 정도였는지는 1934년에 자와할랄 네루가 간디에게 보낸 서한에서 가늠해볼 수 있다. 네루는 다음과 같이 썼다.

> 그리하여 인도의 자유라는 깃발은 우리 민족 투쟁의 수위를 적이 정해준 지점으로 끌어내리려는 이들, (정치가 이제는 안전하지 않기에) 공공연하게 정치를 포기했다고 하면서도 그러나 안전해지면 대오의 앞으로 튀어나올 이들의 위풍당당함에 맡겨졌습니다.
>
> 그리고 그들이 국민회의와 민족의 이익을 위해 했다고 말하면서 앞에 세운 이상은 무엇입니까? 모든 기득권에는 민감하게 염려를 표현하면서, 감히 그들은 국민회의의 정치적 목표마저도 할 수 있는 한 실제 논점을 피하면서 퇴색시키고 비루한 뒤범벅으로 만들었습니다. 자유의 적이라고 선언된 수많은 적들에게는 고개를 숙이면서도, 진보적이고 전투적인 국민회의 당원들을 마주해서는 극도의 흉포한 용맹을 보여주었습니다(Ⅲ, p. 381).

1934년의 운동 중지와 의회 강령 채택에 대한 결정은 네루에게는 "찔린 듯한 고통으로, 오랜 세월 동안 서로 주고받았던 신뢰가 허물어지는 느낌"으로 다가왔다. 여기에 텐둘카르는 "이것이 대다수 국민회의인들의 반응이었다"라고 덧붙였다.

하지만 국민회의 평당원들의 반대가 의회주의 강령에 대한 반대로까지는 이어지지 않았다. 지도부와 마찬가지로 그들 또한 자유를 위한 투쟁에서 의회 기구를 하나의 무기로 사용할 수 있다는 중요성에 대해서 깨달았다. 그들은 지도자들과 마찬가지로 입법 거부 강령에 대해서는 더 이상 매력을 느끼지 않았다. 그러나 문제는 다음과 같다. 의회 기구를 어디에 활용할 것인가? 영국과의 협상을 재개할 수단으로 사용해야 하는가, 아니면 반제국주의 대중운동을 보다 강화하는 수단으로 사용해야 하는가? 이것이 유일한 것이 아니라면 다시 의회 기구를 활용하는 것이 반제국주의운동을 강화시키는 중심 수단으로 할 것인가? 아니면 제국주의와 그 앞잡이들과의 타협 없는 투쟁 속에서 민중, 특히 노동자와 농민 그리고 중산층의 동원이라는 목표보다 하위에 둘 것인가? 이상이 수만 명의 일반 국민회의 인들이 활발히 논의했던 문제들이다.

국민회의 조직 내에서의 이러한 발전과 더불어, 예기치 않은 자본주의 체제의 위기(1929년에서 1933년 사이의 세계공황), 소비에트연방에서의 성공적인 1차 5개년 계획의 성과*, 독일에서의 나치즘의 등장과 여러 자본주의 국가에서 그와 유사한 세력들의 형성, 미루트 공모사건(Meerut Conspiracy Case)**에서 공산주의자들이 보여준 공산주의 대의에 대한 영웅적 방어 등등 국가적 그리고 국제적 차원에서의 주요한 발전들은 혁명적인 수천 명의 젊은이들을 공산주의 이념으로 끌리게 하였다.

이를 통해 전국적으로 다양한 공산주의자 그룹이 서서히 그러나 확실하게 강화되었고, 1933년 말에 첫 번째 인도공산당(CPI) 전국중앙위원회를 결성하기 위해 함께 모일 수 있었다. 전국중앙위원회가 결성된 몇 개월 후

---

* 1929년 시작한 이 계획은 차관이 전혀 없이 중공업 분야 투자에 성공하였고 노동생산성은 41%가 성장했고 노동자의 소득 수준은 2배로 증가하였다. 전 세계적인 공황에 전혀 영향을 받지 않은 성장이었다.
** 1929년 3월 20일 31명의 공산주의자와 노동운동 지도자들이 선동과 입당을 죄목으로 체포되었다.

에 인도 정부는 강경한 태도를 취하고 공산당을 불법이라고 공포하였다. 이 조치가 간디주의 지도력에 환멸을 느낀 수천의 젊은 반제국주의자들이 사회주의라는 보다 급진적인 노선에 대해 고민하는 것을 막지는 못했지만, 인도공산당이 확장되고 강화되는 데는 분명히 장해가 되었다. 1934년 5월에 열린 회의에서 이런 노선에 대해 생각해본 국민회의인들이 모여 국민회의사회주의자당(Congress Socialist Party)을 결성하기로 결정했다.

국민회의 내에서 성장하고 있던 이 새로운 사회주의자 성향에는 자와할랄 네루라는 강력한 대변인이 있었고 결국 간디가 새로운 강령을 채택하도록 만들었다. 이 강령은 다수의 국민회의인들에게 처음에는 충격적인 것이었지만 후에 국민회의에서 이 새로운 급진적 경향과 싸우고자 했던 사람들에게 엄청난 도움을 준 것으로 밝혀졌다.

1934년 9월 간디는 사르다르 파텔(Sardar Patel)에게 쓴 편지에서 이렇게 말하고 있다.

사회주의자 그룹이 성장하고 있고 자와할랄 네루는 이론의 여지가 없이 그들의 지도자입니다. 나는 그가 무엇을 원하고 지지하는지 잘 알고 있습니다. […] 사회주의자 그룹의 행동 방식은 네루와는 정확히 일치하지 않지만, 그들은 어느 정도 네루의 관점을 대리하고 있습니다. 그 그룹의 영향력과 중대성이 점차 커져갈 것입니다. […] 그들의 공식 팸플릿에서 공표된 강령을 볼 때 나와 그들 사이에는 근본적인 차이가 있습니다. 그러나 나는 내가 행사할 수도 있는 도덕적 압력을 이유로 그들의 문헌에서 선언된 이 사상의 보급을 억압하지는 않을 것입니다. 내가 국민회의에 남아 있는 것이 그러한 압력을 행사하는 것과 같을 것입니다(Ⅲ, pp. 387-388).

간디의 대안은 국민회의에서 은퇴하는 것이었다. 이 제안을 설명하기 위해서 간디는 1934년 9월 17일에 긴 연설문을 발표했는데, 그가 '지식인들'이라고 부르는 이들과 자신과의 주요한 차이를 설명하는 과정을 통해서 이를 설명했다. 그는 국민회의인 대다수가 가지고 있던 정책이 아니라 하나의 신념으로 비폭력에 대한 자신의 믿음을 재확인했다. 간디는 물레와 카디에 대한 자신의 믿음을 다시 언급했다. 간디는 사회주의자들의 경우에서처럼 그들의 성장에 반대하여 도덕적 압력은 행사하지 않았지만, 자신이 '의회 정당'이라고 불렀던 이들과 자신과의 차이를 설명했다. 간디는 평생을 헌신해온 "사티아그라하의 실험"을 추구하기 위해서 "완전한 공정성과 행동의 절대적인 자유"를 요구했다.

간디가 국민회의에서 물러나겠다는 제안은 자연히 격렬한 토론을 불러일으켰다. 10월 전인도회기를 위해 봄베이에 모였던 대표들의 심중에 있는 가장 주요한 주제는 간디의 은퇴 문제였다. 그 결정을 재고해달라는 반복된 호소에도 불구하고 그는 흔들리지 않았다. 그 회기에서 "위대한 영혼 간디의 지도력에 대한 신임"을 재언급하는 결의안을 통과시켰다. 더 나아가서 다음과 같이 표명하였다.

> 국민회의의 단호한 의견은 당신이 국민회의로부터 은퇴한다는 결정을 재고하셔야 한다는 것입니다. 그러나 그러한 지지 표명을 통해 당신을 설득하려는 노력들은 실패했기에 국민회의는 어쩔 수 없이 당신의 결정을 받아들이지만, 당신이 조국에 하신 특별한 헌신에 대한 깊은 감사의 뜻을 기록에 남깁니다. 국민회의가 필요로 할 때는 언제든 당신의 권고와 지도가 있을 것이라는 만족할 만한 당신의 보장을 특별히 언급합니다(Ⅲ, p. 372).

국민회의로부터의 은퇴는 '건설적 프로그램'에 모든 시간과 정력을 바칠 수 있도록 하는 것과 국민회의 안의 의회주의자와 사회주의자 그리고 여타 그룹들이 자신들에게 가해질 도덕적 압력의 위험 없이 활동할 수 있도록 하는 두 가지 목적이 있었다. 그러므로 그는 논란이 되는 어떤 정치적 주제에도 공식적인 발언이나 연설을 하지 않았다. 〈하리잔(Harijan)〉*에 논설은 계속 썼다. 전국을 순회하면서 수없이 많은 연설을 했다. 매체와의 인터뷰도 자주 가졌으며 서신들 대부분은 카디, 농촌 산업, 불가촉천민, 위생, 암소 보호, 산아 제한 등과 같은 주제 그리고 정치적 쟁점과 관계없는 주제들과 관련된 것들이었다.

그렇지만 사실상 간디는 국민회의의 정치 활동에 자신의 영향력을 행사했다. 국민회의인들과 언제나 '상담'이 가능했기 때문이다. 운영위원회의 지도 위원들은 모든 중요한 정치적 문제들에 대해서 조언을 구하기 위해 달려왔다. 따라서 국민회의로부터의 은퇴는 정치적 활동에서의 은퇴가 결코 아니었다. 자신에게 헌신적이던 동료들과 가졌던 토론에서 그는 이를 명확하게 했다. 예를 들자면 1936년 2월 간디 세바 상(Gandhi Seva Sangh, 간디봉사회) 모임이 열렸을 때 그는 이렇게 말했다.

> 저는 이러한 프로그램들(건설적 프로그램과 정치)이 서로 배타적이거나 적대적인 것이라고 보는 경향이 있음을 알고 있습니다. 우리들이 하는 오해의 대부분은 이런 믿음에서 나옵니다. 건설적 영역의 일꾼들은 정치 프로그램에 냉담하고 그 반대도 마찬가지입니다. 하지만 실제로 그러한 대립은 존재하지 않습니다. 저는 이제까지 모든 일꾼들이 이에 대해 명확하게 해야

---

* 간디는 〈영 인디언〉이라는 매체를 전술 변경 이후 제호를 바꿔서 내기 시작했다.

한다고 생각해 왔습니다. 정치적 프로그램이라고 부르는 것과 건설적인 프로그램이라고 부르는 것 사이에 절대적인 구분은 없습니다. 우리가 일하는 방법에는 빈틈없는 구획 분리란 없습니다(Ⅳ, p. 66).

모든 연설과 글에서 간디가 강조한 것은 하리잔과 농촌 산업들 그리고 건설적 프로그램의 다른 부분들은 인도를 자유롭게 만들기 위한 비폭력투쟁 프로그램의 일부로서 통합되는 것이라는 점이다. 그렇게만 된다면 정치에서의 은퇴는 문제가 되지 않는다.

간디는 자문을 통해 국민회의 지도부의 정책에 영향을 끼치는 데 힘쓰는 한편, 당시 부상하고 있던 국민회의사회주의자당의 지도자들에게도 조언을 하고 영향을 미치려고 했다.

아차리아 나렌드라 데바(Acharya Narendra Deva, Acharya는 거룩한 지도자란 뜻 — 옮긴이)에게 보낸 서신에서 그는 사회주의자들이 자와할랄 네루와 상담하도록 권고했다.

나는 그가 우리 가운데 있다면 (당시 네루는 감옥에 있었다) 그가 천천히 일의 진행을 당겼을 것이라 확신합니다. 나는 당신들의 강령에서 과학적 사회주의라고 부르는 것 대신에 당신들이 인도가 처한 조건에서 실용적 사회주의를 제시하도록 제안합니다. 내게 준 강령이 그것을 위해 임명된 영향력 있는 위원회에 의해 작성되었지만, 아직 초안이라는 점이 다행입니다. 그 강령을 최종적으로 작성할 때에는 사회주의를 학습하고 현실적 조건을 경험한 사람들과 연계하는 것이 현명한 선택일 것입니다(Ⅲ, 복사, p. 344).

국민회의 소속 사회주의자들에게 자와할랄 네루를 지도자로 생각하고 그의 지도 아래서 행동하라는 이런 조언은 우연도 아니고, 단순히 네루에 대한 개인적 신뢰를 표현한 것도 아니었다. 이는 간디가 추구하던 명확한 정책의 요점이다. 이와 관련하여 그가 자와할랄 네루를 라호르 회기의 의장으로 선출하라고 권고했던 당시를 상기해보는 것이 좋겠다. 간디는 전국의 투쟁적인 젊은이들에게 네루의 선출은 그들의 헌신에 대한 찬사의 표시로 간주되어야 한다고 말했다. 간디는 그들을 "강하고 작은 통에 갇혀 있을 때에만 강력한 힘이 되어 거대한 운동을 만들어내는" 증기력에 비유했다. 이에 더하여 "마찬가지로 이 나라 젊은이들의 자유 역시 그들이 가진 무한정의 에너지를 엄격히 계산되고 요구된 범위 안에 가두고 통제해야 비로소 자유롭게 될 수 있다"고 말했다. 다시 말해 간디는 네루를 국민회의 지도자들이 젊은이들의 애국심과 자기 헌신 정신을 지도할 수 있게 해주는 '적절한 통로'로, 즉 하나의 도구로 간주한 것이다. 간디는 새로운 시대에 맞는 것이라는 이유를 대면서 1930년에서 1932년 사이에 이런 작업을 실행했다.

그러므로 그의 전략은 배후에서 조언을 해주고 좌파, 우파 양쪽의 정책에 영향력을 행사하는 것이고, 이를 통해 한편으로는 국민회의 내부의 우익 세력을 강화시키고 다른 한편으로는 좌파 세력들의 성장을 허용하면서 이를 자와할랄 네루의 지도력 아래 통합시키는 것이었다. 이것이 국민회의 지도부 활동에서의 은퇴가 시사하는 본질적인 의미이다.

통일 전선

이것은 국민회의 우익 지도부의 정치적 요구와 전적으로 일치되는 전략이었다. 민중들에게 강요될 새로운 제도를 구성하는 형태로 영국 정부가 제시한 도전적 난제에 직면하여 국민회의 지도부는 조직 내부의 극심한 분열을 방관할 여유가 없었다. 우파와 좌파 사이의 차이, 간디주의 같은 사회철학과 근대 사회주의 그리고 부르주아 의회주의 사이의 차이, 사회적 문제와 종교적 문제에 대한 차이, 이 모든 것들은 국민회의를 국가의 적에 대항하여 통일 전선을 시도하기 위한 단일 조직으로 한다는 관점에서 조정되어야 했다. 의회 정치가들과 여타 우파들의 주도적 지위를 유지하면서 사회주의자들과 좌파들을 수용하는 것이 국민회의 우파 지도부에게 절대적으로 중요한 것이었다.

하지만 국민회의 안에 사회주의자들과 다른 좌파들을 수용하는 문제만이 아니라 더 많은 것이 필요하였다. 좌파 세력들은 수많은 노동 민중과 사회주의자로 성장하고 있는 당원들 그리고 여타 급진적인 청년들에게 국민회의가 진정한 급진적 반제국주의 정책을 추구하고 있다는 확신을 주는 그런 위치에 있어야 했다. 국민회의 지도부가 1929년에 했던 것과 동일한 기술을 채택하게 된 것, 즉 좌파 지도자를 조직의 수장에 임명한 것은 이 점을 고려해서였다. 1929년의 상황처럼, 1936년에 네루는 국민회의 의장으로 선출되었다. 더욱이 그의 임기가 끝나고 1937년에 새로운 의장이 선출되어야 할 때 그가 다시 선출된 것이다. 두 번에 걸친 네루의 임기도 충분하지 않았다는 듯이, 국민회의 의장직은 그런 후에도 다른 좌파 지도자에게로 넘어갔다. 1938년 네루에 이어 수바스 찬드라 보세(Subbas Chandra Bose)가 선출되었다. 좌파 의장들의 임기 동안 국민회의 운영위원회에는 국민회의사회주의자당과 다른 좌파 성원들이 포함되었다. 우파 지도자들이 국민회의의 이러한 좌파 지향성을 어떻게 바라보았는지는 사르다르(발라브바이) 파텔을 통해 알 수 있는데, 1936년 그는 의장직을 제안받았으나 네루를 지지하면서 물러났다.

> 내가 물러나는 것을 자와할랄 네루가 대표하는 모든 입장을 인정하는 의미로 받아들여서는 안 된다. 실제로 내 입장은 주요한 문제들에 있어서 자와할랄이 주장하는 것과 다르다는 것을 국민회의인들은 알고 있다. […] 자와할랄과 나 사이에는 혹은 그와 꽤 많은 국민회의인들 사이에는 첨예한 의견 차이가 있을 것이다. 우리는 그가 다수의 결정을 존중할 정도로 국민회의에 지극히 충실하다는 것을 알고 있기에, 다수파는 그가 반대하는 정책을 당연히 제출할 수 있다고 생각하고 있다. 그는 건실한 우리 조직의 의장이다. 국민회의는 그가 누구이든지 상관없이, 한 개인을 선출하여 자신의 권력을 나누지 않는다. 나는 대표들에게 자와할랄을 조국을 대표하고 전국에서 활동하고 있는 다양한 세력을 바른 방향에서 지도하는 최고의 인물로 생각해줄 것을 요청한다(Ⅳ, p. 132).

실제로 이는 커다란 성과를 이끌어낸 정책이었다. 네루의 2년 임기 (1936~38) 동안 그의 지도와 사회주의자들의 협력 아래서 선거 공약과 농업 강령 초안이 작성되었고, 이를 널리 알리기 위해 네루의 폭풍 같은 순회가 있었으며, 그가 유포시킨 급진적인 구호에 고무된 좌파 지향적인 수만 명 젊은이들의 헌신적인 활동이 있었다. 이는 1937년 총선거에서 국민회의를 지지하는 수백만의 민중을 동원하고 반동적인 세력과 대항하는 데 가장 중요한 요소였다. 선거에서 꼬뮤날과 여타 반동적인 세력이 패배하고 국민회의가 11주 중 7군데에서 안정적 다수를 확보할 수 있었던 것은 주로 이러한 좌파 성향의 유세 덕분이었다.

국민회의의 이런 좌파 지향성은 선거 후에 국민회의와 영국 정부 사이에 심각한 차이가 발생했을 때에도 지도부를 도울 수 있었다. 선거가 치러지고 의회가 새로 구성되는 데 기반이 된 이 새로운 제도는 주지사들에게 광범위한 권한을 부여했는데, 이대로 실행되면 선출된 입법자와 각료가 그에 대한 책임을 지도록 할 수 있었다. 따라서 국민회의 지도부는 다수파가 된 이 주들에서 각료들의 승낙을 선행하는 조건으로 이러한 권한들이 사용되지 않을 수도 있음을 영국으로부터 보장을 받고자 하였다. 영국으로서는 이런 보장을 해줄 준비가 되어 있지 않았다. 그러므로 이 문제는 교착 상태가 되었다. 권력을 갖자마자 제도 전체가 작동 불능이 되는 상황이 염려되었다.

오직 국민회의 조직의 굳건한 단결, 즉 국민회의의 요구가 받아들여지지 않을 때 심각한 결과들이 있을 것이라는 점을 영국에게 분명히 해주는 단결만이 그들을 원래의 입장에서 후퇴하게 하였다. 영국 정부를 대변한 인도담당 국무장관인 제틀란드 경(Lord Zetland)과 국민회의를 대변한 간디의 오랜 공적 논의 끝에 (첨언하자면 간디가 이 논의에서 맡은 역할은 국민회의 지도부에서의 그의 은퇴가 가진 진짜 성격을 보여준다) 국민회의와 영국은 타협에 이르렀지만 이 타협은 국민적 시각에서 전적으로 만족할 수 없었고 국민회의 내의 급진 세력들로부터 비판을 받았다. 그럼에도 국민회의는 각료 구성을 원한다는 결정에 도달하게 되었다.

이 결정은 간디의 활동 방식을 변화시켰다. 자신의 활동을 '건설적 프로그램'에만 국한시키겠다는 초기 결정을 더 이상 고수하지 않았다. 1937년 7월 17일에 간디가 〈하리잔〉에 쓴 글은 다음과 같았다.

> 운영위원회와 여타 국민회의인들이 공직 수락 문제에 대해서 제 의견을 따르기로 했기 때문에 저에겐 공직 수락의 의미와 국민회의 선거 공약을 통해 무엇이 가능한지를 공식적으로 설명해야 할 의무가 있습니다. 제가 하리잔 활동에만 전념한다는 스스로 부여했던 제한을 거스르는 것에 대해서 변명은 불필요합니다. 이유는 명백합니다. 영국의 인도통치법은 인도의 독립을 쟁취하기 위해서는 전적으로 불만족스러운 것으로 우리 모두 인식하고 있습니다. 그러나 이에 대해서 비록 제한적이고 약하기는 하지만 칼의 통치를 다수의 지배로 대체하려는 시도로 해석할 가능성이 있습니다. 3천만 명에 달하는 남녀 유권자를 창출하고 그들의 손에 광범위한 권력을 주는 것을 다른 명칭으로 말할 수는 없습니다. 이는 우리에게 부여된 것을 우리가 좋아하게 될 것이라는, 즉 우리에 대한 착취를 종국에는 축복으로 여기게 될 것이라는 희망이 잠재되어 있는 것입니다. 만약 3천만 유권자의 대표자들이 법령 기안자들의 숨겨진 의도를 훼방하겠다는 목적으로 자기들 수중의 권력을 사용할 수 있을 만한 — 공직을 유지하는 것을 포함하여 — 지성이 있다고 스스로에 대한 확신을 가진다면, 그 희망은 꺾일지 모릅니다. 그리고 이는 법률적으로 그들이 기대하지 않았던 방식으로 법령을 사용하

거나 그들이 의도했던 방식으로 법령을 사용하지 않거나 함으로써 이런 상황은 쉽게 벌어질 수 있습니다(IV, p. 207).

이것이 국민회의 조직에서 간디의 지도력에 새로운 국면을 연 출발이었다. 공식적으로는 여전히 조직 외부에 남아 있는 상태였지만, 그럼에도 불구하고 그는 다양한 국민회의 각료들을 지도하는 지배적인 힘이 되었다. 2주가 지나고 그는 〈하리잔〉에 각료들에게 스스로 어떻게 처신해야 하는지와 다양한 상황에서 무엇을 해야 하는지를 충고하는 방식으로 글을 썼다. 텐둘카르는 당시 신문들이 간디의 글을 "지도를 위한 도구"로 묘사하였다고 언급한다. 각료들과 다른 국민회의 지도자들에 대한 개인적인 충고와 함께 〈하리잔〉의 논설들을 통해서, 간디는 금주, 교육, 조세 등의 문제에 대한 정책을 내놓았다. 간디는 각 주에 있는 국민회의 각료들이 처리해야 할 모든 문제들에 다시금 충분히 개입했고, 따라서 주지사나 총독과 충돌하게 되었다. 예를 들면, 비하르와 우타르프라데시 주에서 정치범의 석방 문제로 내각 충돌이 빚어졌을 때 국민회의의 정치적 대변인으로 행동한 것도 간디 자신이었다. 또한 오리사(Orissa)에서 내각에 종속된 민간인을 주지사로 임명하는 문제로 충돌이 일어나 긴박했던 위기를 수습한 것도 간디의 중재 때문이었다.

그러나 좌파와 우파가 하나로 결합된 그 조직에서 좌파의 지도자가 수장이 된 것은 좌파 세력을 엄청나게 강화시킨 것이었다. 전 세계적으로 사회주의, 투쟁적이고 비타협적인 반제국주의, 반지주 및 반자본 투쟁, 반제국주의자들과 반파시스트들 그리고 평화 세력들의 단결과 연대의 이념들이 이전에는 생각도 하지 못했던 규모로 민중을 사로잡기 시작했다. 국민회의 소속 사회주의자들뿐만 아니라 공산주의자들 그리고 과학적 사회주의라는 이름을 표방했던 여타 정당들과 집단들은 물론 노동계급, 농민, 학생, 청년과 여타 부문의 조직들이 예측하지 못했던 방향으로 성장하기 시작하였다. 소위 '인도의 모든 주들'에서 수백만 명의 일반 민중들이 자신들의 권리를 자각하게 되었고 각 주들에서 민주적 제도를 위한 투쟁을 시작하였다.

물론 이 모든 것들은 세계적 차원에서 발전의 결과, 즉 소비에트연방의 성장하는 힘, 유럽에서의 반파쇼 세력들의 성과, 스페인과 중국, 아비시니아(Abyssinia)*에서의 반파쇼주의자와 민족해방 세력들의 장엄한 전투 등에 일부 기인한 바가 있다. 이 새로운 의식에 대한 반성과 숙고가 — 심지어 국민회의 지도부 내부까지도 — 급진적인 반제국주의와 사회주의라는 새로운 세력들의 통합에 강력한 요소가 되었다.

---

* 에티오피아의 옛 이름. 1936년부터 1941년까지 이탈리아에 점령당해 있었으나 망명 중이었던 하일레 셀라시에 1세는 1931년 이미 노예제를 폐지하고 국민의무교육제도를 실시했던 민족해방운동의 중심이었다. 밥 말리로 대변되는 레게 음악의 정신적 뿌리인 라스타파리아니즘은 솔로몬과 시바 여왕의 후손인 이 황제를 재림 예수로 숭배하는 신앙이다.

공직 수락과 그 이후

　우파 지도부는 반제국주의 통일 전선의 첫 번째 단계, 즉 영국의 도전에 대처하기 위해 조직을 정비하고 선거에서 완전한 승리를 얻기 위한 단계에서는 좌파 세력의 이러한 성장을 방해하지 않았지만, 이 새로운 상황이 영국에 대해 승리를 거둔 이후에는 극히 불편할 것이라는 사실을 알게 되었다. 몇몇 주에서 국민회의인들이 공직을 수락한 것에 대해 텐둘카르는 이렇게 말한다.

　　새로운 문제가 발생했고 이제껏 주로 이념적이었던 내부 충돌이 새로운 형태를 취하게 되었다. 어느 누구도, 심지어 공직 수락의 반대자들조차도 국민회의 지도자들에게 문제 제기를 자제했지만, 농민 시위와 파업을 통해 그들을 압박하는 지속적인 시도들이 있었고, 이는 국민회의 지도자를 크게 당황하게 만들었다. 비하르에서는 농민운동이 국민회의 조직과 충돌을 빚었다. 다른 곳에서도 국민회의 지도자들의 출현으로 높아졌던 희망은 채워지지 않았고 불만이 커져갔다. (Ⅳ, p. 248)

그러므로 간디의 지도를 받는 국민회의의 우익 지도부는 두 갈래의 첨예한 싸움을 해야 하는 상황이었다. 즉, 한편으로는 제도적으로 극히 반동적인 연방제 귀속을 강제하려는 영국과 싸우고, 다른 한편으로는 선거운동을 활용해 국민회의에게 좀 더 좌편향으로 갈 것을 요구해서 급진적 반제국주의 세력을 강화하려는 좌파 세력과 싸워야 했다. 이것은 이제 더 이상 민족의 적에 대항하는 공동 전선에서 좌우 연합의 문제가 아니라, 영국과의 관계와 함께 좌파와의 관계 양쪽 모두에서 우파의 지위를 강화해야되는 문제였다. 이런 새로운 상황에 직면하여 간디의 지도하에서 국민회의 지도부는 하나의 전략을 수립했는데, 그 전략의 중요한 성격은 다음과 같이 요약할 수 있다.

첫째, 노동계급과 농민 조직에 대한 일제 공격이 시작되었다. 그 공격은 한편으로는 경찰 진압이라는 형태로, 다른 한편으로는 이념적인 공격이라는 형태로 이어졌다. 노동계급과 농민 조직을 대상으로 체포, 고발, 곤봉구타, 심지어 발포까지 사용되기 시작했다. 영국이 국민회의에 사용해서 악명 높았던 형법과 범죄처벌법을 이번에는 국민회의가 투쟁적 대중운동에 대응하여 사용하기 시작했다. 국민회의 각료들을 옹호했던 간디는 이모든 것을 다음과 같은 근거에서 정당화시켰다.

> 시민의 자유는 범죄의 자유가 아닙니다. [...] 일곱 군데 주를 국민회의가 통치합니다. 최소한 이들 주에서는 '개인적으로 원하는 것을 말하고 실행할 수 있다'라고 생각하는 사람들이 있는 것으로 보입니다. 그러나 제가 알고 있는 국민회의의 정신은 이러한 방종을 참을 수 없을 것입니다(Ⅳ, pp. 248-249).

둘째, 그들은 몇 개 주에서 획득한 권력을 국가가 직면한 일부 문제를 해결하고 그럼으로써 영국과의 관계에서 자신들을 강화하는 동시에 국가가 직면한 주요 문제를 풀 수 있는 상당한 능력이 자신들에게 있음을 증명하는 데 사용하였다. 내각 취임 직후 국민회의가 전국적 규모의 경제개발 계획을 전개하기 위하여 국민회의가 장악한 주의 산업장관 회의를 개최한 것은 의미 있는 일이었다. 이 회의에서 자와할랄 네루를 의장으로, K. T. 샤(K. T. Shah)를 서기로 하는 국가계획위원회(national planning committee)가 구성되었다. 국민회의 입장에서 이것은 독립된 인도의 미래 청사진을 준비하는 첫 번째 중요한 노력이었다. 이 노력은 M. 비스웨스와라야 경(Sir M. Visweswarayya)이 인도의 계획 경제에 관한 그의 책에서 제시한 찬란한 전망을 실천으로 옮기기 위한 것이었다.

이와 함께 기존의 제국주의 체제를 대신하여 국민회의가 도입하고자 했던 새로운 교육 시스템에 대한 대략적인 윤곽을 잡기 위해 개최한 교육자 토론회 역시 중요한 회의였다(이것이 오늘날 우리가 기초교육이라고 부르는 것의 시작이었다). 국민회의가 장악한 주에서 '치안 유지'가 '견고하게' 운영되는 것과 더불어 국가의 중요한 문제들을 해결하기 위한 '건설적인 해결방안'이 강구되는 것은 국민회의가 '무책임한 선동자들'의 정당이 아니라 '건설적 프로그램'과 이를 구현하기 위한 필요한 '행정 경험'을 가진 '책임 있는 정당'임을 증명하는 것으로 여겨졌다.

셋째, 그들은 인도의 여러 주와 그 주의 민중들이 민주개혁을 위해 펼치는 운동에 대해 새로운 접근을 수행했다.

비협력운동 시절 이후로 국민회의의 전통적인 접근법은 주의 '내부 문제에 개입하지 않는' 것이었다. 국가적 투쟁은 외세 압제자에 대항하는 것이고 인도 여러 주의 군주와 민중들 사이에 관계는 국가적 투쟁의 일부라기보다는 내부 문제라는 이유에서 이런 접근이 정당화되었다. 1928년 네루 보고서가 준비되고 있던 당시에, 주 내부 문제가 전인도정당위원회의 고려 대상에서 철저하게 배제된 것도 이런 이유 때문이었다.

하지만 원탁회의를 통해 입증된 것은 영국이 국민회의와 그들의 자치 요구에 대항하여 싸우는 도구로 군주*들의 입장을 이용했다는 사실이다. 1935년 인도통치법의 발효 이후 이는 더욱 명확해졌다. 군주들은 연방제 귀속 문제에 관해 인도 정당들과의 협상에서 영국이 취한 전략에서 중요한 역할을 했다.

영국이 이 군주들을 반민족적으로 이용하자 국민회의 지도부는 군주와 그들의 독재적 지배에 대해 새로운 정책을 채택할 필요성이 생겨났다. 더 나아가 전국에 걸친 급진적 세력들의 성장을 통해 인도 전체 민중을 사로잡았던 새로운 자각이 인도 각 주의 민중들에도 같은 영향을 끼쳤다. 국민회의 지도부의 선호 여부와 상관없이 각 주의 민중들은 점점 더 전면에 나서서 책임 있는 정부라는 구호 아래 자신들의 민주적 권리를 위해 싸우기 시작했다.

이런 상황에서 1938년 1월에 개최된 국민회의 하리푸라(Haripura) 회기는 각 주에 대한 새로운 정책을 채택했다. 이 정책에 의하면 국민회의는 과거의 "주 내부 문제에 개입하지 않는다"는 원칙을 변경하여 주 소속 민중들이 그들의 조직을 결성하고 책임감 있는 정부를 위해 투쟁할 것을 격려하였다. 하지만 국민회의가 정치조직으로 기능을 하지 못하는 주들에서는 과거의 정책이 지속되었다. 간디 자신은 각 주에서 연이어 일어나는 그 운동에 조언을 해주기 시작했다. 최측근인 잠날랄 바자지(Jamnalal Bajaj), 파

---

* 영국은 일부 지역을 영국령으로 하지 않고 토후국으로 그대로 두어서 간접 통치를 하였다.

타비 시타라마야 박사(Dr. Pattabhi Sitaramayya) 등이 이러한 투쟁에서 주도적으로 활동하기 시작했다. 간디 자신은 개인적으로 라지코트(Rajkot)에서 투쟁을 지도하였다.

국민회의 정책에서의 이러한 변화를 설명하기 위해서 간디는 이렇게 말했다.

> 제 의견으로 국민회의의 불간섭 정책은 주의 민중들이 자각하지 않았을 때는 완벽한 정치적 수완이었습니다. 각 주의 민중들 사이에 전면적인 자각이 있고 자신들의 권리를 입증하기 위한 길고 고통스러운 과정을 갈 결심이 되어 있다면 이 정책은 비겁한 것이 될 것입니다(V, p. 30).

하지만 간디는 자신이 지도했던 다른 투쟁의 경우에서처럼 여기서도 일단 행동에 돌입한 민중은 자신이 정한 한도를 벗어나려는 '특별한' 경향이 있음을 알게 되었다. 1930년대 후반기에 주에서 일어난 민중운동은 비협력운동 시기 동안 '영국령 인도'에서의 운동과 거의 동등한 수준이었다. 압제자들에 대한 분노가 자연발생적으로 분출되자 이곳저곳에서 간디가 용인할 수 없는 몇몇 사건들이 일어났다. 간디는 트래방코르(Travancore), 라지코트, 오리사 주 등에서 사티아그라하라는 자신의 원칙이 엄격하게 지켜지지 않는 것을 보게 되었다. 그래서 그는 주 단위 민중 투쟁과 관련하여 '새로운 기술'로 알려진 것을 끌어냈고 이를 다음과 같이 설명하였다.

> 저는 당국과의 직접 협상이 열려야 한다고 확신합니다. 지금까지 주 국민회의 사람들은 당국에게 일방적으로 이야기했고 당국은 그들에게 일방적으로 이야기했습니다. 그 결과 이들 사이의 거리가 멀어지기만 했습니다.

그 접근이 상호적이어야 한다는 것을 사티아그라히가 주장하겠다는 것이 아닙니다. […] 사티아그라히가 시종일관 하는 일은 언제나 존중할 만한 접근 기회를 찾는 것입니다. […] 만약 지도자들이 능동적인 아힘사를 가지고 있다면 그들은 그러한 접근이 온전히 가능하고 필요하다는 신념을 양성해야 합니다. 만약 그런 믿음을 가지고 있다면 그 방법은 분명히 그들에게 열리게 될 것입니다(V, pp. 152–153).

그러므로 이것은 국민회의가 여러 주에서 자각된 민중의 지지를 얻고 있지만, 민중운동이 '위험한' 노선으로 발전하기를 결코 원하지 않는다는 것을 군주들에게 보여주려는 노력이었다. 이는 다른 한편으로 민중을 통제하여 군주들에게 '안전한' 노선을 취하도록 하겠다는 것이었다. 다시 말해 군주들에게 다른 수단 대신에 영국에 대항하는 국민회의에 참여하라는 요청이었다.

넷째, 좌파 세력을 통제하고, 내각 구성을 통해 선거 승리에서 얻은 지위를 견고하게 하며, 군주들과 합의에 도달하기 위해 새로이 각성된 주의 민중을 이용하면서, 국민회의 지도부는 연방제 귀속과의 싸움에 집중하였다. 새로이 민주적으로 선출된 제헌의회가 인도의 미래 헌법을 만들기 위해서 소집되어야 한다는 요구가 나왔다. 국민회의와 영국이 현격한 차이를 보이는 것이 바로 이 미래 헌법의 문제, 특히 연방제 귀속 문제였다.

이는 국민회의 안에서도 우파와 좌파 사이에 마찬가지로 가장 차이가 있는 문제라는 점이 흥미롭다. 연방제 귀속을 반대하고 제헌의회를 요구하면서도 간디가 명확히 한 것은 자신은 개인적으로 영국 정부와 타협을 할 준비가 되어 있다는 것이었다. 〈뉴욕 타임즈〉 특파원인 스틸(Mr. Steel)과의 인터뷰에서 간디는 이렇게까지 말했다.

"만약 자치령이 인도와 같은 경우에 적용되는 의미이고 인도가 영국과 존중할 만한 협정을 하게 된다면 저는 용어를 가지고 불평하지 않을 것입니다. 만약 영국 정치인들이 인도에 관해 다른 용어보다 자치령이란 말을 사용하는 것을 편하게 느낀다면 존중할 만한 협정을 위해 저는 다툴 생각이 없습니다."

스틸이 "그러나 수바스 보세와 그의 그룹들같이 대영제국으로부터 완전한 독립을 원하는 성원들이 국민회의에 있습니다"라고 응수하자, 간디는 "이것은 오직 용어에 관한 문제입니다"라고 답변하였다. "비록 우리가 다른 용어를 사용하고 있기는 하지만, 이 점에서 수바스 바부(ji보다는 높지 않지만 Babu 또한 존칭이다 — 옮긴이)와 저 사이에 어떠한 차이가 있다는 것을 인정하지 않습니다."(V, p. 138)

하지만 실제로 그 차이점이란 용어 사용과는 거리가 멀었고 국민회의가 당면한 중요한 정치조직상의 문제들에 대한 기본적인 접근의 차이였다. 1934년 이래로 의심할 여지없이 차이점이 존재했고 이로 인해 국민회의가 우익과 좌익으로 분리되었다. 하지만 그 차이점은 1934년에서 1938년까지는 1935년 헌법에 의한 첫 번째 총선을 위해 국민회의가 단결해야 한다는 필요성에 종속되었다. 국민회의의 우익 지도자들이 세 번이나 연속해서 좌파 의장이 필요하다고 생각한 것은 이러한 목적에서였다. 그렇지만 국민회의 내각이 구성되고 주 각료와 국민회의 평당원들 사이에 커다란 충돌이 일어나자 우익 지도부는 좌파에 양보하는 단계는 끝을 내고 좌파와 투쟁하는 새로운 국면이 시작됐다고 생각하였다. 이는 트리푸리(Tripuri) 회기에서 수바스 찬드라 보세와 파타비 시타라마야 간의 의장 경선으로 이어졌는데, 이 경선은 두 사람의 개인적인 대결이 아니라 이러한 투쟁이 일어나는 실제 과정으로 볼 수 있다.

수바스 보세가 재임을 위해 경선에 참가하기로 결정했을 때 사르다르 파텔, 라젠드라 프라사드, 잠날랄 바자지, 자이람다스 다울라트람(Jairamdas Daulatram), 샨케라오 데오(Shankerrao Deo), 불라바이 데사이(Bhulabhai Desai), 크리팔라니(Kripalani)는 수바스 보세에게 파타비 시타라마야가 만장일치로 선출되도록 경선 참가 결정을 재고해보라고 압박을 하는 공동 성명서를 제출했다.

수바스 보세의 답변은 다음과 같았다.

> 의장직에 우익 후보를 세우려는 시도가 의미가 없는 것은 아니다. 곧 있으면 국민회의 우익 지도자들과 영국 정부 사이에 연방 계획에 대한 타협이 있을 것이라는 예측이 광범위하게 퍼져 있다. 결과적으로 우익 지도자들은 타협에 있어서 눈엣가시가 되고 협상 경로에서 장해물을 놓을 좌파 지도자를 원하지 않는다. […] 이런 상황에서 철저한 반연방주의자가 될 국민회의 의장이 필요하다는 것은 불가피하다(V, p. 36).

사르다르 파텔은 1월 25일에 발표된 성명서에서 "마울라나 아자드(Maulana Azad)*, 자와할랄 네루, 라젠드라 프라사드, 불라바이 데사이, 크리팔라니, 마하트마 간디와 내가 참석한 비공식적인 자문회의에서 어떤 국면에서도" 파타비 박사를 후보로 세운다는 결정을 내렸다고 밝혔다.

자와할랄 네루는 1월 27일 성명을 통해 자신의 참석을 언급한 비공식

---

* 인도 무슬림에게는 건국의 아버지로 대우를 받도록 정부에서 선전한다. 한 예로 인도 최대의 이슬람 대학인 델리의 자미아 밀리아 이슬람 대학(Jamia Millia Islamia)을 가면 간디, 네루와 그의 사진이 함께 걸려 있다.

자문회의에 관한 사르다르 파텔의 성명서를 반박하지 않는다고 말했다. 의장 선출 논의가 부적절한 행위였음에 대한 '유감 표명'을 하면서, 파타비나 수바스 보세에 대한 자신의 입장을 밝히지 않았다. 그가 딱 잘라서 말한 것은 국민회의는 연방제에 대해서 절대적으로 거부하였기에 이 선거에서 연방제에 대한 충돌은 없다는 것이었다. 다시 말해 그는 우파들에 직접적이고 전적으로 동참하지 않으나 수바스 보세의 입장에 대해 반대한다는 것을 사실상 밝힌 것이다.

첨예하게 치러진 경선 결과는 우파의 패배였다. 수바스 보세는 1,580표를 득표했고 파타비는 1,375표를 얻었다. 결과 발표에 대해서 간디는 이렇게 기록했다.

> 수바스 보세 선생은 경쟁자 파타비 시타라마야 박사에게 결정적인 승리를 거두었습니다. 내가 고백해야만 하는 것은 처음부터 나는 그의 재선을 내가 따라갈 수가 없는 이유들로 반대했다는 것입니다. 나는 그가 공약에서 한 진술이나 주장을 지지하지 않습니다. 나는 동료들에 대한 그의 언급이 불공정하고 가치가 없다고 생각합니다. 그럼에도 불구하고 나는 그의 승리를 기뻐합니다. 마울라나 아자드가 사퇴했을 때 파타비 박사에게 후보에서 사퇴하지 말라고 설득한 사람이 나였기에, 그의 패배라기보다는 나의 패배라고 할 수 있습니다(V, p. 30).

하지만 우익 지도부는 이 패배를 받아들일 준비가 안 되어 있었다. 그들은 수바스 보세의 승리를 사실상 자신의 패배로 간주한다는 간디의 이 발언을 국민회의 대표들의 결정을 반대로 뒤집기 위해 여론을 움직이는 데 이용하였다. 운영위원회 위원 중에서 사르다르 파텔, 마울라나 아자드, 라젠드라 프라사드, 나이두 여사(Mrs. Naidu), 불라바이 데사이, 파타비 시타라마야, 샨케라오 데오, 메타브(Mehtab), 크리팔라니, 다울라트람, 바자지, 가파르 칸(Ghaffar Khan) 이상 12명이 운영위원직에서 사퇴하였다. 텐둘카르의 말로는 "간디 선생님이 초안을 작성한 것으로 믿어지는" 공동 성명에서 그들은 이렇게 적었다.

> 우리는 국민회의의 서로 양립할 수 없는 그룹들 사이의 타협에 기반을 두지 않는, 선명한 정책을 취해야만 하는 시기가 왔다는 것을 느낀다. 그러므로 지금은 여러분이 다수의 의견을 대변하는 단일의 내각을 선택하는 것이 맞다(V, p. 56).

비록 이 공동 사퇴 성명에 네루는 서명을 하지 않았지만 그 역시 운영위원직을 사퇴했다. 별도의 성명에서 그는 다음과 같이 밝혔다.

> 간디 선생님은 타협을 위해 당신이 할 수 있는 최대의 노력을 했다. 당신은 연방 문제에 대해서 우익들이 영국 정부와 타협 중이라 한 것과 관련된 선출 전 발언을 철회하라고 보세 의장에게 압력을 가했다(V, p. 56).

네루를 포함한 13명 운영위원들의 사퇴는 이제껏 국민회의가 직면했던 것 중에서 가장 심각한 내부 위기의 시작이었다. 그 위기는 결국 우파들의 승리로 끝이 났다.

우익 지도부는 트리푸리 회기에서 보여준 대표자들의 깊은 관심을 적극 활용하여 보세가 간디의 뜻에 따라 차기 운영위원회를 지명하도록 하는 결의를 채택하게 만들었다.

하지만 보세가 간디의 자문을 구하려고 했을 때 *그가* 들은 말은 다음과 같다.*

당신의 노선을 알고 대다수의 위원들과 근본적인 면에서 어떻게 다른가를 알고 있기에, 당신에게 위원을 지명해준다면 당신에게 부담이 될 것입니다. 나는 이런 입장을 당신에게 보낸 편지들에서 충분히 밝혔습니다. 우리가 밀도 있게 진행한 3일 동안의 논의에서 기존 입장을 바꿀 만한 아무런 변화가 없었습니다. 사정이 이러하니 당신이 자유롭게 위원회를 선택하십시오(V, pp. 102–103).

간디의 이러한 태도는 보세에게 의장직에서 물러나도록 강요하는 것이었다. 라젠드라 프라사드가 그 자리에 선출되었다. 그는 새로운 운영위원회를 예외없이 우파 지도자들로 지명하였고 심지어 자와할랄 네루까지도 배제하였다. 새로운 운영위원회가 취한 첫 번째 조치 중 하나는 전인도국민회의위원회(AICC, All India Congress Committee)를 개최하여 수바스 보세, 사회주의자들 그리고 여타 좌파들의 완강한 반대를 무릅쓰고 두 가지 중요한 결의를 채택한 것이었다. 그 하나는 국민회의인들이 주 국민회의 위원회의 인가 없이는 행정 구역 안에서 어떠한 형태의 사티아그라하도 제안하거나 조직하는 것을 금지한 것이다. 이는 명백하게 국민회의인들이 발전하고 있던 무수한 농민 행동에 참여하는 것을 금지하려는 것이었다.
로히아 박사(Dr. Lohia)가 주장한 것은 다음과 같다.

---

* 간디와 보세의 최후 대담에 대해서는 이정호, 〈독립을 전후한 마하트마 간디의 활동〉, 《남아시아 연구》 12권 2호, 2007을 참조하라.

오늘날 민중은 내각과 건설적 운동에 담긴 당신(간디)의 프로그램을 전적으로 타당하다고 여기지 않습니다. 민중은 농민 활동과 같은 프로그램을 실험하고 있습니다. 전면적 사티아그라하가 존재하지 않는 이런 시기에도 이렇듯 더욱 새로워진 프로그램들이 많은 지역에서 독자적인 활동을 일으키고 있습니다(V, p. 176).

간디가 답변한 것은 다음과 같다.

유감스럽게도 대부분의 경우에 농민들은 비폭력 행동에 대해서 교육을 받지 못했습니다. […] 더구나 주변에서 제가 본 것은 비폭력운동을 위한 준비가 아니라 폭동을 위한 것입니다. 그것이 무의식적이거나 의도하지 않은 것이라고 할지라도(V, pp. 177-178).

이 결의는 격렬한 조직적 투쟁의 시발점이 되었다. 수바스 보세*와 몇몇 다른 공직자들 그리고 국민회의의 집행부들은 7월 9일을 AICC 결의에 대한 '저항의 날'로 지정하기로 결정하였다. 그들이 이런 저항을 거행하자 운영위원회는 "중대한 규율 위반을 이유로, 수바스 찬드라 보세 선생을 1939년 8월부터 3년 동안 벵골 주 국민회의 위원회 의장직에서 박탈"하는 결정을 내렸다.

이는 자연스럽게 좌파와 우파 간의 격렬한 충돌로 이어졌다. 하지만 국민회의로부터 광범위한 좌파 축출로 이어지기 전에, 국제적으로 더 중요

---

* 수바스 보세의 간략한 프로필은 정호영, 《인도는 울퉁불퉁하다》, 한스컨텐츠, 2011 중에서 2장 5절 '일본군과 협력한 독립 영웅 찬드라 보세'를 참조하라.

한 위기가 전개되고 있었다. 히틀러가 폴란드를 침략했다. 이어서 영국은 독일에 선전포고를 했고, 인도가 이 전쟁에 참전한다고 선언했다. 총독은 "전쟁으로 인해 인도의 안전이 위협받고 있는 심각한 비상사태"라는 명목으로 여러 법령을 선포했다. 그러자 영국의 이러한 행동, 즉 인도의 여론에는 상의도 하지 않고 인도를 참전국으로 만드는 것에 대한 전국적인 분노가 폭발 직전까지 이르렀다.

운영위원회와의 충돌

전쟁의 발발은 제1차 세계대전과 제2차 세계대전 사이에 전쟁에 대한 간디의 태도에 변화가 있었는지에 관한 의문을 자연스럽게 제기했다. 왜 냐하면 비폭력의 신봉자이면서 제1차 세계대전 중에 영국 제국주의를 위해 징병관 역할을 마다하지 않았다는 사실을 상기시키기 때문이다. 간디는 제2차 세계대전에서도 그와 똑같이 행동을 할 것인가? 실제로 한 유명한 국민회의인이 간디에게 이러한 질문을 던졌고 1939년 9월 25일 간디는 이렇게 답변했다.

이 전쟁에 대해 저는 개인적으로 이전과는 비교할 수 없는 커다란 두려움을 느낍니다. 이전에는 오늘만큼 절망적이던 적이 없었습니다. 그러나 이 커다란 두려움이 오늘날 제가 지난 전쟁에서처럼 자진해서 징병관이 되는 것을 막아줄 것입니다. 이상하게 들리겠지만, 여전히 저는 연합군을 전적으로 지지합니다. 좋든 싫든 이 전쟁은 서구가 발전시켜 온 민주주의와 히틀러로 대표되는 전체주의 진영으로 나누어지게 됩니다(V, p. 207).

이를 두고, 영국이 승리하기를 바란다는 점에서 여전히 영국에 대한 태도가 바뀌지는 않았지만, 제1차 세계대전 때보다 더 비폭력적이 되었기 때문에 군대를 통해 영국을 돕지는 않으려는 것으로 여길 수도 있다. 하지만 이는 진실과는 거리가 먼 그림이다.

첫째, 간디가 제1차 세계대전 중 영국의 징병관으로 활동한 것은 개인적 행동이 아니라 인도 부르주아지 전체가 채택한 정책과 밀접한 관련이 있다. 미국에 있는 가다르당 같은 소수의 혁명가들과 벵골과 여타 주의 소위 '테러리스트'를 제외하고서, 민족운동의 전체 지도부는 전쟁에서 영국을 돕지만 책임 있는 정부로서 민족적 요구를 수용하도록 영국을 압박하는 정책을 채택했었다.

둘째, 간디 스스로는 징병관으로 활동한 것이 스와라지를 획득하기 위한 정치적 목적이었음을 인정할 만큼 충분히 솔직했다. 우리는 앞에서('비협력운동' ─ 옮긴이) 간디가 "스와라지를 획득하기 위한 가장 쉽고 직접적인 방법은 제국 방어에 참여하는 것입니다. 제국이 쇠퇴하면 우리가 간직해온 소망도 같이 쇠퇴하게 됩니다. 어떤 이는 우리가 지금 우리의 권리를 획득하지 않으면 결국엔 속게 될 것이라고 합니다. 제국을 방어해서 얻은 권력이 이러한 권리들을 지킬 수 있는 권력이 될 것입니다"라고 한 말을 인용하였다. 간디는 이에 덧붙여서 "만약 우리가 제국과 스와라지를 위해 이러한 희생을 치를 준비가 되어 있지 않다면, 우리가 이를 무가치하게 여기는 것으로 간주되어도 전혀 이상한 일이 아닙니다"라고 했다.

셋째, 양차 세계대전 사이의 20년 동안 인도 부르주아지는 주 자치권을 획득한 것과 같이 괄목할 만한 성장이 있었다. 국민회의 자체는 일곱 개 주에서 내각을 구성할 수 있었다. 이렇게 강화된 지위가 결코 부르주아지를 만족시킨 것은 아니다. 그러므로 국민회의는 한편으로는 대중적 압력을 통해 다른 한편으로는 협상을 통해 권력을 확장하고자 했다. 이것이 국민회의가 1930년대 후반에 간디의 지도하에 수행했던 전략이었다.

전쟁에 대한 국민회의의 태도도 자연히 이 전략에 의해 좌우되었다. 제1차 세계대전 때처럼 전쟁 참여에 있어서 영국에 대해 무조건적인 지원을 할 준비가 되어 있지는 않았지만, 국민회의 지도부는 전쟁 이후의 권력에 대한 자신들의 요구를 우선적으로 들어준다면 영국에 대한 모든 가능한 형태의 지원이 준비되어 있음을 분명히 했다.

그렇지만 이것은 국민회의뿐만이 아니라 부르주아지나 지주계급 산하에 있는 무슬림연맹, 힌두 마하사바(Hindu Mahasabha)*, 자유주의자 등의 다른 정당들과 조직들의 입장이기도 했다. 이러한 조직들은 당연히 국민회의에 반하는 자신들만의 불만과 요구가 있었다. 그들은 영국에 대항하는 입장으로서 국민회의를 지지할 준비가 되어 있지 않았다. 누구도 영국에 대해서 제1차 세계대전 때 그들의 전임자들이 했던 무조건적인 지원을 준비하지는 않았다.

이것이 간디 자신의 태도 변화를 반영한 전체 부르주아지, 특히 국민회의의 변화된 입장인 것이다. 제1차 세계대전 이래로 커져온 전쟁을 향한 "커다란 두려움"이라는 언급 이면에는 간디가 대변하던 계급이 이전보다는 강해지고 있고, 이제는 전쟁이라는 곤란한 시기에 지원을 유보함으로써 영국에 압력을 가하는 위치에 있다는 사실이 놓여 있는 것이다.

만약 우리가 전쟁에 대한 간디와 국민회의 운영위원회의 태도 전개에 대한 텐둘카르의 이야기를 받아들인다면, 제2차 세계대전 초반 몇 달 동안

---

* 간디 살해범이 속해 있던 힌두 꼬뮤날 정당으로 이후에 당원들이 BJP의 전신이 된 바라티야 자나 상(Bharatiya Jana Sangh)에 대거 가입하였다.

양자 사이에는 근본적인 충돌이 있었다. 간디는 영국이 필요한 것이라면 무조건적으로 무엇이든 주려고 했던 반면에 운영위원회는 일정한 조건에 의해서만 지원을 하려고 하였다. 다른 한편으로, 국민회의가 제시한 조건을 영국이 만족시켜야 운영위원회는 징병 등의 지원 활동을 하려고 했다면 간디는 오직 도덕적이고 비폭력적인 지원만을 준비했다.

간디와 운영위원회 사이에 이런 차이점이 생긴 바탕에는 표면적으로는 비폭력의 원칙에 대한 입장 차이가 있었다. 운영위원회는 영국에 대한 투쟁에서만 비폭력의 원칙을 적용하려고 했고 이를 꼬뮤날 폭동이나 군다이즘(goondaism)* 혹은 외세 침략자에 대한 저항을 다루는 데 있어 비폭력적인 수단을 적용하는 것과 결합시키지 못한 반면에, 간디는 내부 질서와 외부 공격에 대한 저항 이 모든 문제에 대해서 아힘사의 원칙으로 해결해야 한다고 끈질기게 고집했다.

접근법에 대한 양자 사이의 이러한 차이는 전쟁 초반 국민회의 안에서 격렬한 논쟁과 내부 위기로 치달았다. 우리는 사르다르 파텔, 라자고팔라차리 등 간디의 최측근들이 간디와 충돌을 한 것은 그들이 비폭력의 도덕적 원칙을 수용하고 적용함에 있어서 간디만큼 나아가지 못했기 때문이라는 사실을 간디 자신과 그의 전기 작가를 통해 확신할 수 있다.

하지만 이 충돌이 어떻게 전개되었는가를 검토해보면, 표면적으로는 도덕적인 문제에 대한 충돌 이면에 영국을 다루는 데 있어서 어떤 전술을 적용할 것인가라는 실질적인 문제가 숨겨져 있다. 이는 또한 한쪽은 간디를 중심으로, 다른 쪽은 국민회의 운영위원회 다수를 중심으로 하여 이들 사

---

* 불법을 통해 무엇인가를 얻으려는 행위. 강간, 강도 짓거리들을 의미하는데 꼬뮤날 폭동과 연관 지어서 자주 사용된다.

이에 전술적 역할 분담이 존재했다고 볼 수도 있다. 예를 들어서 애초에 충돌이 불거졌다가 일시적으로 해결되고, 그런 다음 좀 더 극심하게 다시 발생하고 다시 해결되는 상황을 고려해보자.

이 충돌은 전쟁 발발 이후 개최된 중앙위원회 첫 회의에서 그리 심각하지 않은 양상이었다. 간디에 따르면 "영국에게 무조건적으로 지원해야 한다고 생각하는 건 나 혼자라는 것을 알아서 유감이다"(V, p. 204)라고 표명한 정도였다. 운영위원회가 간디의 권고를 거부한 것은 전쟁이 막 시작되었고 전쟁의 각 진영이 어떻게 될지, 반파시스트 진영 편에 선 국가들이 어떻게 대응할지 명확하지 않은 상황에서였다. 따라서 운영위원회는 영국과의 협상에 있어 자신들의 협상력을 떨어뜨리는 행위를 자초할 이유가 없었다. 협상력이 약화된다는 것은 의심할 여지없이 순수하게 비폭력적 기반에서 지지를 하는 것 — 조건이 있든, 무조건적이든 — 뿐만 아니라 전폭적인 지원 양쪽 모두를 해야 하는 결과가 될 수 있었다.

하지만 이어지는 전개 과정을 보면 영국은 국민회의가 정한 기반에서 국민회의와 협상을 하거나 조정할 여지가 없다는 것이 명확해졌다. 영국 인도담당 국무장관인 제틀란드 경과 인도 총독인 린리스고우 경(Lord Linlithgow)의 성명서는 민주주의와 자결권의 인도 적용 여부에 대한 영국의 명확한 정책적 선언이라는 국민회의의 요구가 무슬림연맹과 불가촉천민연맹(Scheduled Castes Federation, 암베드카르가 세운 정당 — 옮긴이), 자유주의자들, 군주들 등의 주장과 더불어 영국 제국주의자들에 의해 거부되었다는 사실을 분명히 해주었다.

간디가 말한 것처럼 이러한 성명서는 '낡고 익숙한 취향'이었다. 그들은 '영국의 식민지 인도를 떠받히는 네 기둥'이라 부르던 것에 의지하고 있었다. 즉 유럽의 이해관계, 군대, 군주들, 꼬뮤날 분열(V, p. 202)이다. 영국 제국주의자들이 활용하는 '네 가지 기둥' 중 마지막, 즉 꼬뮤날 분열이 국민회의에게는 굉장히 불편해질 것이라는 점이 명백해지고 있었다. 특히 무슬림연맹은 점점 힘이 강해지고 있었고 여타 소수파들과 더불어 국민회의가 가는 길에 심각한 장해를 만들고 있었다.

국민회의 운영위원회는 영국에 더욱 커다란 압박을 가하지 않는 한 자신들의 요구를 수용하지 않을 것임을 이 모든 것을 통해 확신하게 되었다. 그래서 운영위원회는 처음으로 주에 있는 국민회의 각료들에게 사임할 것을 요청하였다. 이는 그 다음 단계로 전국이 '예측할 수 없는 사태' 로 이행하는 과정이었다. 이러한 상황에서 비폭력에 대한 간디의 입장, 즉 나치 군국주의에 군국주의로 대항하여 맞서지 말고 비폭력적인 수단으로 저항하라는 영국과 동맹국 민중에 대한 호소가 운영위원회에게 유용하게 이용되었다. 이미 빠르게 확산되고 있던 민중의 반전 감정을 자극하고 이런 상황에서는 총력전을 지속하는 것이 쉽지 않다는 것을 영국 지배자들이 깨닫게 되는 상황을 만들기 위한 목적으로 이용하였다.

따라서 이 기간 동안 간디와 운영위원회 사이에 충돌만 있었던 것은 아니었고, 운영위원회 스스로도 일반 민중들, 특히 국민회의인들에게 투쟁을 준비하기 위해 간디의 지도를 따르라고 요청했다. 1934년 봄베이 회기 이후 처음으로 간디는 람가르(Ramgarh) 회기에서 연설을 했다. 이 회기에서 채택된 중요 결의안은 영국 정부가 채택한 정책에 대해, 국민회의와 그 영향하에 있는 이들은 인력, 자금과 물자를 수반하는 전쟁을 고발할 수밖에 없음을 선언했다.

간디는 연설에서 어떻게 전쟁에 반대하는 투쟁이 조직되어야 하고 수행되어야 하는지에 대한 자신의 생각을 충분히 설명하였다. 람가르 회기 이후 즉시 간디는 '모든 국민회의 위원회는 사티아그라하 위원회다' 라는 슬

로건을 내놓았다. 그는 국민회의 위원회들과 국민회의인 개개인들이 사티
아그라히로서 어떤 역할을 해야 하는지 자세한 지침을 내렸다.

그러나 얼마 되지 않아 국제적인 상황이 바뀌게 되었다. 1940년 5월에
서 6월까지 영국과 그 동맹국들은 나치에게 계속 패배를 당했다. 서유럽
전체가 나치의 군홧발 아래 들어갔고 영국 자체의 운명도 걱정스러웠다.
영국에서는 정부가 교체되어, 체임벌린(Chamberlain)에 이어 처칠 내각이
들어섰다. 인도에서는 이러한 전개가 인도에 대한 영국의 정책에 변화를
가져올 것인지 여부에 대해 묻기 시작했다. 간디는 이렇게 말했다. "시시
각각으로 학살자가 서구로 들어오고 있고 평화로운 가정들은 파괴되고 있
습니다. […] 나는 현재의 교착 상태에 대한 평화롭고 존중할 만한 해결책
을 위해 모든 방법을 다 사용하겠습니다."(V, p. 349).

이런 상황에서는 간디와 운영위원회 사이에 전쟁 반발 직후에 있었던
것보다도 더욱 극심한 충돌이 불가피했다. 대다수의 운영위원들은 영국
자체의 국가 안보에 닥친 거대한 위험이 영국의 정치가들에게 인도에서
국민회의와 타협하도록 이끌 수도 있는 상황이라고 느꼈다. 만약 그렇게
된다면, 영국에 대한 어떤 지원도 순수하게 비폭력을 기반으로 해야 한다
고 주장하는 사람의 지도력을 따르는 것이 국민회의 입장에서는 명백하게
불편하게 될 것이었다.*

간디가 참여한 긴 토론 후에, 6월 21일 운영위원회는 국가 방어에까지
비폭력 투쟁의 신조를 확장할 수 없다고 선언했다. 운영위원회는 결의안에
서 다음과 같이 공표했다. "마하트마 간디는 국민회의가 비폭력의 신념에
충실할 것을 원하시고 인도가 외부의 침입 혹은 내부의 무질서에 대해 자
유를 지키기 위해 군대를 유지해야 한다는 것의 부당함을 주장하신다." 반
면에 그들 스스로는 "전적으로 간디 선생님과 같이 갈 수는 없었다." 하지

만 그들은 "당신이 당신의 위대한 이상을 고유의 방식으로 추구하기 위해서는 자유롭게 되셔야 하고, 따라서 당신에게 국민회의가 추구해야 하는 강령과 활동에 책임을 지지 않도록 한다"는 점을 인정했다(V, p. 355).

곧이어 푸나에서 AICC 회의가 개최되고 의장인 아자드는 이렇게 말했다.

> 국민회의는 조국의 정치적 독립을 맹세한 정치조직입니다. 국민회의는 세계 평화를 계획하는 기구가 아닙니다. 솔직히 밝히면 우리는 마하트마 간디가 원하신 길로 나아갈 수가 없습니다. 우리는 이것이 우리에게 있는 연약함임을 인정하지만, 그러나 이는 인류가 공유한 연약함입니다. 우리는 우리가 직면한 모든 어려움을 해결해야만 하고, 또한 국민회의로부터 마하트마 간디가 떠난다는 힘든 사실을 받아들여야 합니다. 우리는 이를 용감하게 견뎌야만 합니다(V, p. 384).

이것이 AICC의 회기에서 나온 유명한 '푸나 제안(Poona Offer)'으로, 물론 영국 정부가 전후에 인도의 자유를 인정할 준비가 되었음을 선언하는 조건으로 국민회의가 외부 침략 때 조국을 방어하기 위해 민족 정부 참여를 준비한다는 제안이다.

하지만 이 제안은 영국 측으로부터 기대했던 답변을 받지 못했다. 국민회의의 7월 '푸나 제안'은 영국의 '8월 제안'이라는 반격을 당했다. 즉 총

---

* 국민회의는 영국이 전후 인도에 중앙 민족 정부 수립을 허용하겠다고 약속한다면 인도는 전쟁 수행에 전면적으로 협력한다는 안을 내놓았고 간디는 이 안에 완강히 반대했다. 간디의 주장은 영국을 지지하려면 아무런 조건 없이 지지해야 하고, 또한 그 지지는 어디까지나 비폭력 지지에 그쳐야 한다는 것이었다.

독이 말하기를 새로운 헌법은 인도인들 스스로가 구상해야 하지만 두 가지 조건이 따른다. 첫째, 영국에 대한 책임이 충족되어야 하고 둘째, 소수자의 의견들이 과도해서는 안 된다는 것이다. 영국이 여전히 '지배의 네 기둥'에 의존하는 기존 정책을 고수하겠다는 것이 명백하였다. 따라서 텐둘카르의 표현대로 국민회의가 "심하게 실망"했더라도 놀라운 일이 아니었다. 이는 공개적으로 간디와 다른 의견이었고, 텐둘카르는 이어서 말하기를 "이는 비폭력 원칙을 인도 국가 방어에까지 확장시키는 데 무력함을 드러내었고 전쟁 노력에 모든 무게를 실어버릴 수도 있는 조건을 만든 것이다."

국민회의 제안에 대한 영국 정부의 공개적인 거절은 다시금 간디와 국민회의 운영위원회 사이의 충돌을 해소하도록 만들었다. 운영위원회는 AICC 비상회의를 소집했고 아자드 의장이 이렇게 말했다.

> 이러한 사건들은 우리가 마하트마 간디께서 국민회의의 실질적인 지도 임무를 맡도록 다시 요청하기로 결정하게 했습니다. 당신께서 이에 동의하신 것을 여러분들에게 알려주게 되어 기쁩니다. 지금 이 순간부터 당신과 운영위원회 사이에는 어떠한 차이점도 없습니다(V, p. 396).

간디가 초안을 잡고 AICC가 채택한 결의안이 선언한 것은 다음과 같다.

> 위원회는 스와라지를 위한 투쟁만이 아니라, 그 적용이 가능한 범위 안에서 독립된 인도에서도 비폭력 정책과 실천에 대한 확고한 믿음을 가진다(V, p. 397).

이 결의에 따라 전쟁에 반대하는 개별적 사티아그라하가 1940년에서 1941년 사이에 착수되었다. 이 사티아그라하는 처음 아차라야 비노바 바베(Acharaya Vinoba Bhave)에 의해 시작되었고 다른 개별 사티아그라히는 간디 자신이 직접 선택했다. 그리고 다시 간디가 선택한 몇몇 사티아그라히가 시작되어 몇 달 동안 지속되었다. 이러한 형태의 사티아그라하는 — 그 의미도 그렇고 — 영국의 전쟁 노력에 참여를 거부하고 전국적 저항에 동참하는 것 외에는 아무것도 하지 않는 것이었다. 여러 연설과 성명서를 통해 간디가 명확하게 한 것은 이렇게 시작된 투쟁은 독립을 위한 투쟁이 아니었고 "일정 기간 동안 완전한 언론의 자유를 누리는 데 만족해야 한다"였다. 그는 또한 승리로 끝날 투쟁을 기대하지 않는다고 단적으로 말했다. "우리는 당국에 저항하고 있는데 당국 스스로도 강고한 적에 대항하여 생명을 건 투쟁을 하고 있습니다. [···] 우리의 투쟁은 최소한 유럽인들과 같은 연장선 위에 있어야 합니다."

하지만 몇 달 후인 1941년 12월에 다시 불거진 간디와 운영위원회 사이의 충돌은 심각한 것이었다. 간디는 봄베이 결의안(1940년 9월)에 따라 자신에게 주어진 책무에서 벗어나게 해달라고 요구했고 운영위원회는 이에 동의하였다. 텐둘카르는 이런 일이 벌어진 상황들을 다음과 같이 설명했다.

1) 6월 중순에 국제 상황은 독일이 러시아를 침공함으로써 갑자기 바뀌었다. 7월에는 총독의 집행위원회가 확대되었고 국방위원회가 결성되었다.

2) 1941년 가을이 끝날 무렵 정치적 상황을 빠르게 타개하기 위해 무엇인가를 해야만 하고 전쟁에서 민중의 전적인 협력이 필요하다는 것이 명백해졌다. 독일은 러시아로 꾸준히 진격하고 있었고 독일의 야욕은 근동

지방을 넘보고 있었다. 일본은 인도차이나에서 지위를 확고히 하고 전쟁에 마지막 승부수를 준비하고 있었다. 인도의 막대한 자원과 인력의 동원이 긴급한 군수 지원 문제로 다시금 부각되고 있었다.

진주만 공격 전날, 영국 정부는 회유의 신호를 보냈다(Ⅵ, pp. 14-17). (이 신호는 판딧 자와할랄 네루와 마울라나 아불 칼람 아자드를 포함한 시민불복종운동 수감자들을 석방하는 것이었다. ― 저자)

3) 1941년 12월 23일 운영위원회는 바르돌리에 모여서 14개월 전에 열린 마지막 회의 이후의 상황을 점검하였다. 일본이 전쟁에 돌입하자 위원회는 위협적인 상황에 대한 현실적인 시각을 가져야만 했다(Ⅵ, p. 41).

이 "위협적인 상황에 대한 현실적인 시각"은 간디가 운영위원회에 서한을 보내게 하였고 이 서한에서 봄베이 결의에 대한 자신의 해석과 다른 운영위원들의 해석이 다른 것에 놀라움을 표현했다. 그는 계속해서 말했다.

봄베이 결의를 다시 읽어보고 저는 다른 위원들이 옳았고 그 결의에 담길 수 없었던 의미를 해석해야 한다는 것을 알았습니다. 그런 실수를 발견하고 나니 비폭력이 필수불가결하지 않다는 바탕에서 전쟁 노력에 저항하는 투쟁 속에서 국민회의를 이끄는 것이 저로서는 불가능해졌습니다. […] 그러므로 여러분들은 제발 봄베이 결의에서 제게 부여한 책무에서 제가 벗어나게 해주십시오(Ⅵ, p. 42).

물론 운영위원회는 즉시 그의 요청을 수용하였고 정부가 개시를 원할 수도 있는 협상의 길이 다시 한 번 깨끗하게 열렸다.

4) 상황이 급변하고 있었다. 연합군은 아시아와 유럽 모두에서 패하고 있었다. […] 버마에서의 영국군의 패퇴는 실제로 중국에게도 영향을 주었다. 1942년 2월 장제스 원수 부부는 델리를 방문하였고 영국과 인도에 솔직히 호소하는 대담한 연설을 했다. 그는 지배자들에게 인도인들에게 정치권력을 허용하라고 호소하였다(Ⅵ, p. 73).

5) 이 모든 과정들은 영국이 협상을 시작하도록 만들었다.

1942년 3월 7일 랑군(Rangoon)이 함락되자 일본의 정복 물결이 벵골과 마드라스도 삼킬 것 같았다. 3월 11일 처칠은 전쟁 내각이 인도를 위한 계획에 동의했으며, 이를 수용함에 있어 어느 정도까지 '이성적이고 실제적으로' 보장할 수 있는지 여부를 확정하고 일본에 대한 방어에 '전 인도인들의 생각과 힘을 집중하도록 고양하기 위해' 스태퍼드 크립스 경(Sir Stafford Cripps)이 인도로 가는 것에 동의했다고 발표했다.

Quit India와 그 이후

앞 장에서 했던 여러 사건들에 대한 설명은 국민회의 운영위원회와 간디 사이에 쟁점이 되었던 것이 국가 방위에 있어서 폭력 사용이 윤리적이냐 아니냐의 문제가 아니라 영국과 어떻게 협상을 하고 어떻게 압박할 것인가의 문제임을 명확하게 보여준다.

비폭력에 대한 간디의 순수하고 일관된 옹호, 즉 비폭력적 방법으로 전쟁 준비에 대해 싸우겠다는 결정이 영국에 대한 압박의 형태로 매우 효과적인 것으로 드러났다. 따라서 운영위원회는 투쟁을 하겠다는 위협을 하거나 투쟁을 조직할 필요가 있을 때는 언제나 간디의 지도력에 의존하곤 했다.

다른 한편으로 영국과 협상할 기회가 생길 경우에는, 권력이 이양되었을지라도 협상은 오직 영국에 대한 협력 제공이라는 기반 위에서만 수행될 수 있다는 점에서 그 '실질적인 지위'를 운영위원회가 가졌다. 그런 경우에는 늘 간디 스스로 지도부에서 물러나겠다고 요구했고 운영위원회는 이에 기꺼이 동의하였다. 이것은 분명히 대중적 압력을 바탕으로 영국과 협상하는 부르주아지의 기본 전략에 완벽하게 들어맞는 감탄할 만한 조정 과정이었다.

간디와 국민회의 다른 지도부 사이의 불화와 일치 중에 가장 컸던 것은 국민회의와 영국 대표들과의 이어지는 협상에서의 방법이었다.

국민회의 운영위원회가 협상을 진행할 수 있도록 하려는 특별한 목적에서 간디는 1941년 말과 1942년 초에 국민회의에서 자신의 지도력을 포기했다. 공식적으로는 국민회의 의장과 운영위원회가 협상을 수행했지만, 그럼에도 모든 단계에서 간디의 조언을 구했다. 간디가 형식적으로는 협상 테이블 바깥에 있었음에도 불구하고, 그의 발언이 국민회의의 협상 정책을 수립하는 데 결정적인 역할을 했다. 더 나아가 협상이 결렬되는 순간, 즉 영국은 국민회의가 그들에게 요구한 최소한의 것도 허용하지 않는다는 것이 명확해진 순간, 간디는 다시 반전, 반영 운동의 지도자로서 전면에 나섰다. 유명한 슬로건인 'Quit! India(인도에서 떠나라)'를 만들어낸 것도 그였다.

사람들은 1940~41년 사이에 간디가 보여준 영국에 대한 태도와 1942년에 보여준 태도 간의 차이점을 보고 놀랄 수밖에 없을 것이다. 간디의 지도하에서 1940~41년에 착수된 투쟁은 그가 분명히 밝힌 것처럼 독립을 위한 투쟁이 아니었다. 그가 요구한 것은 다음과 같다.

> 자신들의 독립이 심각한 위기에 있는 자들과 독립을 위해 우리가 어떻게 싸울까요? 설령 독립이 한 국가가 다른 국가에게 줄 수 있는 것이라 해도, 영국에게는 불가능한 것입니다. 자기가 위기에 처한 이들이 다른 이를 구할 수는 없는 것입니다. 그러나 만약 그들이 죽을 때까지 자신들의 자유를 위해 싸운다면 그리고 그것이 그들로서는 당연한 것이라면, 그들은 자유롭

게 말할 우리의 권리 또한 인정해야 합니다(V, p. 48).

그렇지만 1942년에는 다른 의견을 피력했다.

저의 확고한 견해는 영국은 질서 정연하게 지금 떠나야 하고 싱가포르와 말레이시아와 버마에서의 위험을 감수해서는 안 된다는 것입니다. 이런 행동은 인도 입장에서 고차원의 용기와 인간의 한계에 대한 고백 그리고 올바른 행위를 의미합니다(VI, p. 92).

이 대조되는 구절, 즉 "발언의 자유만 필요"와 "바로 지금 이곳에서의 독립"에서 우리는 투쟁 방법을 대비해볼 수 있다. 1940년부터 1941년까지 간디는 확고하고 엄격한 검증을 거친 후 선택한 소수의 사티아그라히로 투쟁을 제한했다. 간디는 사티아그라하가 소수 정예의 개인들로 제한되어서는 안 되고 대중 투쟁이 되어야 한다고 제안하는 이들에게 언짢은 표정을 지었다. "사티아그라히들이 소수라는 것은 문제되지 않습니다. 그들이 겨우 10명이나 12명밖에 되지 않더라도 그들은 국민회의 전체를 대표합니다"라고 말하면서, "한 명의 대사가 자기 국민을 대표하지 않습니까?"라고 그는 되물었다.

1942년 간디의 태도는 전적으로 달랐다. 그는 생애 처음으로 대중이 폭력에 호소하는 것에 대해서 비난하지 않았다. 대중의 전투적인 행동(차우리 차우라 등의 시기에서와 같은)에 대한 기존 입장과 달리 간디는 '군중의 폭력'이 발생한다는 것은 정부가 저지르는 '당당한 폭력'에 대한 자연스러운 반응으로 간주했다.

1942년 8월 8일 이전에도 이런 징후가 있었다. 간디는 'Quit India' 투쟁이 시작되면 자발적인 민중 봉기가 일어날 것으로 예상했다. 그는 수백만의 농민이 영국 정부에 대해서만 아니라 지주에 대해서도 반란을 일으키는 대중 투쟁에 대해 처음으로 언급했다. 예를 들어 간디는 미국의 언론인 루이스 피셔(Louis Fischer)에게 농민들은 납세 거부로 시작하겠지만 "납세 거부는 농민들에게 독자적인 행동이 가능하다는 용기를 줄 것입니다. 다음 단계는 땅을 점유하는 것이 되겠지요"라고 말했다.

> "폭력으로 말입니까?"라고 피셔가 물었다.
> "폭력이 있을 수도 있겠지요." 간디는 답했다. "그러나 그렇게 되면 다시 지주들이 협력하게 될 것입니다."
> "당신은 굉장한 낙천주의자이시군요"라고 피셔가 논평했다.
> "아마도 그들은 도망가겠지요." 간디가 말했다.
> "아니면," 피셔는 말했다. "폭력적 저항을 조직할지도 모르고요."
> "보름 정도는 무척 혼란스럽겠지요." 간디가 대답했다. "그러나 우리가 곧바로 통제할 수 있을 것으로 생각합니다."(Ⅵ, p. 122).

그러나 이를 가지고 간디가 진짜 혁명적인 민중 투쟁을 예상한 것으로 결론을 내리면 틀린 것이다. 왜냐하면 간디가 '땅을 점유하는 농민', '15일 동안의 혼란' 등을 거론했지만, 영국에게 철수 요구를 강하게 주장하는 투쟁의 이념을 대중화하던 시기에도 그는 조직화된 노동계급과 농민의 혁명적 행동을 시작하거나 지도하는 어떠한 진지한 준비도 하지 않았기 때문이다.

이와 관련해서 보면 간디가 AICC 회기에서 행한 두 시간짜리 연설에 노동자와 농민을 언급하는 단어가 하나도 없었다는 것은 의미심장하다. 연설의 대부분은 힌두-무슬림 문제에 대한 간디와 국민회의의 태도를 밝히는 데 할애되었다. 그리고 투쟁을 수행하는 데 있어서 요구되는 위대한 희생에 대한 몇 마디 언급(그의 슬로건인 '행동 또는 죽음 Do or Die')이 있었다. 이어서 언론인들, 군주들, 공무원들, 군인들, 학생들에게 각자가 'Quit India' 투쟁의 지원을 위해 무엇을 할 수 있고 무엇을 해야 하는지를 전하는 특별한 호소가 있었다. 민중의 압도적인 다수, 즉 노동자와 농민은 간디의 구상에 포함되지 않았다. '행동 또는 죽음'이란 슬로건을 위해 희생할 준비가 되어 있는 조용한 군중의 역할을 제외하고는 그들이 해야 할 특별한 역할은 없었다.

간디가 운영위원회를 위해 준비한 '지도 초안'을 보면, 그들에 대한 언급이 빠진 것은 결코 우연이 아니라는 사실이 명백해질 것이다. 초안은 '하루 동안의 하르탈'을 요청하였다(20여 년 전에 비협력운동을 개시할 때와 유사하다). 그러나 그는 "하르탈의 날, 도시에서는 어떤 행진이나 모임도 열려서는 안 되고, 모든 이들은 24시간 단식을 하고 기도를 해야 한다"고 지침을 내렸다. 물론 "폭력이나 혼란의 위험이 없는" 촌락에서는 집회와 행진을 허락했다. 이로써 초기 투쟁과 마찬가지로 이 투쟁에서도, 간디의 주요한 목적 중 하나는 노동 대중의 전투적인 시위와 행동을 막는 것임이 분명해졌다.

그의 지도 초안이 농민의 반지주 행동이 일어날 가능성에 대비하여 다양한 사전 대책을 담고 있는 것은 의미심장하다. 다시 루이스 피셔와의 인터뷰로 돌아가서, 그는 농민들이 정부에 대한 투쟁만으로 스스로를 제한하는지 물었다.

자민다르 체제가 보편적인 곳에서는 자민다르가 정부에 세금을 내고 농민

(ryot)은 자민다르에게 냅니다. 이러한 경우, 만약 자민다르가 농민들과 제휴한다면, 상호 동의하에 정해진 세입이 그들에게 주어져야 합니다. 그러나 자민다르가 정부 편에 서기를 원한다면, 어떠한 세금도 그들에게 주어서는 안 될 것입니다(VI, p. 215).

그러므로 몇몇 정치 그룹들과 개인들이 여전히 주장하듯이 간디가 '8월 혁명'을 실제적인 혁명적 대중 투쟁으로 계획했다는 것은 근거 없는 가설이다. 이 투쟁은 간디가 민중의 전투적인 대중 행동을 막고자 염려했던 이전의 투쟁과는 거리가 멀다는 점은 분명한 사실이다. 간디가 예상하고 또 실제로 바란 것은 투쟁의 개시가 대중의 에너지와 동기와 투쟁성을 분출시키는 것이었다. 그는 이 대중 행동이 이전 투쟁에서 주장했던 아힘사의 엄격한 규율에서 벗어나는 것을 전혀 염두에 두지 않았다. 하지만 이런 점 때문에 간디가 이 투쟁이 비타협적인 전투적 대중 행동으로 나아가서 제국주의와 그 앞잡이들의 전면적인 패배로 귀결되기를 원했다는 것을 의미할까?

틀림없는 사실은 간디가 그러한 생각을 가지고 있지 않았다는 점이다. 간디는 투쟁이 며칠 만에 끝나는 '짧고 빠른' 투쟁이 될 것이라고 예상했었다는 사실에 비춰볼 때 그가 바라는 것은 민중의 자발적인 행동이 정부를 압박해서 협상 조건들을 찾게 만드는 것이었음을 알 수 있다. 그가 분명하게 바라는 것은 단 며칠만이라도 전국적인 혼란이 야기되면, 즉 민중이 자발적으로 분노를 표현하고 정부 기관을 마비시키는 전투적인 행동을 하게 되면, 거기에 공무원과 군인들이 "오직 정의로운 정부의 명령에만 복종하라"는 그의 요청에 응답하게 된다면, 연합군 지도자들이 영국에 더 큰 압력을 가하여 인도의 요구에 양보하라고 강요하는 상황이 만들어지는 것이었다.

이와 관련해서 언급해야 하는 것은 8월 이전 몇 주 동안에 간디가 했던 대부분의 연설과 글은 연합국과 그 지도자들을 향한 것이라는 점이다. 외국 특파원들과의 계속된 인터뷰, 장제스 원수와 루스벨트 대통령에게 보내는 개인 서한, '러시아와 중국 방어'의 필요성에 대한 반복된 언급, '외국 언론을 통해 세계'에 전하는 특별한 호소, 마지막으로 AICC 회의에서의 연설, 이 모든 것을 통해 간디 자신은 연합국이 인도 편에서 영국과 중재해주기를 기대했다는 것을 분명하게 알 수 있다. 마울라나 아자드 역시 AICC를 마치는 연설에서 "간디 선생님은 국민회의의 요구를 UN에게 청원하고 있고 협상 타결을 위해 최후의 일각까지 최선을 다할 것"이라고 말했다.

봄베이 AICC 회의 몇 주 후에 이런 계산이 잘못되었다는 것이 드러났다. 정부 기관을 마비시킬 만큼 대중 봉기는 강하지 않았고 연합국 지도자들도 영국 정부가 인도의 요구에 양보할 만한 충분한 압력을 넣으려고 하지 않았다. 텐둘카르가 말한 대로 '9월 말에 이르자 영국 정부는 인도에서 떠날 수밖에 없도록 하려는 비폭력적 시도와 폭력적 시도 양쪽 모두를 분쇄하는 데 확실하게 성공하였다."

1932년에 그랬던 것처럼 이번에도 간디는 감옥에서 단식에 들어갔다. 1943년의 단식과 1932년의 단식은 양자 모두 표면적으로는 비정치적인 도덕적 쟁점에서 이루어졌다. 그러나 이러한 비정치적인 도덕적 쟁점은 정치적 행동, 즉 정치적 쟁점에 대해 영국과 협상을 개시하는 시발점으로 사용되었다.

우리는 앞에서 표면적으로는 힌두 사회에서 하리잔의 지위라는 사회적 문제가 1932년 간디가 감옥에서 단식 — 영국 총리의 꼬뮤날에 대한 보상 정책을 변경시키기 위한 목적으로 — 을 할 때 어떻게 사용되었는지를 보았다. 이 단식은 때가 되자 헌법 논쟁에 관한 협상용으로 이용되었다. 1942년에서 1943년 사이의 시기에서도 마찬가지로 간디는 AICC 8월 회의 이후에 뒤따른 억압 정책을 정당화하기 위해 당국이 내놓은 해명을 다루면서 이를 표면적으로는 도덕적인 문제로 만들었다. 그렇지만 1943년 1월에 총독에게 보낸 서한에서 요약한 그의 입장을 보면 이는 결코 도덕적인 문제가 아니라 정치적인 문제임을 알 수 있다.

> (1) 당신이 저에게 단독으로 행동하기를 원한다면, 제가 틀렸다는 것을 납득시켜 주십시오. 그러면 저는 많은 부분을 수정할 것입니다. (2) 제가 국민회의를 대신해서 제안하기를 원하시면 당신은 저를 운영위원회 위원으로 만들어주어야 합니다. 이런 난국을 타개하기 위해 총독께서 결심해 주시길 간청합니다(VI, pp. 234-235).

그렇지만 정부는 간디의 제안을 수용하지 않았다. 분노한 간디는 단식을 이어갔고 이는 특히 그의 나이를 고려했을 때 전국을 불안과 공황 상태에 빠뜨렸다. 그의 목숨을 걱정하는 일반의 우려에 대해 정부는 대응을 해야만 했다. 단식 기간 동안 몇몇 사람들의 면회가 허용되었다. 이것이 국민회의 지도자 석방 운동의 시작이었고 국민회의와 정부 사이의 협상의 시작이었다.

간디는 면회를 온 사람들에게 'Quit India' 운동과 이어지는 국민회의 지도자들의 체포라는 정치적 난국을 해결하기 위해 최선을 다하겠다고 밝혔다. 3월 봄베이에서 만난 비국민회의 지도자들은 다음과 같은 선언문을 발표했다.

우리들 중 일부가 간디 선생님과 최근에 가졌던 대화를 통해 우리는 현재 국면에서 화해를 위한 움직임이 결실을 맺을 것이라는 믿음을 가질 수 있었습니다. 만약 간디 선생님께서 석방이 되시면 당신은 내부적 교착 상태를 해결하도록 지도와 지원을 아끼지 않을 것이며 전쟁을 반대하는 데 어떤 위험이 따르더라도 두려워하지 않을 것임을 우리는 확신합니다(VI, p. 250).

정부와 국민회의 사이의 협상 문제에서와 마찬가지로 간디는 국민회의와 무슬림연맹과의 협상 문제에서도 'Quit India' 운동 기간 동안에 가졌던 입장을 바꾸었다. 이는 1년 후에 라자고팔라차리에 의해 더욱 명백해졌다.

1944년 7월 10일, 라자고팔라차리는 1943년 단식 중에 간디 선생님이 논의하고 승인했던 원칙들을 발표했다. 이 원칙은 국민회의와 무슬림연맹 사이의 화해를 위한 기초로 사용하기 위한 것이다(VI, p. 332).

간디는 또한 진나(Jinnah)와 직접 접촉하고자 시도했다. "왜 그분(간디)은 내게 직접 편지를 보내지 않는가?"란 진나의 불만을 언급하면서 간디는 5월 초에 이렇게 답했다.

당신의 초대를 환영합니다. 저는 서신을 통한 대화보다는 직접 얼굴을 맞대는 만남을 제안합니다. […] 공통의 해결 방안을 찾겠다고 굳게 결심한 사람들로서 꼬뮤날 통합의 위대한 문제에 접근하고 이와 관련되거나 관심 있는 이들 모두가 수용할 만한 우리의 해결 방안을 만들기 위해 당신과 제가 함께 일하지 못할 이유가 어디 있겠습니까?(VI, pp. 259–260).

하지만 정부는 정부와 국민회의의 협상 문제에도, 국민회의와 무슬림연맹의 협상에 편의를 제공하는 문제에도 답변을 거부했다. 간디가 단식을 하기 전에 보낸 서한에 대한 답변에서 정부가 취한 입장은 간디가 AICC의 8월 결의를 철회하고 일부 민중과 국민회의 지도자들이 저지른 폭력적 행동을 책망해야 한다는 것이었다. 비국민회의 지도자들이 간디 접견을 요청하자 정부는 다음과 같은 이유로 거절하였다.

> 국민회의 정책이 그대로 남아 있는 한, 국민회의에 대한 우리의 태도는 어떠한 변화도 없을 것이다. […] 만족할 만한 해결 방안을 찾으려는 당신들의 선의와 열망은 존중하지만, 내가 이미 설명했던 그 상황 그대로라면 간디 선생과 다른 지도자를 만나고자 하는 요구와 같은 특별한 편의를 허가할 수가 없다(VI, pp. 251-252).

정부는 또한 다음과 같은 이유로 간디가 진나에게 쓴 서한도 전달하지 않았다.

> 비합법적인 대중운동을 조장한 책임을 부정하지 않았고 이로 인해 위기의 시기에 인도의 전쟁 노력을 심각하게 방해한 죄로 구금된 사람에게 정부는 정치적 서신 교환이나 접견이라는 편의를 제공하지 않는다(VI, p. 260).

따라서 정치적 난국은 1943년에 이어 1944년 전반기까지 지속되었다. 전국은 국민회의 지도자들의 지속되는 구금에 분노하였으나 정부는 석방 요구에 응하지 않았다. 1944년 5월에 오직 간디만이 심각한 건강 악화를 이유로 석방되었다.

하지만 이 석방은 상황에 약간의 변화를 만들었다. 간디가 국민회의와 정부의 관계뿐 아니라 힌두-무슬림 문제에 대한 새로운 정책에 공개적으로 힘을 실을 수 있게 해주었기 때문이다. 그는 관련된 모든 정당들이 그 정책에 대해 재검토하도록 하는 계산된 일련의 조치를 취했다.

무엇보다도 먼저 간디는 〈뉴스 크로니클(New Chronicle)〉의 특파원 스튜어트 젤더(Stewart Gelder)와 가진 언론 인터뷰 기회를 통해 당시의 정치적 상황에 대한 입장을 표명했다. 이 인터뷰를 통해 그의 입장은 다음과 같이 보도되었다.

> 그가 현재 요구하는 것과 1942년에 요구했던 것과는 차이가 있었다. 현재 그는 민간정부의 완전한 통제하에 있는 민족 정부에 만족할 것이다. 1942년에는 그렇지 않았다(Ⅵ, p. 318).

이는 평범한 언론 인터뷰가 아니었다. "현재의 교착 상태를 끝내기 위한 나의(간디의) 개인적 노력에서 나온 것입니다. 이는 민중을 향한 것이라기보다는 권력자에 제기하는 것입니다." 그는 젤더 인터뷰에 이어서 두 통의 서한을 총독에게 보냈다. 거기서 다음과 같이 단언했다.

> 저는 전쟁이 끝날 때까지 인도에 어떠한 재정적인 부담을 지지 않고 현재와 같은 군사 작전이 지속된다는 조건에서 즉각적인 인도 독립 선언이 이루어지고 중앙 의회에 책임 있는 민족 정부가 만들어진다면, 상황이 변하였기에 1942년 8월의 결의로 계획되었던 대중 시민불복종운동이 제안될 수 없으며 국민회의가 전쟁 지원에 대한 전적인 협력을 해야 한다고 선언하도록 운영위원회에 권고하겠습니다. 영국 측에서 조정을 위한 바람이 있

다면 서신 교환 대신에 우호적인 대화가 상호 간에 있어야 할 것입니다. 그러나 저는 당신들이 하자는 대로 할 것입니다(VI, pp. 327-328).

둘째, 정부와의 이러한 협상과 함께 간디는 무슬림연맹과도 협상을 시작했다. 유명한 간디-진나 대화가 라자고팔라차리 원칙을 기반으로 9월에 시작되었다. 이 원칙은 사실상 라자고팔라차리가 1942년에 한 제안을 갱신한 것이었고 당시의 제안은 국민회의의 압도적인 다수가 거부했었다.

셋째 그리고 마지막으로 간디는 8월 투쟁 문제에 대한 입장을 분명하게 밝혔다. "정부는 미쳐가고 있었으며 일부 사람들도 그러했습니다. 사보타지와 같은 방법에 의존했었고 국민회의나 내 이름으로 많은 일들이 벌어졌습니다." 1944년의 '8월 9일' 기념일 준수 문제*에 관해서는 사람들에게 봄베이를 제외하고는 "그날에 대한 경찰의 특별 금지를 무시하지 말 것"을 충고했다. 봄베이는 "내게는 가장 쉽게 받아들일 만한 곳이자 1942년 8월의 역사적인 회의가" 열린 곳으로, 경찰의 금지에 대한 저항이 상징적인 곳이었다. 그는 또한 "지하로 잠적했던 이들이 스스로 모습을 드러내도록" 지도했다. "경찰을 벗어나거나 피하려는 어떤 시도도 없이 자신들 과업의 정당성을 공개적으로 알림으로써 그렇게 할 수 있다." 그래서 전국적으로 당국에 대한 어떠한 저항도 금지하지만, 상징적으로는 저항의 깃발을 높이 드는 강령이 존재했던 것이다.

간디가 이러한 협상 노력을 하던 때는 찬드라 보세가 인도국민군(Indian National Army, INA)를 조직하던 바로 그 시기였다. 이 두 명의 지도자가 추구하던 두 개의 정책은 양립할 수 없는 것이었다. 한 명은 'Quit India' 운

---

* 'Quit India'가 선언된 후 1942년 8월 9일 영국은 간디와 국민회의의 모든 운영위원들을 체포했다.

동으로부터 후퇴를 하고 있었고, 다른 한 명은 국내의 혁명 세력들을 돕기 위해 밖에서부터 무장 세력을 들여오는 방향에서 그 운동을 수행하려 하였다.

그러나 이 두 명은 서로를 보강해주고 있었다. 간디는 비록 후퇴의 길을 찾고 있었지만, 8월 9일 봄베이에서의 그의 '상징적인 저항' 지시를 볼 때 분명히 알 수 있듯 저항의 깃발을 높이 들고 있었다. 1944년 10월 간디의 75세 생일 행사에 관해, 네타지(Netaji, 위대한 지도자란 뜻으로 찬드라 보세를 가리킨다 — 옮긴이)가 랑군에서 연설하면서 "조국의 아버지시여! 인도의 자유를 위한 이 성전에서 우리는 당신의 축복과 행복을 기원합니다"란 선언을 했던 이유를 여기서 알 수 있다. 간디는 호의적이든 그렇지 않든, 네타지의 강령과 활동에 대해서는 어떠한 논평도 자제했다.

하지만 양자의 정책 모두 그들의 당면 목표에서는 실패하였다. 협상을 위한 간디의 노력은 영국 정부가 세운 장해물을 통과할 수가 없었다. 즉각적인 인도 독립 선언과 민족 정부 수립을 전제로 해서 전쟁 수행을 위한 전적인 협력을 하겠다는 제안은 총독의 답변을 받았다. "전쟁 시기에는 어떤 제도상의 변화, 당신이 제안한 중앙 의회가 책임을 지는 단독 민족 정부를 의미하는 그런 변화는 불가능하다." 무슬림연맹과의 협상 역시 실패로 끝이 났다. 진나가 라자지(Rajaji, 라자고팔라차리의 약칭 — 옮긴이) 원칙을 거부했고 간디가 제안한 조건들도 거부했기 때문이다. 진나에 따르면 그 제안은 "인도 무슬림들의 파키스탄 분리 요구를 완벽하게 무효가 되도록 계산"되어 있었다.

1942년 8월의 입장에서 후퇴할 길을 모색했던 간디의 정책은 단기적으로는 실패로 드러났다. 네타지의 정책도 마찬가지였다. 1944년 유럽에서 두 번째 전선이 개시되면서 소련의 붉은 군대가 독일로 빠르게 진군하고 중국과 아시아 각국에서는 저항 투사들의 영웅적 투쟁이 전개되자 국외에서 일본 파시스트와 협력하여 조직한 무장 세력으로 인도 내 혁명운동을 지원하는 네타지의 정책은 실패임이 드러났다. 창설된 지 몇 달 후에 인도 국민군과 일본 동맹군은 재정비되고 재조직된 연합군 군대와 만나야 했고 결국에는 패배를 하였다. INA는 이 정세에서는 사라졌지만 그 성격과 목표 때문에 인도 민중들에게 자부심과 애국심을 심어주는 힘으로서는 사라지지 않았다.

그러나 이러한 국제적인 상황 전개는 국내 정치 상황에 영향을 주었다. 연합군의 가차 없는 진군은 영국 정부로 하여금 국민회의 지도자들을 계속 구금 상태로 두거나 전쟁 상황을 이유로 제도 변화를 회피하려는 입장을 유지하지 못하게 만들었다. 국내 정치 위기를 해결하기 위한 새로운 노력을 해야 한다는 방향에서 정부는 필수적으로 새로운 단계를 밟아나가야 했다.

이러한 노력들은 1945년 6월 중순 국민회의 운영위원회 위원들의 석방과 더불어 시작되었다. 이것은 중앙집행위원회(central executive council)의 재구성을 위한 구체적인 제안으로 이어졌다.

> 그래서 총독과 최고사령관을 제외하고 인도 정치 지도자들, 카스트 힌두, 무슬림을 동등하게 대표하는 위원들로 구성되어야 할 것이다. […] 이런 계획을 추진하기 위해서 총독은 당 지도자들과 전·현직 주지사들의 회의를 소집할 것이고, 새로운 집행위원회의 위원을 선택할 수 있는 명단을 제출하도록 그들에게 요청할 것이다(Ⅶ, p. 7).

그렇지만 이러한 노력들은 각료 위원회에서 두 명의 무슬림 민족주의자인 마울라나 아자드와 아사프 알리(Asaf Ali)를 포함시키는 문제에 대해 진나가 반대함으로써 실패로 끝났다. 영국 지배자들이 정부 변화를 막기 위해 일반적으로는 꼬뮤날 문제, 특히 힌두-무슬림 문제를 이용하고 있다는 것이 더욱 분명해졌다.

이는 정부 정책의 실제적인 본질을 더욱 명확하고 날카롭게 볼 수 있게 된 민중 사이에 격렬한 분노를 일으켰다. 민족 정부 수립을 위한 협상의 실패는 INA 죄수들의 석방을 요구하는 거대한 전국적 운동으로 이어졌다. 1945년 후반기 재판에 회부된 INA 죄수들을 변호하는 것이 반제국주의 투쟁을 위한 새로운 물결의 핵심이 되었다. 텐둘카르는 말했다.

> 네루는 30여 년 전에 벗어버렸던 변호사복을 입고 법정에 참석했다. 변호사인 불라바이 데사이는 수바스 찬드라 보세의 감동적인 지도로 수행했던 인도국민군의 위대한 역할에 민족적 관심을 집중시켰다. […] 전국은 INA 피의자들의 자유와 궁극적으로는 그들의 안전을 요구했다. 네루는 "이것은 인도 민중의 의지와 인도에서 권력을 잡고 있는 자들의 의지 사이에 벌어지는 힘겨루기 재판이 되었다. 최후에 승리할 것은 민중의 의지가 될 것이다"라고 말하였다(Ⅶ, pp. 17-18).

인도국민군의 대의는 반제국주의운동에 활기를 주었고 영국군 산하에 있던 인도 군대에게도 영향을 주었다. 왕립인도해군(Royal Indian Navy, RIN)의 반란은 1942년 투쟁의 분쇄나 INA의 패배도 인도의 저항 정신을 꺾지 못했다는 사실을 상징하였다.

간디는 전체 상황에 대해서 극단적인 혼란에 빠졌다. RIN의 반란이 있기 일주일 전에 〈하리잔〉에 다음과 같이 썼다.

증오가 만연해 있고 조국에 대한 성마른 사랑을 가진 이들은 폭력을 통해서라도 독립의 대의를 진전시킬 수 있다면서, 기꺼이 그 증오를 이용할 것입니다. [⋯] 인도국민군의 최면술은 우리에게 주문을 걸었습니다. 네타지의 이름이 그런 주문 가운데 하나입니다. 그의 애국심은 견줄 자가 없습니다. [⋯]* 나는 더 이상 찬사와 존경을 할 수가 없습니다. 나는 그의 행동이 실패할 운명이라는 것은 알고 있기 때문에 그렇게 말할 수밖에 없습니다. 설령 그의 인도국민군이 승리를 거둔다 하더라도, 민중은 그런 방법을 따르지 않을 것이기 때문입니다(VII, pp. 76-78).

왕립인도해군의 반란에 대해서 그는 "고통스러운 관심"으로 지켜보았다고 말했다. 계속해서 이렇게 기록했다.

해군의 이번 반란과 이어지는 사건들은 어떻게 보아도 비폭력 행동이 아닙니다. [⋯] 만약 해군에 있는 인도인들이 비폭력의 진가를 알았다면, 거기에 따랐다면 비폭력 저항의 방법은 고귀하고 남자답고 매우 효율적이었을 것입니다. [⋯] 이런 행동들을 나는 비폭력 비협력이라고 불러왔습니다. 이와 같이 그들은 인도를 위해 온당하지 못하고 나쁜 선례를 만들고 있습니다 (VII, pp. 78-79).

---

* 빠진 문장 삽입. "모든 행동을 통해 그의 용기는 빛나고 있습니다. 네타지의 생을 통해서 우리가 받을 수 있는 위대한 교훈은 그를 따르는 이들에게 단결의 영혼을 불어 넣는 방법입니다. 그들은 모든 종교와 지역적 장벽들을 넘고 일어서서 공동의 대의를 위해서 그들의 피를 함께 흘렸습니다." S. C. Maikap, *Challenge to the Empire : A Study of Netaji*, Publications Division Ministry of Information and Broadcasting Government of India, Patiala House, New Delhi, p. front page next to cover, 1993.

이러한 반제국주의운동의 새로운 물결은 영국 정부로 하여금 과거의 방식으로 통치할 수 없음을 명확하게 해주었다. 따라서 그들은 정치적 위기를 해결하기 위하여 새로운 수단들을 취하기로 결정하였다. 영국에서 세 명의 장관이 대표단으로 여러 인도 정당들과 협상을 하기 위하여 인도에 왔다.

그들은 4월과 5월에 긴 협상을 벌였고 장기적 제안과 단기적 제안을 내놓았다. 장기적 제안은 새로 선출된 주 입법자들로 선임된 제헌의회를 구성하는 그림이었다. 주들은 A, B, C 세 그룹으로 나누어지고 각 그룹들은 연방에서 탈퇴할 권리가 주어진다. 이는 무슬림연맹의 요구를 부분적으로 들어주는 조정안이었다. 단기적 제안은 국민회의, 무슬림연맹, 여타 정당과 그룹들의 대표들로 이루어진 임시정부 구성과 관련된 것이었다.

긴 협상 이후 이런 제안에 따라 1946년 후반 임시정부가 구성되었고, 일 년 후에는 인도와 파키스탄이라는 두 개의 독립 국가가 탄생하게 되었다.

8월 15일 : 승리인가 패배인가?

국민회의 지도자들은 1947년의 권력 이양을 세계사에서 유례없는 사건으로 과시했다. 그들은 프랑스, 러시아, 중국 등 세계사에서의 여타 혁명과 달리 1947년 인도의 혁명은 비폭력의 사도들이 지도했기에 피 한 방울 흘리지 않고 이루어졌다고 주장했다.

이는 1957년 8월 15일에 공식적으로 나온 주장이다. 당시 국민회의 의장이었던 아차리아 크리팔라니(Acharya Kripalani)가 발표한 '국민에게 보내는 메시지'에서 주장한 것은 다음과 같았다.

수백만의 운명을 바꾸는 위대한 사건이 그처럼 미미한 유혈 사태와 폭력만으로 완성된 적은 일찍이 없었습니다. […] 마하트마 간디의 감동적인 지도력 덕분에 이것이 가능하였습니다. 누구라도 당신을 조국의 아버지라고 부를 것입니다. 당신은 자유를 위한 비폭력 투쟁에서 우리를 지도하셔서 우리 민중의 노고 속에서 이 자유의 열매를 맺게 하는 길을 보여주셨습니다 (Ⅷ, p. 95).

하지만 한 사람이 이 의견에 동의하지 않았다. 그 사람은 바로 마하트마 간디 본인이었다. 텐둘카르는 다음과 같이 썼다.

> 전국이 축제 분위기였다. 그러나 그 누구보다도 외세로부터 인도를 자유롭게 하는 데 책임을 졌던 바로 당신이 이런 환희에 동참하지 않으셨다. 인도 정부의 정보방송부 관리가 메시지를 듣기 위해 왔을 때 간디 선생님은 "저는 지칠 대로 지쳤습니다"라고 답변하셨다. 당신께서 어떤 메시지도 주지 않는 것은 좋지 않다고 그가 재차 말하자 간디 선생님은 이렇게 답하셨다. "전할 메시지가 전혀 없습니다. 그게 안 좋다고 해도 그냥 그렇게 합시다." (VIII, pp. 95~96).

5개월이 지난 1948년 1월 26일, 살해되기 바로 4일 전에 간디는 이렇게 말했다.

> 오늘 1월 26일은 독립일입니다. 우리가 볼 수도 만질 수도 없었던 독립을 위해 싸우던 때를 생각하면 이런 경축은 당연한 것입니다. 이제! 우리는 독립을 손에 넣었고 우리는 환멸을 느끼는 것 같습니다. 여러분들은 아닐지라도 최소한 저는 그렇습니다(VIII, p. 338).

이러한 환멸을 느낀 가장 큰 이유는 1946~47년 영국 정부와 인도국민회의, 무슬림연맹 그리고 여타 정당들 사이의 협상에 발 맞춰 꼬뮤날 광란의 물결이 전국적으로 퍼져갔기 때문이다. 인도 민족운동사에서 이러한 광기는 찾아볼 수 없었다. 한편에는 무슬림이, 다른 한편에는 힌두교도와 시크교도가 서서 8월 15일 전후로 몇 달 동안 냉혈한 살인을 저지르는 것은 이전에는 없던 일이었다.

간디가 항상 주장했던 것은 인도 민중들을 위해 계획했던 길은 증오가 아닌 사랑의 길이라는 것이었다. 만약 인도 민중이 이 길만을 선택했더라면 그들은 가장 폭력적이고 야만적인 압제자, 즉 영국 제국주의자들의 마음조차도 바꿀 수 있었을 것이다. 그러나 간디의 방식이 인도 민중의 마음을 합치는 것조차 실패한 상황에서 영국 제국주의자들의 심경에 변화를 일으키는 것은 말할 필요도 없었다.

명예롭게도 간디는 권력 이양에까지 이른 그 진전이 전 생애에 걸쳐 자신이 설파했던 원칙의 승리가 아니라 패배를 암시한다는 것을 '정직하고도 전적으로' 인정했던 유일한 국민회의 지도자였다는 것을 말해야 될 것이다. 7월 14일 그는 이렇게 말했다.

> 지난 30년 동안 우리가 실천해온 것은 비폭력 저항이 아니었고 비폭력 저항을 할 수도, 하려는 의지도 없기에 무장투쟁을 하겠다고 나선 연약한 사람들이 내세운 수동적인 저항이었습니다. 오직 용감한 이들만이 내세울 수 있는 비폭력 저항의 능력을 알았다면, 우리는 둘로 쪼개져서 한쪽이 다른 한쪽을 지독하게 의심하여, 자신들에게 종교가 아닌 생필품의 모습으로 나타나는 그런 신만을 알고 있는 헐벗고 굶주린 수백만에게 필요한 음식과 의복을 생각할 수 없을 정도로 자기들 사이의 싸움에만 몰두하는 그런 인도가 아니라 전 세계에 전혀 다른 자유 인도의 모습을 보여줄 수 있었을 것입니다(VII, p. 57).

간디의 명예로운 점을 더 이야기해야 하는데, 그는 신념에 따라 삶의 마지막 순간까지 마지막 한 줌의 기운이 다할 때까지 꼬뮤날리즘의 사악한 세력에 대한 투쟁을 멈추지 않았다. 전국에 걸쳐 확산되는 위험한 꼬뮤날 광기를 이용하려는 징후가 보이기 시작한 최초의 그 순간, 즉 무슬림연맹이 '직접 행동의 날'의 날로 선언한 1946년 8월 16일 캘커타에서 최초의 꼬뮤날 폭동이 발생한 직후부터 그는 꼬뮤날 화합을 설득하는 과업에 헌신적으로 몰두했다. 폭동이 도시에서 촌락으로 퍼져나가자 그는 자신의 화합 메시지를 널리 알리기 위하여 다른 모든 활동을 포기했다. 이를 위해 그는 벵골의 노아칼리 구(Noakhali district)에서 이 마을 저 마을로 다니면서 몇 주를 보냈다. 그는 노아칼리를 떠나 다시 비하르로 향했고 펀자브와 캘커타 그리고 델리로 가고자 했다. 꼬뮤날 광기와 싸우고 폭동의 희생자들을 보호하고 난민들을 돌보는 등의 이런 활동은 매일 기도 후에 하는 연설에서 핵심 내용이 되었다.

하지만 그가 전하는 메시지가 이전보다 힘을 잃어가고 있는 것이 분명해지고 있었다. 과거에는 그가 있는 것만으로도 혹은 단식까지 하게 되면 다른 공동체에 속한 민중들이 단결하고 꼬뮤날 상황이 악화되는 것을 막는 데 효과가 있었다. 노아칼리를 시작으로 비하르, 캘커타, 델리, 여타 지역을 방문하는 것이 어느 정도 혹은 일정 시간 동안 폭동을 막는 데 아직은 도움이 되었다. 하지만 이 특별한 대의명분에 자신의 모든 기운을 쏟아도 그 상황에서 가시적인 변화를 가져오기에 충분하지 않았고 심지어 그가 활동하던 지역에서조차 그러했으니 다른 지역은 말할 필요가 없었다.

상황이 너무나 심각해져서 한때 간디는 인도와 파키스탄 두 국가 사이에 전쟁이 일어날 가능성에 대해 사람들을 환기시켰다. 이는 자연히 전국적으로 엄청난 반향을 일으켰고 심지어 어떤 사람들은 간디가 그런 전쟁을 승인했다고까지 이야기하게 되었다. 그래서 그는 어쩔 수 없이 전쟁 가능성을 언급한 상황에 대해 설명해야만 했다.

우리들에게는 미신이 있는데 이는 어린아이가 단순히 뱀에 대해 말하는 것만으로 집에 뱀이 나타났다고 믿어버리는 것과 같습니다. 전쟁에 관해 이런 미신을 조장하여 즐기는 이가 인도에는 아무도 없기를 바랍니다. 저는 현재 상황에 대한 검토를 통해 그리고 언제 전쟁의 원인이 두 나라 사이에서 부각될 수 있는지 확실하게 이야기함으로써 두 형제국에게 이바지할 것을 주장하였습니다. 이는 전쟁을 부추기려는 것이 아니라 가능한 한 전쟁을 피하기 위해 한 말입니다. 제가 또 보여주고자 한 것은 지각없는 살인, 약탈, 방화가 계속된다면 이것들은 정부의 개입까지 강제할 것이라는 것이었습니다. 차례로 이어질 것이 뻔한 이런 논리적인 단계에 대해 대중의 관심을 환기시킨 것이 잘못되었습니까?(Ⅷ, pp. 169-170).

간디는 두 꼬뮤날 사이의 관계가 너무도 긴박해서 누군가 꼬뮤날 화합을 시도하면 양쪽 모두로부터 광적인 증오를 받게 될 것을 이미 알고 있었다. 또한 그는 꼬뮤날 광기와의 투쟁에서 개인적으로 지게 될 엄청난 위험에 대해서도 인지하고 있었다. 라지쿠마리 암리트 카우르(Rajkumari Amrit Kaur)와의 1월 28일 대담에서 그가 "광인의 총탄으로 인해 죽을" 가능성에 대해 언급하면서, 만약 그런 일이 일어난다면 "그저 웃을 것입니다. 제 안에는 분노가 전혀 없습니다. 신은 제 마음속과 제 입술에 계십니다"라고 말하겠다는 약속을 상기해보자. 그 이틀 후에 일어난 일에 비추어 보면 이런 말들은 지금 생각해봐도 깊은 슬픔에 잠기게 한다.

비록 이러한 괴로운 상황 전개가 간디로 하여금 8월 15일 축제에 참가하는 것을 가로막았지만, 국민회의 자체 내에서 전개되던 상황이 훨씬 더 중요했다. 간디는 권력 이양 이전에도 국민회의인들이 그들이 속해 있던 조직을 통해서 자기들의 개인적 목적을 추구하는 상황을 걱정했었다. 그

예로 간디는 1946년 7월에 '비극적 현상'이라고 제목 붙인 글에서 이렇게 썼다.

제 우편물에는 제헌의회에 들어가기를 바라는 사람들로부터 받은 수많은 편지가 있습니다. 혹시 이러한 편지들이 지식인들은 인도의 독립보다는 개인적 부귀를 늘리는 데에 더 관심이 있다는 일반적 정서의 징표인가 하는 의혹 때문에 저는 두려움에 떨게 됩니다. […] 제가 개입할 것이라는 기대를 가지고 서신을 보낸 이들에게 경고로 응답하기보다는 이러한 병폐(이러한 청탁 문서들이 징조입니다)에 더욱 주의를 기울이기 위해 이 글을 쓰는 것입니다(VII, p. 186).

하지만 이런 '병폐'는 거기에 그치지 않았고 그에게 편지를 보냈던 몇몇 사람에게 기울였던 간디의 주의는 매우 심각한 문제가 되었다. 위험스런 꼬뮤날 상황과 더불어 이런 문제가 간디에게 1948년 1월의 마지막 단식을 하도록 강요하였다. 1월 13일부터 단식하기로 한 결정을 알리는 12일 저녁의 기도 연설에서, 그는 안드라프라데시 주의 노련한 국민회의인인 데사바크타 콘다 벤카타파야(Desabhakta Konda Venkatappayya)로부터 받은 편지를 인용했다. 그 편지에 다음과 같이 쓰여 있었다.

아주 복잡한 성격의 다른 정치적 경제적 쟁점과 상관없는 한 가지 커다란 문제가 바로 국민회의 내부 사람들의 도덕적 타락입니다. 다른 주에 대해서는 제가 말씀을 드릴 수는 없지만 그러나 제 주에서는 상황이 끔찍합니다. 정치권력의 맛은 그들을 미치게 만들었습니다. […] 국민회의 내부의 파벌들, 여러 의원들의 돈벌이를 위한 활동 그리고 행정력 약화는 민중들 사이에 거대한 반역의 정신을 만들어내고 있습니다. 민중들은 영국 정부가 훨씬 낫다고 말하기 시작했으며 심지어 국민회의를 저주하고 있습니다(Ⅷ, pp. 302-303).

당파 싸움과 권력투쟁이 지방 국민회의 위원회에서 이렇듯 맹렬했는데, 중앙 지도부에서도 전혀 없던 것이 아니었다. 1947년 11월, 전 인도 지도부에서 작은 위기가 발생했다.

간디 선생님이 참석한 바로 그 첫날에 크리팔라니 의장이 AICC에 사임하겠다고 말했다. 그는 정부와 의논하지도 못했고 그들의 전폭적인 신임을 받지도 못했다. 그는 정부가 국민회의를 무시하고 있다고 말했다. 간디 선생님은 크리팔라니가 폭로한 대로 이 상황에서는 사임이 정당하다고 생각하셨다. 네루와 파텔은 정부의 수장들이었다. 그들의 인기와 국민회의 장악력은 의문의 여지가 없는 것이었다. 그들은 자신과 당을 동일시하였다. 그렇다면 그들이 자신들 권력을 제한하는 국민회의 의장을 받아들일 이유가 어디 있겠는가?(Ⅷ, p. 233).

이 위기는 크리팔라니의 사임을 수용하고 라젠드라 프라사드를 후임 의장으로 하는 것으로 봉합됐으나 사르다르 파텔과 자와할랄 네루 사이의 관계는 더 악화되었다. 텐둘카르는 이를 "간디 선생님은 사르다르와 네루 사이의 불화를 알고 있었고 이를 근심하셨다. 당신은 그들이 손을 잡기를 바랐다"라고 진술한다. 이런 상황 때문에 간디는 사르다르 파텔과 1월 30일 오후 4시에 만남을 가졌다. 그가 살해당하기 한 시간 전이었다. "네루와 아자드는 저녁 기도 이후에 보기로 되어 있었다."

국민회의 내부에서 벌어진 이러한 상황 전개는 간디에게 국민회의의 미래에 대해서 심각한 고민을 안겨주었다. 그가 마지막 날 준비했던 일명 재조직된 국민회의의 제도 초안에서 다음과 같이 언급하였다.

선전 수단이자 의회 기구로서의 국민회의는 현재의 형태로는 수명을 다했다. 도시나 읍과는 달리 70만 개에 달하는 인도의 촌락에서는 여전히 사회적, 도덕적, 경제적인 독립을 얻어야 한다. 군부에 대한 시민의 지배권을 얻기 위한 투쟁은 민주적 목표를 향한 인도의 진보와 결합되어야 한다. 국민회의는 정당이나 꼬뮤날 단체들과의 무분별한 경쟁에서 벗어나야 한다. 이런저런 이유로 전인도국민회의위원회는 기존의 국민회의 조직을 해산하고 상황이 요구하는 바에 따라 규칙을 바꿀 수 있는 힘을 가진 민중봉사회(Lok Sewak Sangh, The Association of the Servants of the People)로 성장하기로 결의한다(VIII, p. 342).

이것이 간디의 특징으로, 자신의 모든 조력자들이 완전한 독립의 성취를 축하하고 있을 때 그는 건국의 기쁨보다는 새로 만들어진 인도라는 국가의 불안정성에 대해 더욱 걱정을 했다. 국민회의의 다른 지도자들이 민족운동의 공적을 내세워 자신들의 지도력 밑으로 권력의 이양을 주장하고 있을 때, 그는 인도가 가진 정치적 불안정성의 주요한 두 가지 원인에 대해 민중의 주의를 환기시키는 작업을 했다. 첫째, 힌두와 무슬림 간의 긴장 관계가 이제는 새로 탄생한 두 개의 국가인 인도와 파키스탄 사이의 긴장 관계로 이어졌다. 둘째로 국민회의 조직 내부의 부패와 타락이었다.

이것이 간디가 다른 국민회의 지도자들과 구별되는 점이다. 간디는 민중의 의향을 파악함으로써 힌두-무슬림 관계에 급진적인 변화가 있지 않으면, 그리고 국민회의 내부 조직이 개선되지 않는다면, 새로운 인도는 붕괴될 위험에 있다는 것을 알 수 있었다.

더욱이 간디에게는 개인적 야심이 없었다. 그는 부르주아 중 일부나 개인이 아니라 부르주아계급 전체를 대표했다. 따라서 그는 부르주아 일부의 좁고 작은 개인적 혹은 분파적 이해가 아니라 계급 전체의 장기적인 이익이라는 관점에서 모든 문제를 볼 수 있었다. 그래서 그는 새로운 국가가 가진 불안정성의 주요 원인들을 어느 정도 객관적으로 볼 수 있었으며, 또한 이러한 불안정성의 원인들을 제거하기 위해 최선을 다했다. 인도 부르주아지의 이념적 정치적 지도자로서 간디가 가진 위대함이 바로 이 부분에 있다.

간디는 불안정성의 두 원인을 진단함으로써 왜 이러한 원인들이 국가가 새로이 건국된 바로 그 시점에 부각되는지 파악할 수 있었다. 그렇지만 삼십 년 동안 사랑의 진리를 설파한 후 왜 생애 마지막 날들에 인도 민중들이 적대적인 두 개의 꼬뮤날 진영으로 갈라져서 자신이 추구했던 정치적 목표 — 독립 국가 인도의 수립 — 의 완성이 종교적 기반에서 서로 적대적인 두 개의 국가 설립으로 귀결되는 것을 보는 불운을 당하는지에 대해 어떤 합리적인 설명을 하는 것이 그에게는 기질적으로 불가능했다. 자신의 지도를 따라서 조국의 대의를 위해 그렇게 엄청난 희생을 했던 바로 그 사람들이 왜 권력과 개인의 부귀영화를 위해서 서로 싸우기 시작했는지 납득할 만한 설명을 할 수도 없었다.

이러한 고통스러운 상황에서 그가 찾을 수 있는 유일한 이유는 사람, 즉 비폭력 저항의 이론과 실천들을 끌어내리려고 했던 도덕적 개조의 대상이었던 바로 그들이 미쳤다는 것이었다. 그러나 사랑의 진리와 비폭력을 설교한 30년 동안의 세월이 증명하는 것이 인간을 미친 상태에서 진실한 상태로 변화시키는 것이 아니라 그 반대인 것은 어떻게 설명할 것인가? 이것은 너무나 절망하여 신앙에 의지하는 것 외에는 달리 할 수 있는 일이 없는 그런 문제였다.

실제로 그는 꼬뮤날리즘의 사악한 세력에 대항해 용기 있는 투쟁을 했지만, 자기 확신을 잃었고 인생의 즐거움과 살려는 의지조차도 상실했다. 1947년 자신의 생일 행사에 관한 서신에 답하면서 간디는 이렇게 기록했다.

제게 있어 이상적인 것은 125세까지 살기를 바라는 것도 아니고 지금 당장 죽기를 바라는 것도 아닙니다. 저로서는 그것이 고귀한 의지를 완전히 단념하는 것입니다. 그리고 만약 저에게 125세까지 살기를 바란다고 솔직히 드러낼 뻔뻔함이 있다면, 다른 상황에서 그렇게 되기를 바란다는 것을 솔직히 드러내는 겸손함이 있어야겠지요. […] 누군가 스스로를 무슬림이나 힌두 아니면 그 무엇이라고 참칭하든지 간에 야만인으로 변해 학살을 저지르는 것을 무기력하게 목도하는 자로 남기보다는, 이런 '속세'에서 저를 데려가도록 전지전능한 힘의 도움을 간절히 기원하겠습니다(Ⅶ, p. 176).

간디가 가진 위대함의 한계는 이 지점에 있다. 부르주아지의 세계관에 의해서 자신의 전망이 제한되었기에, 그는 권력 이양 전후에 꼬뮤날 관계의 악화나 국민회의의 타락도 우연적인 것이 아니라 사회 발전의 법칙이 확실히 작용한 결과라는 것을 알 수 없었다. 그가 이 점을 볼 수 있었다면, 힌두-무슬림 충돌은 그들 모두에게 있는 어떤 본질적인 결함 때문이 아니라 서로를 반목하게 작동하는 일정한 사회 세력들 때문임을 알았을 것이고, 힌두와 무슬림 대중의 운명을 신의 뜻으로 남겨두지 않고 힌두-무슬림 충돌을 가져온 사회 세력과 싸우기로 결심했을 것이다.

꼬뮤날 분열을 위해 일하는 이러한 사회 세력에 대한 이해가 없었기에 간디로서는 꼬뮤날 폭동보다는 반동적인 세력들에 대한 투쟁을 통한 연합이 아마도 더 두려웠을 것이다. 예를 들어 그는 RIN(왕립인도해군) 반란에서 분명하게 드러났던 힌두-무슬림의 전투적인 연합을 얼마나 두려워했던가.

> 해군의 이번 반란과 이어지는 사건들은 어떻게 보아도 비폭력 행동이 아닙니다. [⋯] 폭력 행동을 목적으로 하는 힌두와 무슬림 등의 연합은 거룩하지 못하며 아마도 상호 간의 폭력 — 인도와 세계를 위해서도 안 좋은 — 을 위한 준비가 될 것입니다. [⋯] 아루나(Aruna)는 '힌두와 무슬림은 제도의 전선(constitution front)보다는 바리케이드 위에서 단결하는 것이 낫다'라고 했지만 폭력이라는 관점에서도 이것은 잘못된 주장입니다. [⋯] 결단코 이것은 장래에 대한 전망의 부재를 드러내어 영국의 선언을 믿지 않고 사전에 분쟁을 촉진하게 됩니다. [⋯] 아루나와 그녀의 동지들은 비폭력적 방법이 오랫동안 잠들어 있던 인도를 깨웠는지 깨우지 못했는지, 그리고 스와라지 — 매우 모호하지만 아마도 — 에 대한 갈망을 만들어냈는지 그들 스스로 매순간 물어보아야 합니다. 여기에 대해서 제 생각으로는 오직 하나의 답이 존재할 뿐입니다(Ⅶ, pp. 78-81. 저자 강조 추가).

간디가 국민회의인들의 타락 이유를 이해하는 데 실패했던 사실에 대해서도 같은 이유를 댈 수 있다. 계급투쟁 이론에 대해서 눈살을 찌푸리고, 개인 심지어 지주나 자본가계급들이 선한 행동을 한다는 주장을 인정했기에, 그는 국민회의 지도부를 구성하고 있던 상층계급과 중간계급 정치가들이 권력을 획득하고 나서 개인적인 목적을 위해 그들끼리 다투는 것이 그들이 권력을 위해 싸울 때 개인적 희생을 만들어낸 것과 같은 것임을 볼 수 없었다. 지금까지 사심 없던 사람들이 부끄러울 줄 모르는 이기주의자로 변해가는 이 역설적인 현상의 이유를 알 수 없었기에, 간디는 알고는 있었지만 저지할 수는 없었던 국민회의 평당원들의 도덕적 타락에 대해서 어떠한 설명도 할 수 없었다. 그 결과 그는 개인이 본질적으로 선하다는 가정으로 시작해서 인간은 미쳐가고 퇴락한다는 결론에 다다르게 되었다.

간디가 자기 생에서의 사명(인간성의 개조)이 실패했다는 입장을 표명하기 위해 선택했던 순간이 수백만 인도 민중의 가슴을 기쁘게 했던 바로 그 순간 — 그들이 자유를 획득한 순간 — 이라는 것은 역사적으로 중요한 사실이다. 영국과의 투쟁에서 부르주아지의 정치 전략과 전술로서는 간디주의가 승리했지만, 새로운 사회 철학, 즉 인간을 교화하는 새로운 방법으로서의 간디주의는 총체적인 실패였다는 평가에 더 이상 덧붙일 말이 없을 것이다.

간디주의의 의미

마하트마 간디의 생애와 가르침이 주는 의미는 무엇일까? 그의 인생 이야기는 1920년대에 자서전을 쓰기 시작하면서 스스로 평가한 대로 '진리에 대한 실험 이야기'일까?

모한다스 간디가 '조국의 아버지'로 변모된 과정, 제1차 세계대전 시기에 헌신적인 하사관에서 1942년에 '영국 지배자들이여, 인도를 떠나라'란 슬로건으로 '행동 또는 죽음' 운동의 지도자로 변모된 것, 포르반다르 공국 군주의 가신 집안 자손이 인도 민주주의의 투사로 변모된 것, 런던에서 급진적인 운동에 매료되는 것이 아니라 채식주의자협회에 자진해서 가입한 종교적 심성의 젊은이가 조국에서는 반제국주의와 민주화운동의 가장 뛰어난 지도자로 변모된 것, 이것들을 우리가 어떻게 설명할 수 있을까?

앞에서 짧게 요약한 파란만장한 인생 이야기를 접했을 때 우리에게 이러한 의문들이 자연스럽게 제기된다. 이것들은 추상적인 질문이 아니라 오늘날 인도에서 민주주의자가 달성해야 하는 실천적인 과제를 담고 있는 질문이다. 이제는 우리 곁에 마하트마가 함께하지 않지만, 그의 평생의 가르침은 민주화운동 내부에 있는 여러 그룹과 개인의 활동을 이끌고 있다.

예를 들어 부단운동(Boodan Movement)은 의심할 여지없이 간디의 가르침에 기반을 두고 있다. 그의 이론과 실천을 통한 운동이라는 점에 동의하지 않을 수는 있지만, 그 점을 전적으로 무시할 수는 없을 것이다. 부단운동의 두 가지 측면, 즉 기존 토지 소유 체제에 대한 반발과 '비폭력'의 방법으로 토지의 불평등한 분배를 조정해야 한다는 주장은 모두 인도에서 가장 중요한 사회적 문제인 토지 분배 문제에 대해 간디의 가르침을 적용한 것이다.

또한 오늘날 여러 간디주의자들이(비노바 바베 선생 자신을 포함해서) 어떤 식으로든지 평화운동에 관여하고 있는 것은 간디의 가르침에서 영감을 받았기 때문임을 잊어서는 안 된다.

다른 한편, 중앙정부와 주 정부의 현재 지도자들이 성장하고 있는 노동계급과 농민의 대중운동을 공격하는 것이 소위 '군중 폭력'에 반대하는 간디의 가르침이라는 명목하에서 이루어지고 있음을 잊어서는 안 된다.

국민회의 내부의 모든 경향과 파벌, 그리고 공산당을 제외한 거의 모든 정당이 자신들의 정책을 정당화하고 방어하는 데 간디의 명망과 가르침을 이용한다는 점은 민족운동의 역사에서 간디가 수행한 역할이 얼마나 중대했는가를 가늠하게 해준다. 따라서 간디의 역할과 그의 가르침이 주는 의미를 진지하게 평가하는 것은 민주화운동의 발전을 진전시키는 데 있어 그 막중한 실천적 중요성을 지닌 것으로 간주되어야 한다.

이는 쉬운 작업이 아니다. 다른 역사적인 위인들과 마찬가지로 간디는 매우 복합적인 인물이다. 마찬가지로 그의 가르침도 '반제국주의 행동으로 대중을 고양시킨 민족운동의 선구자' 혹은 '혁명 전선에서 우리 민족운동의 발전을 가로막기 위해 자신이 할 수 있는 모든 것을 다했던 반혁명분자' 등으로 지나치게 단순화시킨 평가로는 담아낼 수가 없다.

간디의 생애는 수많은 사건, 인간 행위의 다양한 측면을 건드리는 수많은 저술과 연설, 다양한 국면에서 너무나도 극적이었던 활동으로 풍부했기에 그의 생애와 가르침을 공부하는 그/그녀는 간디와 간디주의에 관한 자신의 지론을 증명하기가 아주 쉬울 것이다. 그/그녀가 해야 할 것은 간디의 생애에서 선택한 일련의 사건과 그의 연설 혹은 저작에서 선택한 견해를 서로 연결하여 맞추기만 하면 된다. 그러나 역사적 관점에서 실제로 중요한 것들을 선택하고, 그의 생애와 가르침의 다양한 측면들과의 상호연관성을 확인한 후, 간디와 그의 사명에 대한 통합된 이해에 도달하는 것은 훨씬 더 어려운 작업이다.

불행하게도 우리에게는 이제껏 두 가지 범주, 즉 지나친 단순화로 인한 일방적인 칭송 혹은 마찬가지로 지나친 단순화로 인한 일방적인 비판에 속한 노력들만 있었다. 그러므로 간디를 평가하려는 모든 노력들은 이러한 두 가지 함정을 피해야 한다. 다음과 같이 그의 삶으로부터 흘러나와 드러난 결론은 그러한 노력에 대한 성과이다.

첫 번째 요점으로 간디는 이상주의자라는 것이 언급되어야 한다. 그를 이끌던 세계관이 철학적 유물론과 반대된다는 의미에서뿐만 아니라, 삶의 마지막까지 자신이 가진 확고한 이상을 고수했다는 의미에서 이상주의자였다. 진리, 비폭력, 금욕적 삶과 같은 도덕적 가치들과 카스트 차별의 폐지, 여성 해방, 모든 종교 그룹과 공동체의 단결과 같은 사회적 목표, 이러한 것들은 그의 삶과 가르침에서 분리할 수 없는 것이다. 공적 생활 초창기에 그를 남아프리카의 사티아그라하운동에 뛰어들게 만든 것은 확고한 이상에 대한 이런 집착이었다. 이는 다시 간디가 민족의 자유를 위해 비협력운동과 여러 운동에 투신할 수 있도록 만들었다. 이것이 그를 수많은 민주주의운동의 투사로 만들었고 결국에는 민족의 단결이라는 고귀한 대의에서 순교자로 만들었다.

두 번째, 간디의 이상주의는 그때까지 잠들어 있던 수백만의 농촌 빈민들을 각성시키는 데 커다란 역할을 하였다. 그들 앞에서 사용했던 반쯤 종교적인 언어들, 그가 이끌었던 단순하고 소박한 삶, 그리고 그들의 요구를 위해 싸울 때 보이던 열정, 이 모든 것들은 수백만의 농촌 빈민들이 간디에게 다가갈 수 있게 해주었다. 그들은 간디를 자신들이 처한 비참한 상황에서 벗어나게 해줄 구세주로, 신의 새로운 화신으로 여겼다.

우리는 몇 가지 사회적, 정치적, 문화적 문제들에 대한 간디의 시각을 '반동적(그 대부분이 의심할 여지없이 반동적이다)'으로 간주할 수도 있다. 하지만 그의 이러한 '반동적인' 시각이 농민 대중과 근대 민족민주화운동의 노련한 대표와 지도자들 사이에서 교량 역할을 할 수 있게 해주었다는 사실을 놓치는 것은 명백한 오류이다. 만약 '반동적인' 사회 전망을 가진 간디는 전적으로 혁명적인 현상을 초래하는, 즉 농촌의 빈민을 근대 민족민주주의운동의 영역으로 끌어들이는 데 필요한 도구였다고 누군가 말한다면 이는 자기모순이 될 것이다. 그런데 이러한 자기모순은 민족민주주의운동이 봉건주의와 연결된 부르주아들에 의해 지도되었다는 사실에서 보듯이 인도의 현실 정치에서 생겨난 모순의 징표다.

세 번째, 비록 간디가 농촌 빈민 대중을 민족운동에 끌어들이는 데 결정적인 역할을 했지만, 제1차 세계대전 이후에 그들이 보여주었던 거대한 자각을 간디 개인 덕분이라고 보는 것은 틀렸다는 점을 지적해야만 한다. 이러한 자각은 역사적 발전의 결과로 다른 나라에서와 마찬가지로 인도에서도 나타나게 된 것이기 때문이다. 제1차 세계대전 기간을 거친 직후 심각한 지경에 이르게 된 인도 농민의 지속적인 경제적 조건의 악화, 인도 민족운동 내부에서 일부 지역의 농민들을 감동시켰던 급진적인 세력의 성장, 터키와 중국 무엇보다도 러시아혁명과 같은 국제적 발전이 전체 아시아 민중의 내면에 던진 강한 충격, 이러한 것들이 인도 농민의 의식을 깨우기 시작한 기본적인 요소들이었다. 아마도 같은 방식은 아니었겠지만, 그 상황에서 간디가 없었더라도 그들은 행동에 들어갔을 것이다.

이를 언급하는 것은 인도 농민의 자각에 특별한 성격을 부여했던 한 개인으로서의 간디의 역할을 부정하려는 것도, 그런 새로운 자각이 자유와 민주주의를 위한 정치운동과 연결되었다는 사실을 부정하려는 것도 아니다. 농촌 빈민들을 끌어내서 민족민주운동을 강화시킨 데 대한 간디의 공헌을 부정하는 것은 민중 자각의 공헌을 모두 그에게 돌리는 것만큼이나 일방적인 것이다.

네 번째, 민족민주운동의 중요한 약점을 극복하는 문제에서 간디가 한 역할, 즉 지금까지 조직되지 못했던 대규모 농촌 빈민을 참여시킴으로써 그 운동을 실제적으로 전국적이고 전 계급적인 운동으로 만든 것은 칭송할 만하지만, 잊어서는 안 되는 것이 그는 농촌 빈민이 독자적인 세력으로 행동하는 것을 죽을 때까지 두려워했다는 점이다. 그는 자유와 민주주의를 위한 투쟁에서 그들을 동원하는 데 심혈을 기울였지만, 그들이 간디가 속한 계급, 즉 부르주아지의 지도 아래서 행동해야만 한다는 점에서는 단호했다.

차우리 차우라 시기 이후로 자유와 민주주의를 위한 투쟁의 모든 과정에서 그는 농촌 빈민이 부르주아지에게 안전한 한계선을 벗어나지 않도록 하는 방법을 고민하는 데 특별한 관심을 기울였다. 이러한 사실을 인식하는 데 실패한 이들은 간디 자신이 제1차 세계대전 기간 중 제국주의를 위한 징병관으로 활동한 것에 대해서 어떠한 양심의 가책도 느끼지 않으면서도, 제국주의와 그 앞잡이들에 대한 투쟁에서 민중이 비폭력을 지키는 것에 왜 그토록 집착했는가에 대해 설명할 수 없을 것이다.

다섯 번째, 농촌 빈민과의 관계만이 아니라 노동계급과 여타 노동에 종사하는 민중과의 관계에서도 그는 사실상 부르주아지에게 도움이 되는 접근을 했다. 신탁통치에 관한 그의 이론, 정치적 활동을 규정하는 지침으로서의 도덕적 가치에 대한 확고한 주장, 자신은 의회를 벗어나서 활동(건설적 프로그램과 사티아그라하)하고 그의 조력자들은 의회 활동을 하는 이런 양동작전을 능숙하게 결합하는 방법, 자신에 반대하여 대중의 직접 행동이 벌어지는 상황까지도 적과의 협상에 이용하는 독특한 간디주의식 방법, 이 모든 것들은 현실에 적용될 때 (1) 제국주의에 맞서서 행동하도록 대중을 고양시키고 (2) 그들이 혁명적 대중 행동을 하는 것은 막아서, 결국 부르주아지에게 막대한 도움이 되는 것으로 입증됐다. 대중들을 선동하지만 그들을 제지할 수 있고, 반제국주의자들이 직접 행동을 하도록 하면서도 제국주의 지배자들과 협상을 계속할 수 있도록 만드는 이러한 간디의 능력은 그를 부르주아지의 탁월한 지도자로 만들었다. 그는 부르주아계급 내의 모든 분파와 그룹들이 신뢰를 한 지도자였기에 계급 전체를 단결시키고 움직일 수 있었다.

마지막으로 부르주아지 가운데 가장 뛰어난 지도자로서 역사상 간디의 역할이 언제나 모든 쟁점마다 부르주아지와 같이 했다고 판단해서는 안 된다. 다른 한편으로 보면 이것이 그의 특성이자 그가 상황과 쟁점에 따라 친구이자 철학자이자 지도자였던 계급의 특성으로, 그의 입장이 유일한 것은 아니었지만, 이는 그 계급에서 소수자의 입장이었다. 그런 상황이 벌어질 때마다 그와 거기에 동의했던 사람들은 일시적으로 다른 노선을 따랐다. 이것은 계속해서 반복된 현상으로, 비협력운동 시기 이후(스와라지주의자들과 고수파 사이의 역할 분담)에 처음 나타나서, 1932~33년 시민불복종운동 이후 몇 년 동안 있었고, 제2차 세계대전 중 몇 번, 마지막으로는 독립 전후의 몇 달간 벌어진 현상이었다.

특히 그의 이상주의가 '냉혹한' 사르다르 파텔의 '철저한 실용주의', 그리고 급진적인 지식인인 판딧 네루의 근대주의, 그리고 몇 해 동안 자신의 동료이자 측근이었던 사람들과 충돌을 빚었던 생의 마지막 날들을 보면 이것을 알 수 있다. 독립 이후 몇 달 동안 간디와 동료들 사이에 커져갔던 간극은 그가 비극적으로 삶을 마무리하기 이전에 이미 충분히 그의 삶을 비극으로 만든 상황이었다.

간디 말년에 그와 동료들 사이에 커져갔던 간극을 검토해보면 실제로 간디와 그의 사명에 대한 전면적인 평가를 객관적으로 할 수 있다. 확고한 도덕적 가치에 대한 간디의 주장이 한때 부르주아지에게는 도움이 되었지만 생의 마지막 날들에서는 부르주아지에게 장해가 되었다는 사실을 그런 간극을 통해 분명히 확인할 수 있기 때문이다.

두 개의 전선 — 제국주의와 싸우기 위해 도시와 농촌 빈민을 동원하는 것과 동시에 대중들 사이에서 부각되고 있는 혁명적 행동 경향 — 에서 싸우던 시기에 부르주아지는 간디가 끌어낸 비폭력 저항의 기술에 기대는 것이 대단히 유용하다는 것을 발견하였다. 하지만 부르주아지와 그 동맹 계급이 국가권력을 획득했다는 의미에서 제국주의에 대한 투쟁이 일단 성공하자, 이제는 두 개의 전선에서 싸울 필요가 없어졌다. 이제는 제국주의에 대한 어떤 투쟁을 하더라도 국가 차원에서 할 수 있는 것이었다. 따라서 민중을 행동으로 끌어들일 필요가 없었다.

더 나아가 부르주아지가 자신들 손에 국가권력을 쥐고 있고 이를 그들의 계급적 이해를 위해 사용해야 하기에, 그들과 그들의 국가기구는 인민 대중과 더욱 격렬하게 충돌할 수밖에 없었다. 그들이 권력을 가짐으로써 벌어진 또 다른 결과는 권력을 쥐게 된 부르주아지의 개별적 대표(각료, 의원 등)들이 민중과 국가의 비용으로 그들 자신, 친구들, 친척들, 수하들을 부자로 만들고자 했다는 것이다. 이런 목적을 위해 그들은 원하는 성과를 낼 수 있는 온갖 부패한 방법을 사용하였다.

이렇듯 부르주아지의 지위가 하나의 계급과 그 계급의 개별적 대표자로 변화하자 반제국주의운동 시절에 설파하던 이상을 여전히 고수하고 있던 간디와 충돌할 수밖에 없었다. 반제국주의 투쟁 시절에 설파하던 도덕적 가치가 이제는 권력을 가진 정치인들에게는 장해가 되었다. 한편 간디는 그 가치에 충실했고 이전 동료들과 측근들에게 일어난 갑작스런 변화를 스스로 받아들일 수 없었다. 특히 힌두-무슬림 통합과 국민회의 평당원들의 부패 문제에 관해 그랬다(이에 대해서는 앞 장에서 이미 설명했다).

우리는 간디를 논함에 있어서 그를 국부라고 말하는 것은 사실상 반제국주의운동 시기에 그가 신봉했던 이상주의가 부르주아지의 수중에서 실질적으로 유용한 정치적 무기가 되었기 때문이라고 결론을 내려도 될 것 같다. 더 나아가, 그가 생의 마지막 시기에 부르주아지로부터 그토록 고립된 것도 독립 이후의 시기에는 그의 이상주의가 부르주아지의 자기 이해에 장해물이 되었기 때문이라고 말할 수 있을 것이다.

간디 이후의 간디주의

이제 우리는 모한다스 카람찬드 간디의 인생 이야기 끝부분에 도달했다. 간디주의 학파의 사상은 그 설립자가 암살자의 손에 비극적 최후를 맞이한 지 10년이 지난 오늘날에는 어느 위치에 서 있는가 하는 의문이 자연스럽게 제기된다.

이와 관련하여 오늘날 살아 있는 간디의 많은 추종자와 동료들이 간디주의 철학의 대표적인 인물들로 한때 유명했었지만 그들 사이에서는 간디주의의 본질과 복잡한 일상 문제들에 그것을 적용하는 데 의견이 일치하지 않는다는 점은 아주 흥미로운 사실이다. 이 책 초반부에 언급한 것처럼 간디에게는 여러 추종자와 제자들이 있었고 이들 각자는 상대방에게 간디가 평생토록 추구한 이상을 배반하고 있다고 서로 비판하면서 자신이 간디의 가르침에 충실하게 따르고 있다고 주장한다.

간디의 추종자와 제자들이 간디주의의 본질과 당면 문제에 대한 그 적용 방법에 있어 서로 의견을 달리하고 있지만, 그들 중에서 만장일치로 마하트마의 진정한 추종자, 그의 진정한 계승자로 인정받는 이가 있는데 그가 바로 비노바 바베(Vinoba Bhave)라는 점 또한 흥미롭다.

그는 간디 생전에 알려진 다른 이들과는 달리 대중에게 잘 알려지지 않았다. 그의 이름이 간디의 훌륭한 추종자로서 전국에 알려진 경우는 단 한 번으로, 1940년에 영국이 인도에게 전쟁 참여를 강요한 데 대한 저항으로 법을 무시하는 첫 번째 개인 사티아그라히로 간디가 그를 지명했을 때이다. 민중들은 그때서야 그가 간디의 충실하고 헌신적인 추종자로 간디가 대표하고 싸웠던 이상과 원칙을 알리고 실천하는 조용하고 사심 없는 일꾼이었음을 알게 되었다.

이 일이 있고 10년이 지난 후에야 그의 이름이 다시 부각되었다. 바베가 1951년 시작한 부단운동은 독립된 인도가 풀어야 하는 가장 중요한 문제, 즉 토지 문제에 간디의 원칙이 제대로 적용되는 운동으로 환영받았다. 지주들에게 그들 땅의 일부를 떼어서 농민들에게 분배를 강제하는 골치 아픈 방법에 대한 대안으로 환영받았다. 이는 국민회의가 제안한 것처럼 법을 제정하는 제도적인 수단을 통하거나 텔랑가나에서 공산주의자들이 추구했던 것처럼 전투적인 농민 대중의 행동을 통해 지주들에게 강요하는 것이 아니었다. 간디의 경우와 같이, 비노바 바베의 경우에도 지적인 능력과 다른 개인적인 명성에서 그보다 뛰어난 수십 명의 남녀가 그에게로 와서, 토지와 민중들의 다른 문제를 해결할 수 있는 유일한 효율적인 수단인 잔 샥티(Jan Shakti)*의 교의에 대한 그의 설명을 들었다. 각료, 교수들, 여러 유명한 사람들이, 만약 성공하게 되면 그들 모두가 해왔던 과업의 목표, 즉 비폭력적인 방법으로 계급도 없고 카스트제도도 없는 사회를 세우는 목

---

* 영어로 People's Power로 번역되는데 이를 민중 권력으로 해석해서는 안 된다. 민중의 능력으로 해석하는 것이 원래 의미에 가까울 것이다. 샥티는 신이나 초자연의 성스러운 능력을 의미한다.

표를 실현시켜 나갈 수 있는 운동의 지도자로 그를 환영하기 시작했다.

비노바 바베를 간디의 진정한 추종자로 인정하는 문제를 제외하고는 오늘날 간디주의 학파의 그 누구도 서로에 대해서 동의하는 것이 없다. 당면한 세계 문제에 대한 그들의 태도를 예로 들어보자. 오늘날 간디주의자들 가운데는 '공산당 지지자'와 '비밀 공산당원'으로 여겨지는 사람부터 거의 모든 사안에 대해서 — 최소한 개인적으로라도 — 세계가 '공산주의의 위험'에 처해 있다고 말하는 악명 높은 반공주의자까지 몇 가지 다른 시각이 존재한다. 국내 경제와 정치 문제에 관해서도 역시 간디주의자를 자처하는 이들이 주장하는 수많은 시각들이 있다. 이들은 대부분 서로 다른 정당의 당원이거나 지도자들이다. 다른 한편으로 간디가 반제국주의운동을 이끌고 있던 때에는 그에게 반대했다가 현재는 그의 추종자를 자처하면서 심지어 간디의 초기 추종자들을 "간디주의자의 원칙에 충실하지 못하다"면서 공공연히 비난하는 사람들이 있다.

다음과 같은 의문이 생긴다. 간디주의 학파 내부에 왜 이런 혼란이 있을까? 왜 간디의 추종자들은 그들끼리 싸우는 것일까? 역사는 다시 반복되는 것일까? 예언자는 자신이 살아 있을 동안에는 자신의 제자들을 단결시킬 수 있지만, 그가 죽고 나면 제자들은 뿔뿔이 흩어지는 것일까? 그렇다면 어떻게 그들은 그들 중 한 명(비노바 바베)에게 마하트마의 진정한 추종자이자 계승자라는 찬사를 보내는 것에는 일치할 수 있는가? 다시금, 마하트마의 제자들이 그의 가르침을 당면 문제에 적용하기 위한 올바른 방법에 대해 서로 싸우는 바로 그런 때에, 제국주의에 대항하여 투쟁하는 동안 그에게 반대했던 많은 이들이 오늘날에는 간디의 이름으로 맹세를 하고 그를 추종한다고 주장하는 이유는 무엇인가?

이런 질문들에 답하기 위해서는 간디주의의 본질이 무엇인지 이해할 필요가 있다. 일반적인 답은 간디주의의 본질이 현 사회 문제에 대한 진리와 비폭력이라는 도덕적 원칙의 적용에 있다는 것이다. 이는 물론 정확한 답이다. 그러나 바로 다른 의문이 떠오른다. 절대적 진리나 절대적 도덕성 같은 것이 존재하는가? 이 절대적 진리와 절대적 도덕성을 삶의 당면 문제들에 적용하는 불변하는 방법이 존재하는가? 예를 들면 간디는 제1차 세계대전에 참여하는 것을 죄라고 비난하지 않았을 뿐 아니라 스스로 구자라트 주에 가서 영국을 위하여 모병하는 것으로 영국 편에 서서 전쟁에 능동적으로 참여했다. 그러나 제2차 세계대전 중에 그는 모든 수단을 동원해 자신을 전쟁과 분리하지 않는 것은 죄악이라고 간주했다. 제1차 세계대전에서는 도덕이었던 것이 제2차 세계대전에서는 어떻게 비도덕이 되었는가? 또한, 1921년에 정부를 '극악무도하다'고 비난하고 의회에 대한 보이콧을 요구했던 당사자인 간디가 곧바로 '고수파' 추종자들과 함께 자신의 개인적 영향력을 사용하여 스와라지주의자들이 의회를 통해 활동하는 것을 허용한 것은 어떻게 된 것일까? 차우리 차우라에서 폭력이 벌어지자 시민불복종운동과 다른 모든 형태의 대중운동을 중지하라고 명했던 간디가 대중들에게 발포를 했던 (주에 있는) 국민회의 정부를 지원하는 것에는 조금의 망설임도 없었던 것은 어떻게 된 것인가? 그가 취했던 이 상호 모순적인 입장에 절대적 도덕성이나 절대적 진리나 절대적 비폭력 등이 존재하는가?

이런 질문들이 앞에서 다양하게 제기되었다. 이제 결론에 도달해서, 논의를 전체적으로 요약해서 말한다면 다른 사람들처럼 간디에게도 진리, 도덕, 비폭력은 절대적이지 않고 상대적인 것이었다. 그는 더 큰 이해관계 속에서 특정 노선이 진리와 도덕, 즉 평화적이고 비폭력적인 수단을 통해 영국 제국주의를 종식시키는 데 도움이 될지 여부를 면밀하게 검토한 후 모든 것을 판단했다.

영국 제국주의를 위해 인도 군인들을 징병하는 것은 제1차 세계대전에서는 도덕적인 것이었다. 왜냐하면 당시에 스스로 말한 것처럼 영국 제국주의를 방어하기 위한 인도 군인들의 개인적 희생은 그와 대영제국 내에 있는 자치 정부의 다른 투사들을 강화시켜줄 것이기 때문이었다. 다른 한편으로 제2차 세계대전에 참여하는 것은 비도덕적이었다. 왜냐하면 상황이 바뀌어서 전쟁 준비에 반대하는 투쟁 위협이 독립 투쟁을 강화시켜주는 최고의 수단이 되었기 때문이었다. 아주 흥미롭게도 운동의 특정 시기 동안 간디 개인적으로는 참여를 포기했지만, 국민회의에게 전쟁 참여를 전제로 영국과 협상하는 것을 허락했다. 이 개인적 회피도 상황에 따라 영국에 대항하는 투쟁을 개시하는 데 있어 스스로 매이지 않으려는 전략의 일부였다.

'극악무도한' 정부, 의회, 다른 기관에 대한 그의 태도와 관련한 입장은 이런 것이었다. 1921년 간디는 정부 행정 기구들에 대한 대중적 거부 활동을 위해 일했지만, 곧바로 총독과 다른 고위 관료들과의 협상에서 자신의 능숙함을 증명하였다.

그러므로 간디가 절대적 진리와 절대적 도덕성을 관철시켰다고 말하는 것은 부정직한 것이다. 마찬가지로 간디의 추종자와 동료들이 그가 설파하고 실천하려고 했던 모든 것에 절대적으로 충성했다고 말하는 것 역시 솔직하지 못한 것이다. 다른 한편으로 그의 동료와 추종자들은 사석에서 '간디의 변덕(Gadhi' s Fads)' *을 자주 거론했다. 비폭력이 신조인지 정책인

---

* 간디의 식도락이라는 의미도 있다. 간디는 맛있는 음식에 집착하던 식도락가로 유명하다. 그리고 간디주의자들은 여기에서 '아이' 처럼 '맑은 성자' 간디라는 결론을 끌어낸다. 인도 지배계급들의 오랜 채식 문화 전통을 조금이라도 알게 되면 채식이 세상을 바꾼다는 주장이 얼마나 순진한가 알 수 있다. 정호영,《인도는 울퉁불퉁하다》, 한스컨텐츠, 2011 중에서 4장 6절 '채식주의와 브라만' 을 참조하라.

지에 관한 유명한 논의, 그리고 간디의 몇몇 추종자들이 취한 입장, 즉 간디에게는 신조이지만 그들에게는 단지 정책이라는 입장은 '간디주의' 라고 불리는 기본 교의에 대해서 간디와 그의 추종자들이 서로 상반된 권위를 부여하고 있음을 설명해준다. 그가 전 생애에 걸쳐 그 투쟁을 이끌었던 계급, 즉 부르주아지가 이해했던 것처럼 그들 모두를 단결시키는 간디의 능력은 그가 반제국주의 투쟁의 요구에 진리, 도덕, 비폭력 등의 원칙을 적용했다는 사실로부터 비롯된 것이다. 이 계급은 영국에 대항하여 노동 대중을 부추기고 단결시키면서도 부르주아지가 안전한 선에서 이런 대중 행동을 억제할 수 있는 간디의 기술을 제대로 평가하고 있었다. 쇠퇴기와 고조기가 이어지는 반제국주의 투쟁의 부침에 따라 간디는 민중의 의향을 살피고 영국과 접촉을 유지하였다. 그리고 민중들 사이에 살아 있는 반제국주의의 불꽃을 지키기 위해 양자와의 관계를 이용하였다. 동시에 그는 평범한 민중이 합류하게 되면 자신들의 이익이 침해될까 걱정하는 이들을 그 불꽃이 게걸스레 삼키지 않도록 세심한 주의를 기울였다. 부르주아지를 충실하게 대표하던 사람들이 간디가 설파하던 원칙에 대해서는 유보적인 태도를 보이면서도 그를 자신들의 지도자로 상찬한 것은 확실히 진리, 비폭력, 도덕이라는 원칙에 적용하는 간디의 특별한 방법 때문이었다.

1947년 8월에 발생한 근본적인 상황 변화는 이런 식의 문제 해결 방식을 불필요하게 만들었다. 따라서 간디와 동료들 사이에 커다란 간극이 나타나게 되었다. 그의 동료들은 국가권력이 자기들 수중에 있으므로 대중운동은 더 이상 필요 없다고 생각했다. 다른 한편 대중운동이 그들에게는 명백하게 방해물이 되었을 것이다. 사회와 경제체제에 있어 어떤 개혁이 필요하더라도 국가권력을 사용해서 할 수 있었다. 하지만 간디는 그리 낙관적이지 않았다. 앞에서 설명했던 것처럼 간디는 권력 이양 전후에 일어난 새로운 상황 전개에 비통해했다. 간디는 변화된 상황에 직면하여 자신의 원칙을 재정립할 필요가 있다고 생각했다. 이는 새로운 자유 인도에서 앞으로 나타나게 될 사태와 관련된 유명한 제안으로 구체화되었다. 그는 국민회의가 민중을 위한 봉사에만 헌신하는 비정치조직 — 록 사하약 상(Lok Sahayak Sangh, 민중봉사회) — 으로 변해야만 한다고 제안했다.

국민회의 지도자들은 국민회의를 비정치조직으로 변형시키겠다는 생각을 거부했다. 수십 년 동안 정치권력을 쟁취하기 위해 싸워온 조직이 새롭게 얻은 국가권력을 국가 발전을 위하여 사용할 기회를 스스로 버린다는 것은 그들로서는 터무니없는 일로 보였다. 그러므로 1947년 8월 15일 그들은 자기들 마음에 드는 노선으로 인도를 재구축하기 위해 자기들 손에 있는 국가기구를 운영할 수 있는 강령을 마련하였다.

한편, 소규모이긴 해도 최측근 몇몇이 간디의 생각을 받아들여, 사르바 세바 상(Sarva Seva Sangh, 전국헌신회)이란 이름으로 활동했다. 그들은 새로운 정치적 상황에서 어떠한 권력의 지위도 바라지 않을 것을 서약했다. 각료직, 의원직 같은 것은 그들에게 이질적인 것이었다. 그들은 변화된 환경에서 필수라고 생각한 변화된 형태, 즉 카디, 농촌 산업, 기본 교육 등을 가지고 간디가 평생에 걸쳐 전개해온 건설적 프로그램을 통해 민중을 위해 봉사하는 데에 헌신하고자 하였다. 다시 말해 그들은 간디가 독립 이후에 국민회의를 운영하고자 했던 것과 동일한 방식으로 사르바 세바 상을 운영하였다.

사르보다야 활동가의 이런 활동들에서 비노바 바베가 지도하는 새로운 운동인 부단운동이 비롯되었다. 이 운동이 생겨난 상황은 잘 알려져 있다. 원래는 니잠 샤히(Nizam Shahi, 군주 이름)에 대항하여 일어났고 반 니잠 투쟁의 과정에서 지주의 지배를 끝내고 토지 분배를 했던 텔랑가나의 농민들은 니잠 샤히를 승계한 국민회의 체제에 반대하게 되었다. 지주들로부터 찾은 자신들의 땅을 지키려는 농민과 그런 농민의 반란을 진압하기 위해 고용된 경찰 사이에 폭력적 충돌이 일어났다. 그 투쟁에서 수십 명이 총에 맞아 죽었고 수백 명이 체포되고 감금되었으며, 여러 형태의 테러가 발생했다.

비노바 바베가 민중이 겪는 이런 고통을 피할 수 있는 방법을 생각하게 된 것은 이런 상황 전개 때문이었다. 이런 생각에서 나온 해결 방법은 전형적인 간디주의자의 방법이다. 그는 공산주의자 지도부를 따라서 농민들이 채택한 혁명적 토지 쟁취 방법도 거부하고 국민회의 정부가 채택한 합법적인 농업 개혁의 방법도 거부하였다. 이러한 방법 대신에 (이들 방식으로 하면 사회적 문제 해결에 있어 폭력을 수반하게 된다. 전자는 대중행동과 그에 따른 직접 폭력을, 후자는 국가기구를 이용하여 결국은 소수에 대하여 다수의 조직화된 힘을 사용하게 된다) 그는 땅을 소유한 이들이 자발적으로 토지를 나누어주는 방법을 주장하였다. 그의 유명한 슬로건인 '땅이 없는 이들을 위해 모든 이들은 그/그녀의 땅 중 1/6을 분배하라' 는 소수에 대해 다수의 의지를 관철하는 제도적 방법뿐 아니라 농민에 의한 혁명적 토지 쟁취, 이 양쪽 모두에 대한 대안이었다. 토지 문제 해결을 위하여 라지 샥티(Raj Shakti, 국가권력)에 반대하는 잔 샥티(민중의 능력), 이것이 부단운동의 본질이다.

부단운동은 다양한 국면을 거쳐 그람단(Gramdan, 토지에 대한 자발적인 기부 — 옮긴이)이 되었다. 이제 바베는 부단운동의 국면에서처럼 토지의 1/6을 양도하는 것에 만족하지 않았고, 전 재산을 양도하도록 요구했다. 사적 자산(토지에서부터 비롯되는 자산)의 철폐, 즉 촌락의 모든 토지 자산을 촌락 공동체의 공유 자산으로 만들어서 모든 촌락 토지를 공동으로 경작하고 토지 생산물을 공평하게 분배하는 것, 촌락 민중들의 공동 이익을 위해서

면화 산업과 여타 생계 수단을 조직화하는 것, 요약하면 이러한 것들이 바베가 그람단에 대해 말했을 때 생각한 새로운 농촌의 모습이었다.

그러므로 이는 정확하게 간디가 반제국주의의 시기에 인도의 문제에 적용했던 바로 그 원칙들의 (독립 이후에 인도의 중요 문제들에 대한) 적용이라고 부를 수 있는 것이다. 바베가 민중들 앞에 내놓은 목표는 사회주의자나 공산주의자의 목표만큼이나 혁명적인 것이다. 가장 기본이 되는 원칙, 즉 "능력에 따라 일하고 필요에 따라 가져간다"는 원칙은 마르크스주의자에 의하면 오직 높은 단계의 사회주의인 공산주의 단계에서만 가능하다. 하지만 이 목표는 노동계급의 지도를 따라 노동 대중이 수행하는 장기적인 정치 투쟁 과정을 통해서도, 억압과 착취의 대상이던 계급이 지배계급이 되는 이행을 통해서도, 노동 민중 중심의 국가권력 수립과 이를 통한 계급 차별의 철폐를 통해서도, "각자가 필요에 따라 가져가는" 등의 목표 실현이 가능하게 되는 그런 단계로의 사회 생산력의 발전을 통해서가 아니라, 설득과 심경의 변화를 통해 가능하다는 것이다. 이것이 최근 국면에서의 그람단이나 간디주의의 본질이다. 그리고 바로 여기에 마르크스주의와 차이가 있는 것이다.

바베와 그의 추종자들은 그람단운동을 통해 인도가 직면한 사회적 문제의 유일하고 정확한 해결책을 발견하였다고 주장한다. 그렇지만 국민회의 지도자나 공산당, PSP(Praja Socialist Party)* 같은 좌파 정당은 모두 이를 공식적으로 인정하지 않았다. 사적 토지 소유라는 악덕에 반대하는 바베의 가르침과 농촌 생활 재조직의 필요성이 사회 경제적 이행에 도움이 된다고

---

* 국민회의 내 좌파들이 분리되어 만든 사회주의당으로 이후에 꼬뮤날리즘을 책동한 JP 같은 간디주의자들이 상당히 많았다.

인정하면서도, 그들은 국가기구를 이용하지 않고 이런 이행을 가져온다는 것은 불가능하다고 지적한다. 바베와 그의 지도를 따르는 그람단운동이 얻은 성과에도 불구하고 사실상 거대 지주는 토지의 사적 소유 철폐를 위한 그의 요청에 답하지 않는다는 것이다. 그람단운동을 논의하기 위해서 바베가 소집한 마이소르(Mysore) 회담을 통해 정치 지도자들은 각기 소속된 정당은 달랐어도 전적으로 이 운동에 깊이 공감하지만 토지개혁, 협력운동의 조직 등의 방법을 통해 정치를 대신할 수 있다고 생각하지 않음을 천명한 것도 그런 이유 때문이다. 바베가 시작한 사회경제적 변화를 위한 자발적인 운동과 정치 행위는 서로 상호 보완적이라는 데는 의견이 일치하였다.

이것과 관련해서 간디의 가장 유명한 동료들 대다수는 그람단운동을 인도의 사회경제적 병리 현상에 대한 만병통치약으로 보는, 바베와 그의 동료들이 가졌던 그런 믿음은 가지고 있지 않았다는 점이 중요하다. 이것이 중요한 이유는 오늘날 바베와 그의 동료들보다 잔 샥티, 즉 민중의 능력에는 믿음을 적게 가지고 라지 샥티, 즉 국가권력을 더 신뢰하는 이들 대다수가 어떤 사람들인지 알 수 있기 때문이다. 이들은 입법, 선거, 전쟁 참여에 대한 태도, 국민회의를 민중에게 봉사하는 비정치적 기구로 이행하는 강령 등과 같은 다양한 상황과 쟁점에서 간디와 의견이 달랐던 바로 그 사람들이다. 이것이 의미하는 것은 그들이 간디를 지도자로 받아들인 것은 단지 정치권력이라는 목표를 실현하기 위한 수단에서였다는 것이다. 그들이 진리, 비폭력, 도덕 등과 같은 간디의 가르침을 받아들인 것은 오직 그것이 정치권력의 목적을 실현하는 데 도움이 되었기 때문이다. 오늘날 역시 그들은 정치권력과 그 사용을 단념할 의도가 없다. 빈틈없는 현실주의자로서 그들은 사회경제적 변화를 위한 운동의 성패 여부는 누가 권력을 쥐고 어떻게 사용하는가에 달려 있다고 느끼기 때문이다.

    공산주의자, 사회주의자 그리고 여타 좌파들에게 명확한 것은 정치권력은 사회경제적 이행을 위한 투쟁에서 본질적인 요소라는 것이다. 한 세기 전에 마르크스주의의 창시자들이 선언했듯이, 어떠한 계급도 자발적으로 권력을 포기하지 않는다. 개인적 차원에서는 바베나 다른 이상주의자의 고귀한 가르침에 감명을 받아 권력과 재산을 포기할 수 있다. 그러나 지주들, 자본가들 그리고 여타 착취계급은 몽상가들이 꿈꾸고 실천적 혁명가들이 싸웠던 그런 사회적 이행을 하나의 계급으로서는 자발적으로 따르지 않을 것이다. 따라서 그들은 바베와 그 동료들이 잘되기를 바랄 것이고 자신들 권력 안에서 그람단운동의 이상을 선전하는 것을 도울 것이다. 그러나 그들은 정치권력에 대한 투쟁은 결코 포기하지 않을 것이다.

제도화(1981년)

바로 앞 장은 23년 전인 1957년 후반에 쓴 것이다. 이 기나긴 시간 동안 인도의 정치 전반, 특히 하나의 이론과 실천으로서 간디주의의 발전에서 도 많은 일들이 있었다.

새로 얻은 기회를 이용해서 자신뿐 아니라 자기 지인과 친구들을 부유하게 만들기 위해 민중을 희생시키는 주류 간디주의 정치인들과는 선을 긋는 소수의 간디 추종자들이 있다고 이야기한 바 있다. 독립 투쟁 시기에 는 간디의 주요한 부관들로, 후에는 그의 충성스러운 추종자들로 알려져 있던 이들은 중앙과 주 정부를 운영하면서 나라 전역에서 패거리를 만들어서 싸움을 벌이고 있지만, 비노바 바베와 그 주변에 있는 작은 모임은 이곳 저곳을 다니면서 부단과 그람단의 메시지를 전하고 있다. 거기서 비노바 바베는 잔 샥티(민중의 능력)와 라지 샥티(국가권력)의 차이점을 강조하였다.

하지만 잔 샥티와 라지 샥티의 차이는 점차 사라져가기 시작했다. 물론 비노바 바베와 소수의 사람들은 권력투쟁에 참여하지 않았고 정치꾼들의 쟁탈전에서 벗어나 있었다. 하지만 잔 샥티와 라지 샥티 사이에 수많은 연결이 맺어졌다. 사르보다야운동, 그를 대표하는 많은 협회와 조직이 준(準)공적 지위를 획득하게 되었다. 더 나아가 주나 중앙의 권력투쟁에서 밀려난 이들이 사르보다야운동으로 와서 자신들을 위한 안식처로 삼았다.

1969년에 전국적 규모로 조직되었던 간디 탄생 100주년 기념회는 사실상 실제적 목적을 위해 공식적으로 조직된 기구가 되었다. 대통령, 총리, 내각 그리고 주와 구와 그 밑의 말단 관료들까지도 최상층부과 중간 관료들의 '훌륭한 지원을 받는' 100주년 기념회의 조직자들이 되었다. 100주년 기념회와 관련하여 공적 혹은 준(準)공적 활동이 이루어졌으며, 중앙 차원에는 간디평화재단(Gandhi Peace Foundation), 지방 차원에서는 간디 스마라크 니디스(Gandhi Smarak Nidhis)*와 같은 거대한 협회를 설립하는 것으로 절정을 이뤘다.

이렇게 라지 샥티와 가까워져서 잔 샥티를 말하던 이들은 공식적으로 국가 기관의 외부에 있었지만 기성 체제의 일부가 되었다. 따라서 그들은 집권 정당이 둘로 분열되자** 파벌 정치의 대혼란 속으로 빠져들 수밖에 없었다. 이 분열에 이어서, 분열되기 전에 지배 정당에 있던 종파와 그 반대편 종파 사이에서 은밀한 접촉이 생겨났다. 요점만 말하면 1970년대 중반까지 사르보다야주의 종파들은 국민회의 O(Congress Organization), 잔상(Jan Sangh)***, 스와탄트라(Swatantra)****가 지도하는 반대파에 가까워

---

*   지역에서 간디의 건설적 프로그램 실천을 추구하는 단체.

**   1969년 9월 당내 권력투쟁 끝에 인디라 간디를 한 축으로 하는 국민회의 R(Congress Ruling)와 인도-중국 전쟁의 패배로 네루의 힘이 약해진 틈을 타 결성한 파벌을 중심으로 하는 국민회의 O(Congress Organization)로 분열된 것을 말한다.

*** 1951년에서 1980년 사이에 존재한 정당으로 BJP가 이의 후신이다.

**** 네루에 반대하여 C. 라자고팔라차리가 1959년 결성한 당.

지기 시작했고 다른 쪽에는 분열 이전 지배 정당의 주류였던 파벌이 있었 다고 정리할 수 있을 것이다.

여기서 언급하는 것은 사르보다야운동의 최고위층에서 비노바 바베 다 음으로 꼽히던 자야프라카시 나라얀(JP)이 인디라 간디가 대표하는 독재에 대항해 반역의 깃발을 든 비상사태가 시작되기 몇 달 전에 관한 것이다. 소위 'JP운동(JP Movement)'으로 알려진 운동이 수천 명의 사르보다야주 의자들의 생각을 사로잡았다. 선거와 교육 개혁, 부패에 반대하는 등 독재 에 대항하여 그가 이끈 운동은 1921년, 1930~32년, 1942년 간디가 지도 하던 운동 — 이 운동에서 자야프라카시 자신이 뛰어난 역할을 수행했다 — 의 새로운 버전이 되었다. 새로운 JP운동은 또한 십여 년 전에 JP가 능 동적으로 참가했던 부단과 그람단운동의 새로운 버전이었다.

하지만 바베가 시작했던 부단과 그람단운동, 그리고 1970년대 전반부 에 시작된 'JP운동' 사이에는 큰 차이가 있었다. 전자는 정부에게 요구하 는 것이 없었다는 점에서 비정치적인 것이었다. 비록 라지 샥티와 충돌은 없었지만, 잔 샥티를 끌어내도록 계산된 순수한 대중운동이었다. 한편 'JP 운동'은 노골적으로 주로 라지 샥티 자체에 반대하였다. 그렇기 때문에 이 운동은 대중의 광범위한 호응을 받았다.

이는 비노바 바베와 그의 주변에 모여 있던 사르보다야주의자들이 좋아 할 만한 것이 아니었다. 그들은 사르보다야운동을 JP에 의해 시작된 반독 재 정치운동과 동일시하는 것에 반대하였다. 그래서 사르보다야운동 또한 둘로 분열되었다.

사르보다야운동의 이런 분열은 두 명의 최고 지도자(바베와 JP)가 대립한 것을 분열의 배경으로 보아야 한다. 이는 지배계급들의 정치적 대변자들 사이에서 일어난 분열이다. 1969년의 국민회의 분열은 반대편에 있던 국민회의 그룹과 다른 부르주아 반대 세력들을 합친 소위 '대연합(grand alliance)'의 출현에서 절정에 달했다. 반대파에 섰던 사회주의자들도 이 연합에 참여하였다. JP가 이끌던 사르보다이트 종파는 이 대연합에 있었고 비노바 바베가 이끄는 이들은 기성 세력들과 굳건하게 같이 있었다.

이 분열은 비상사태와 비상사태 이후에도 계속되었다. 비노바 바베는 인디라 독재 정권의 고위 성직자로 행동하였고 사르보다야의 가장 큰 두 개의 날개였던 크리팔라니와 자야프라카시는 반대 진영인 자나타(Janata)* 의 대부로서 행동하였다. 다시 말해, 부르주아-지주 지배계급의 정치적 대변자들 사이에 벌어진 친독재와 반독재로의 분열이 사르보다야운동에도 반영된 것임을 알 수 있다.

원래는 잔 샥티라고 불리던 것이 라지 샥티에 대한 두 가지 형태의 지지와 지원으로 변형된 상황은 간디주의가 부르주아 정치의 이론과 실천이라고 앞에서 표현한 시각을 입증하는 것이다. 간디주의는 자유 투쟁의 기간에는 부르주아지의 손에서 민중의 전투적인 반제국주의를 동원하는 동시에 억제하는 도구로 사용되었다. 독립을 쟁취한 전후에 위기가 표출되던 시기에는 간디와 그의 주요한 부관들 사이에 균열이 생기기 시작했다. 이는 비노바 바베가 부단-그람단운동을 시작하면서 잔 샥티를 끌어내고자 했던 상황과 어느 정도까지는 연결이 되었다. 하지만 잔 샥티는 점차 라지 샥티의 지지와 지원에 의해 제도화되었다. 그렇기 때문에 라지 샥티가 분열되었을 때 자연스럽게 간디주의운동도 분열되었다. 이는 사실상 부르주아계급의 이론과 실천인 사회적 전망이 그 이상주의적 외피가 벗겨진 뒤 맞이하게 된 운명이다.

---

* 1989년 반(反)국민회의 진영의 정당 연합으로 정권을 잡았다.

그러므로 간디주의를 평가하는 데 있어서 마르크스-레닌주의자들은 계급으로서의 부르주아의 철학과 실천이 가진 부정적인 측면과 아울러 긍정적인 측면도 같이 고려해야만 한다. 독립 투쟁의 시기에서는 제국주의에 반대하는 것으로, 부단운동에서는 봉건지주 제도를 반대하는 것으로, 1970년대에는 독재에 반대하는 것에서 간디주의는 각기 민족의 자유, 농업 개혁과 민주주의를 방어하는 명분을 지지했다. 동시에 이렇듯 같은 철학이 종교부흥운동과 반계몽적인 사회문화적 시각으로 인해 대중 주도의 개발이라는 족쇄를 푸는 데서 방해가 되었다.

후자의 측면은 사르보다야 지도자들이 친독재와 반독재 진영으로 분열되었지만 양쪽 모두 암소 도살 반대 문제를 제기하는 데 참여했던 최근의 국면을 보면 알 수 있다. 비록 비노바 바베 종파가 이 문제를 모라지(Moraji)가 이끄는 자나타 정권에 반대하는 데 이용했지만, 사르보다야주의의 다른 종파도 역시 이 요구에 동참했고 그를 지지하였다.

그러므로 마르크스-레닌주의자들은 공동 행동을 취할 수 있는 특별한 쟁점에서는 그 기회를 최대한 활용해야 하지만, 간디주의의 철학과 실천에 대해 원칙에 입각한 이념적 투쟁을 해야만 한다.

간디 암살의 정치학(1998년)[*]

"누구도 라마의 통치가 힌두의 통치라고 생각하는 오류를 범해서는 안 된다. 나의 라마는 이슬람의 신(Khuda, 페르시아어로 유일신), 또는 기독교의 신(god)의 다른 이름이다. 나는 이슬람 신의 통치를 원한다. 이것은 기독교에서 말하는 지상의 하나님의 나라와 같은 것이다."

― 마하트마 간디, 1947년 2월 26일

1997년 1월 30일은 RSS 활동가인 나투람 고드세(Nathuram Godse)에 의해 간디가 암살된 지 50주년이 된 날이다. 이는 일반적으로 종교 간 화합, 특히 마하트마가 사반세기 동안 해온 힌두-무슬림 연대에 심대한 타격이었다. 고드세는 개인이 아니라 정치적 경향이고 이슬람 꼬뮤날리즘과 반목하고 충돌해온 힌두 꼬뮤날리즘의 대변자였다. 따라서 다음과 같은 문제가 제기된다. 어떻게 (힌두와 무슬림의) 꼬뮤날리즘이 인도 안에서 생기고

---

[*] Sistaram Yechury(ed.), *People's Diary of Freedom Struggle*, Leftword, 2008, pp. 123-127.

성장하게 되었는가? 이 질문에 답하려면 19세기 후반부를 언급해야 한다. 영국 지배로부터 벗어나기 위해 싸운 투사들은 인도국민회의를 조직하여 결집했다. 1885년 창당한 국민회의는 최초의 전(全)인도 민족민주 정당으로 모든 카스트, 종교 그룹들, 각기 다른 언어를 사용하는 민중을 모으려 했다. 요약하면 인도 사회 내의 모든 민족적(ethnic), 사회적 집단들을 결집하려 한 것이다.

새로 생긴 인도 민족주의 조직이 추구하는 보편적 목표는 비록 그 목표가 명확하게 정의된 것은 아니었지만 외세의 지배로부터 인도의 자유였다. 이 목표는 인도 정부와 주 정부가 민중에 의해 선출된 의원과 장관들로 구성되고 민중에 대해 책임을 지는 것을 의미했다. 이는 근대적이고 자유주의적인 세속주의 민주주의였다.

그럼에도 불구하고 이 보편적 이념을 고안하고 발전시키는 것은 힌두 사회의 많은 카스트와 여전히 막강한 비(非)힌두 종교 공동체 등에 의해 방해를 받았다. 이는 영국 지배로부터의 자유가 무엇인가에 대한 각기 다른 접근 방식이 그 자체로 반영되었다.

힌두에게 영국으로부터의 자유는 고대(마우리아, 굽타, 하르샤) 제국의 재건이었다. 무슬림에게 영국으로부터의 자유는 델리술탄왕조나 무굴제국의 재건이었다. 시크에게는 판스(panth)*였다.

더 나아가 인도 내에 다양하게 존재하는 힌두 공동체의 각 카스트들은 영국 지배로부터의 자유에 대해 각자 나름의 특수한 전망을 가지고 있었다. 정치적으로 세워진 이 각기 다른 전망들은 영국이 떠나고 난 후 각기 다른 정당들의 결성으로 이어졌다.

---

* 구루에 의해 통치되는 신정정치.

왜곡된 형태의 전망이 반영된 커뮤니티 중 하나는 무슬림이다. 커뮤니티 전체로 보면 인도 내부에서 소수가 된 이 커뮤니티는 영국이 떠나고 난 후 세워질 것으로 예상되는 민주적 통치에 대해서 심한 불안감을 가지고 있었다.

억눌린 종교적 소수의 심리 상태는 현실 민주주의가 일반적으로는 다른 커뮤니티에 대한 힌두의 지배가 될 것이고 따져보면 무슬림에 대한 지배가 될 것이라는 우려로 표출되었다. 영국 지배자들은 종교 꼬뮤날로서의 무슬림에 대한 특별 보호 요구를 승인하고 성장을 장려함으로써 무슬림의 이런 종교적 꼬뮤날 의식을 이용하였다. 무슬림 커뮤니티의 지도자들이 인도국민회의와 대등한 조직으로 전인도무슬림연맹을 조직하여 무슬림만의 선거구를 요구하도록 영국 관료들이 도와준 것도 이런 이유에서다.

인도국민회의의 자유주의 부르주아 지도자들은 이러한 요구에 대해서 양보의 필요성을 인정했고, 일반 선거구와 구분되는 무슬림 선거구를 제공하는 정치 협상을 무슬림연맹과 시작했다. 이 국민회의-무슬림연맹 협상은 1916년에 있었다. 그리고 영국 정부가 킬라파트 문제를 처리하는 것에 대한 항의로 이어진 대중운동은 1919~21년 시기의 킬라파트운동과 연결되어 비협력운동이 시작될 때 힌두-무슬림 단결을 대중적 자유운동의 핵심으로 만들었다. 1919~21년의 킬라파트운동과 함께했던 비협력운동에서의 힌두-무슬림, 즉 국민회의-연맹의 결렬은 국민회의와 무슬림연맹 사이에 소원함을 키워나갔다. 이로 인해 전국 각지에서 힌두와 무슬림들 사이에 폭력 사태가 야기되었는데 이는 오직 꼬뮤날적 감정들을 불태울 뿐이었다. 꼬뮤날 폭력 사태를 조직하는 와중에 1925년 RSS(Rashtriya Swayamsevak Sangh, 민족자원봉사단)라 칭하는 힌두 꼬뮤날 무리들이 나그푸르(Nagpur)에 생겼다. RSS의 기본 이념은 전반적으로는 반(反)소수자이고 특별하게는 반(反)무슬림 정서였다. 그와 유사한 조직인 힌두 마하사바(Hindu Mahasabha)는 힌두 쇼비니즘과 꼬뮤날리즘에 기반을 두고 있었다. 인도는 힌두와 무슬림의 꼬뮤날 노선에 따라 나누어졌고 힌두 내에서는 상층 카스트와 하층 카스트로 나누어졌다.

초기에 무슬림연맹이 한 것처럼, 억압받는 계급들의 조직들 또한 자신들을 위한 별도의 선거구를 요구하였다. 다른 타 종교 커뮤니티(시크는 제외하고)와 힌두 사회 내 카스트들은 스스로 별도의 정당을 조직하지는 않았지만 힌두 커뮤니티 내에서의 카스트와 커뮤니티 의식은 그 표현 방식을 가지고 있었다. 영국 지배자들이 자유를 향한 거국적 요구에 양보하지 않기 위해 카스트와 꼬뮤날 분리를 유일한 방해물로 내민 것이 성공할 수 있었던 것도 그 때문이다.

이런 각각의 분리 선거구, 행정, 문화적 진보 등의 개별적 요구가 제기된 무대는 영국령 인도에서 중앙과 주의 입법회의였다. 인도국민회의에서 나오는 민족의식에 반대하여 각 카스트와 소수 종교 집단의 개별 의식이 있었다. 자유를 향한 요구가 점차 성장할수록 종교적 사회적 소수자에 대한 보호 요구도, 카스트 및 종교 그룹과 분리된 사회의식의 표현을 기반으로 한 사회-정치조직으로 발전해갔다.

이런 전반적인 정치 상황에서 1925년 RSS의 탄생은 전환점이 되었다. RSS는 힌두 마하사바와 같은 정치적 조직이 아니라 종교적 소수자 공격을 의미하는 '힌두 수호'를 실행하는 자원봉사자들의 조직이었다.

이것이 반무슬림 폭동을 고무하고 조직하는 파시스트 조직의 시작이었다. 이 준파시스트 무리들이 생긴 지 23년 후에 그 활동가들 중 한 명인 나투람 고드세는 마하트마 간디를 총을 쏘아 살해했다.

RSS는 별도로 존재했고 힌두 마하사바의 일부는 아니었지만 비나약 다모다르 사르바르카르(Vinayak Damodar Sarvarkar)는 사바의 고위직으로 간디의 살해자인 고드세에 대해 정신적 물질적 지원을 하였다. 사바 지도자들이 보여준 마하트마 간디 암살에 대한 환호는 나투람 고드세가 단지 개인이 아니라 광범위하게 조직된 힌두 정치 세력의 대리인임을 보여준다. 암살에 반대하는 정치적 배경, 즉 인도 내에서의 무슬림 커뮤니티와 파키스탄에서의 힌두-시크 소수자들에 대한 계속된 잔학 행위가 인도를 분리시켜 인도와 파키스탄으로 만든 것은 단지 이전에 하나였던 나라를 행정적으로 분리시킨 것이 아니었다. 더 중요한 것은 인도와 파키스탄이라는 새로 생긴 나라들에 살고 있는 사람들을 완전하게 분리시킨 것이다. 그렇기 때문에 마하트마 간디가 "인도를 동강 내는 것은 내 몸을 동강 내는 것"이라고 선언한 것은 완벽하게 옳았다.

마하트마 간디를 제외하고, 자와할랄 네루와 국민회의 무슬림 지도자인 마울라나 아자드 등 대다수 국민회의 지도자들은 인도의 지도자가 된 것을 행복해했다. 그들은 인도를 인도와 파키스탄으로 나누어서 가지게 된 권력을 누리는 데 참여하였다. 그렇지만 마하트마 간디는 인도의 분리에 의한 인도의 독립(freedom)과 꼬뮤날 폭동의 분출을, 이전에 하나였던 인도의 민중들이 받을 축복으로 보지 않았다.

그러므로 간디의 암살은 단지 한 개인에 대한 살해가 아니라 간디가 평생을 바쳐온 힌두-무슬림 단결의 명분에 치명적인 타격을 가한 것이다. 마하트마가 살해되어야 했던 '죄'가 있다면 그의 가슴이 두 개의 꼬뮤날 국가로 분리되기 전 하나였던 인도 전체 민중에 대한 사랑으로 가득 차 있었던 것이다. 이것이 신생 국가인 인도 정부가 파키스탄에게 배정된 자금을 주기로 한 약속을 지키라고 그가 주장한 이유이다. 간디의 제자였다가 간디의 반대자가 된 사르다르 파텔은 '이슬람' 국가인 파키스탄에게 배정된 금액을 지불하는 것을 주저하여 한때 그의 구루였던 간디가 이에 반대하는 단식에 돌입해야 했다. 이는 힌두 꼬뮤날주의자들을 분노하게 하였고, 그들은 살인자 나투람 고드세를 보내어 마하트마 간디를 쏘아 죽였다.

오늘날에도 나투람 고드세의 유령은 RSS 내에 살아 있고 그 지도자들은 인도 안 모든 곳에서 지배 정당이 되어가고 있다. 총리로 예정된 BJP의 A. B. 바지파이(그는 어쩌다가 '자유주의'적 지도자로 여겨지고 있다)는 무슬림이 인도에 머물고 싶다면 이슬람 문화와 결부된 것들을 버리고 힌두 문화를 받아들여야 한다고 선언하는 것을 조금도 망설이지 않았다. 나투람 고드세의 추종자들은 오늘날에도 인도 내에 힌두에 의해 지배되는 인도를 세우기 원한다. 이 때문에 인도에 존재하는 세속주의, 민주적 세력들은 RSS라 칭하는 사악한 파시스트 무리들과 그 정치적 얼굴인 BJP가 가는 경로를 차단해야만 한다.

1998년 2월 1일

부록

— 정호영(옮긴이)

간디 중심의
국민회의 역사에서 벗어나기

인도 근대사의 다섯 주체

마하트마 간디는 위대하다. 우리가 인도의 해방을 위해 그가 주장하는 방법들을 절대 인정할 수 없다고 표현했더라도 그를 경멸하는 것은 아니다. 이 나라에 비협력운동으로 가져온 거대한 각성에 대해 그에게 경의를 표하지 않는다면 그에게 배은망덕한 자들이 될 것이다. 그러나 우리가 보기에는 마하트마는 불가능한 전망이다.

– 바가트 싱

인도의 근대사를 바라보는 시각은 다양하지만 현재 한국에서 인도를 바라보는 주류적인 시각은 국민회의 중심의 역사이다. 인도 근대사에서 가장 중요한 것은 민족해방운동사인데, 이 민족해방사의 각 주체들의 입장에서 인도 역사를 바라보는 시각들도 분화되었다. 물론 이 시각들과는 독립적으로 각각의 주체들은 때로는 대립하고 협력하면서 오늘에 이르고 '있다. 인도 근대사를 이룬 다섯 주체를 살펴보면 다음과 같다.

첫 번째, 대중의 자생적인 반란이다. 1760년 산니야시-파키르(Sannyasi-Fakir) 반란으로 시작된 무장투쟁과 농민반란은 1857년 인도독립전쟁*을 거쳐서 1946년 왕립인도해군의 반란으로 이어진다. 이 모든 무장투쟁과 농민반란은 영국과 토후국의 군주들에 의해 잔인하게 진압되었으나 기존의 봉건적인 통치는 더 이상 불가능함을 제국주의와 봉건지주들에게 인식시켜주었다. 여기에 주목하여 서발턴(하위주체, 하층민) 역사 이론이 나왔다. 라나지트 구하(Ranajit Guha)에서 시작된 서발턴 이론은 대중의 자생성을 강조하고 공산당의 지도 등에 대해서 부정적으로 본다. 한국에서도 라나지트 구하의 책인 《서발턴과 봉기》가 번역되었고 관련된 소개서들이 나왔다.

두 번째는 마하트마 간디의 국민회의이다. 이들은 간디의 귀국 후인 1920년대 이후 민족운동의 헤게모니를 쥐기 시작하였다. 좋은 집에서 하인들이 따라주는 차를 마시던 이들의 주요 활동은 국민회의 회기를 마치면 영국에 보고서나 적는 것이었다. 국민회의의 지도자들이 영국 제국주의에 협력하고 충성하는 관계에서 이제는 인도의 산업도 발전하고 있어 영국과 경쟁 관계로 들어설 때가 되지 않았냐는 고민을 시작할 무렵 간디가 등장했던 것이다. 간디의 종교적인 분위기는 최초로 인도 민중을 하나로 모으는 데 성공하였지만 정당 자체는 세속주의를 추구하였고 1차 시민 불복종운동 철회 전까지는 무슬림의 킬라파트운동과 연합하여 다양한 세력들을 결집하는 것이 가능하였다. 간디에 관한 영화를 보면 대저택에서 하인들이 따라주는 차를 마시면서 회의를 하는 국민회의인들의 모습이 나오는데, 이렇듯 국민회의의 지도자들은 모두 지주와 부르주아였다. 이들

---

* 인도에서는 세포이의 난이라고 부르지 않고 공식적으로 이렇게 부른다.

이 독립을 간절히 바란 것은 영국 지배자들이 가져갈 몫을 자기들의 것이라고 생각하였기 때문이고 이에 민족해방 투쟁에 나서게 된 것이다. 이들의 입장에서 쓰인 역사가 인도에서도 주류이며 한국에서도 인도를 바라보는 주류 시각이다.

세 번째는 좌파이다. 이들은 1921년 아마다바드 국민회의 회기에서 최초로 '완전한 독립'을 주장하였다. 이후 농민들의 자연발생적인 봉기와 결합되어 갔고 민족해방운동사에서 텔랑가나 농민봉기는 그 절정이었다. 1920년 AITUC(All India Trade Union Congress)의 설립 이후 노동운동에서 헤게모니를 잡기 시작했다. 남부디리파드와 바가트 싱의 예에서 볼 수 있듯이 간디주의자로 시작한 많은 이들이 국민회의에서 이탈하여 좌파로 결집하기 시작하였다. 대표적인 좌파인 인도공산당은 독립 직후 3년간의 극좌파 노선을 통해 식민지 시절 구축한 대중 기반을 거의 상실한 후 극좌노선의 오류를 인정하고 의회를 통한 평화적 정권 교체로 정책을 바꾸었다. 인도공산당이 폐기한 극좌 노선을 현재도 고수하고 있는 극좌파들은 마오이스트로 불리면서 테러리즘을 통해서 세력을 과시하고 있고 네팔에까지 영향을 미쳤다. 그러나 네팔마오주의공산당은 인도의 마오이스트들과는 달리 노선을 변경하여 선거를 통한 평화적 정권 창출로 전술을 바꾸었다. 이들 좌파에 대해서는 국내에서는 전혀 소개가 되지 않았다.

최소한 시각의 다양화를 위해서라도 간디주의 이외의 견해는 소개되어야 한다. 이 책 《마하트마 간디 불편한 진실》이 한국에서는 처음으로 나온 인도 좌파의 시각을 담은 책일 것이다. 아마르티아 센 등의 개발경제학의 모범 사례인 케랄라 주에 대한 이해를 돕기 위해서만 이 책이 나온 것이 아니다. 이 책은 현재 인도의 가장 큰 문제인 인도 마오이스트 문제가 어디에서부터 출발했는지를 이해하기 위해서 읽어야 할 필독서이다.

네 번째는 카스트제도와 여성 억압에 반대하여 일어난 근대화운동이자 사회개혁운동 세력이다. 라자 람모한 로이, 마하트마 조트리아오 풀레(Mahatma Jyotirao Phule), E. V. 라마스와미 나이케르(페리야)[E. V. Ramaswamy Naicker(Periyar)], 스와미 비베카난다(Swami Vivekananda)를 대표적인 인물로 들 수 있다. 이들은 영국의 지배에 반대하면서도 인도 내부의 종교에 기반을 둔 착취 제도도 반대하였다. 이들에 대해 국내에 조금씩 소개가 되고 있던 중에, "여성적인 간디와는 달리 이들은 남성적이라서 영국 지배에 오히려 도움을 주었다"라는 아쉬스 난디의 일면적인 비판이 이옥순 교수를 통해 소개되었다. 아쉬스 난디는 스스로를 네오간디주의자, 포스트모더니스트라고 지칭하고는 있지만 그는 인도가 독립 이후 추구해온 세속주의를 이제는 포기하자는 주장을 하는 '세련된' 힌두 우익학자를 벗어나지 않는다.* 반면 불가촉천민운동의 아버지 바바사헤브 암베드카르(Babasaheb Ambedkar)는 불가촉천민의 지위를 향상시키는 운동을 하여 간디와 대립하였다. 암베드카르는 인도 헌법의 초안을 책임지고 작성하면서 아예 헌법에서 카스트를 인정할 수 없도록 명문화했다. 그의 전기가 국내에서 두 권 나왔고 그가 쓴 부처의 생에 관한 책이 번역되었다.

다섯 번째는 인도 근대사의 주체라면 주체라고 할 수 있지만 민족해방운동사에 오히려 해가 된 주체인 꼬뮤날리즘 세력들이다. 이들은 영국의 '분할 지배' 정책에 가장 적극적으로 호응하였으며 한편에서는 무슬림연맹이, 다른 한편으로는 RSS와 힌두 마하사바가 있었다. 이들의 글은 국내에 소개가 되지 않았으나 류시화류의 작가들이 유포해온 '오! 놀라운 인

---

* 정호영, 《인도는 울퉁불퉁하다》, 1장 17절 '아쉬스 난디의 네오간디주의와 그 비판', 1장 18절 '생물학적 여성성은 답이 아니다', 한스컨텐츠, 2011.

도' 와 정서적으로 거의 일치하다고 보면 될 것이다. 국민회의는 이들과 달리 정당으로서는 세속주의를 추구했으나 대표적인 지도자였던 틸라크나 간디는 암소보호운동을 했고 간디는 스와라지는 라마 신의 나라라고 선언하여 정서적으로는 연결되는 부분이 있었다.

우리가 이 다섯 주체들의 역사를 종합적으로 보면, 인도의 독립운동사가 간디의 비폭력이 이끌어온 역사가 아니라 우리나라의 독립운동사와 마찬가지로 피로 얼룩진 역사라는 것을 알 수 있을 것이다. 식민지에서 민족해방을 위해 죽어간 이들이 피에 굶주린 이들이겠는가? 피를 흘리면서 죽어가고 싶은 이들은 없었을 것이다.

간디는 위대한 인물이며 그가 인도 민족해방에 끼친 영향은 대단하다. 그러나 '간디의 비폭력운동이 인도를 독립시켰다' 는 신화를 배포하는 국민회의 중심의 역사 서술은 피를 흘리고 죽어간 수많은 이들의 역사를 매장해버리는 문제가 있다. 간디가 지도하는 국민회의가 인도를 독립시켰다는 이야기는 주인이 재주를 부려서 돈을 벌었고 곰은 그냥 있었다는 이야기이다.

A. B. 바단은 이에 대해서 다음과 같이 적절하게 지적을 하였다.

우리는 이러한 사실들 중 몇 가지만을 언급했다. 오늘날 국민회의만이 자유를 위해 싸웠고 이 나라에 자유를 가져다주었다고 주장함으로써 혜택을 보려는 자들은 우리의 과거에서 단지 몇 가지 사실만을 가져다가 그들의 주장을 증명하여 역사를 왜곡하는 것을 조금도 망설이지 않는다. 이를 통해 그들이 얻는 것은, 즉 그들의 목적은 그들만이 이 나라를 지배할 수 있는 유일한 권리가 있다는 부당한 요구다. 그들 중에서 겸손한 사람들이 걸었던 자유를 위한 투쟁의 역사에서 많은 사건들이 있었고 그것들이 서로 영향을 주었다는 것을 심사숙고 해보게 하라. 당연히 해야 하는 것이다! 그들이 그렇게 한다면 각각의 공헌이 적절하게 인식될 것이고 우리 운동은 한 가지 요소보다는 여러 가지 요소들의 강력한 결합의 결과로 드러날 것이다.[*]

간디에 대한 정보 부족으로, 즉 국민회의 중심의 역사 서술로만 간디를 접해서 간디의 일면을 전체 모습으로 오해하고 그의 삶을 흠모했던 분들 중에서 인도 철학을 공부해야 간디의 진면목을 이해할 수 있지 않을까 또는 산스크리트어를 공부해야 되지 않나 하는 식의 고민이나, 어떻게 간디주의와 아나키즘, 생태주의 등을 결합하여 새로운 시민운동 이데올로기를 만들까 고민하시는 분들은 '간디주의자'들의 책에서만 아니라 앞에서 언급한 다양한 주체들이 때로는 투쟁하고 때로는 협력하면서 만들어온 인도의 역사 속에서 간디를 접근했으면 한다. 이를 위해 인도 근대사에서 우리가 보지 못한 부분을 간디를 중심으로 몇 가지만 짚어보고자 한다.

간디와 윤봉길 의사

'비폭력의 성자' 간디는 윤봉길 의사를 어떻게 평가했을까?

김구와 윤봉길은 1932년 4월 29일 상하이의 홍커우 공원(현재 루쉰 공원)에서 열리는 일본 천황의 생일연(천장절) 겸 상하이 전승 기념행사를 폭탄으로 공격할 계획을 세웠다.

윤봉길 의사는 11시 50분 일본 국가가 울려 퍼지는 순간 1차로 물통 폭탄을 단상으로 던졌다. 단상에 폭탄이 명중된 것을 확인하고 다시 바닥에 놓아둔 도시락 폭탄을 집어 드는 순간 일본 헌병들에게 제압당했다. 윤봉길 의사는 팔목이 잡힌 채 "일본 제국주의를 타도하자!"고 외쳤다. 윤봉길

---

[*] A. B. Bardhan(2006), *Bhagat Singh Pages from the Life of A Martyr*, CPI, p. 22.

의사의 의거 결과, 상하이파견군 총사령관 시라카와 요시노리, 상하이 일본 거류민 단장 가와바타 등은 죽고, 총영사 무라이, 제3함대 사령관 노무라, 제9사단장 우에다, 주중국 공사 시게미쓰는 중상을 입었다. 당시 국민당 총통이었던 장제스는 의거 소식을 듣고 "중국 100만 대군도 하지 못한 일을 조선의 한 청년이 해냈다"며 감탄하였고, 이후 대한민국 임시정부를 전폭적으로 지원해주는 계기가 되었다.

윤봉길 의사는 체포 후 가혹한 심문과 고문을 당한 후 사형선고를 받고 그해 12월 19일, 가나자와 육군형무소에서 총살당해 순국했다. 사형 당시 윤봉길 의사가 지상에서 나눈 마지막 대화는 다음과 같았다.

"마지막으로 남길 말은 없는가?"
"사형은 이미 각오했으므로 하등 말할 바 없다."[*]

1927년 1월 5일자 〈동아일보〉에는 간디가 조선 민족에게 보내는 격려의 메시지가 실렸다.

사랑하는 친구여, 주신 편지는 잘 받았나이다. 내가 보낸 유일한 부탁은 절대적으로 참되고 무저항적인 수단으로 조선이 조선의 것이 되기를 바랄 뿐입니다.[**]

만일 간디가 1932년 윤봉길 의사의 의거에 대해 알았다면 무엇이라고

---

[*] 위키백과에서 인용.
[**] 이옥순, 《식민지 조선의 희망과 절망, 인도》, 푸른역사, 2006, p. 91 재인용.

하였을까? 아마도 이렇게 말하지 않았을까?

인도에서 1929년 어윈 총독님이 탄 기차가 폭파되었을 때 저는 총독님이 신의 가호에 의해 살아난 것에 대해 감사를 드리고 이 폭도들을 겁 많고 비겁한 무리들로 규정하는 결의를 국민회의 내에서 채택하도록 하였습니다. 이들은 착각에 빠진 애국자들이고 국가의 적입니다. 저는 조선에서도 같은 일이 일어난 것에 대해서 통탄을 금치 못합니다. 조선의 겁 많고 비겁한 무리들에 의해서 조선의 형제 국가인 일본의 총사령관과 장성들이 살해된 것은 사악한 일입니다. 조선인들은 일본에게 사과를 하십시오. 당신들은 속국의 이등국민으로 살기에는 부족합니다. 당신들은 독립을 할 준비가 전혀 되지 않았습니다.

간디, 국민회의를 국민 정당으로 변화시키다

인도의 민족해방사를 다룰 때 인도의 민족해방사를 아주 특수한 것으로 보는 입장은 간디의 철학과 삶에서 주로 그 근거를 찾고 있다. 그러나 에릭 홉스봄은 간디를 성스러운 힌두 전통주의자로 보는 시각에 대해 다음과 같이 비판하였다.

양가죽 옷을 걸치고 물레를 갖고 다닌(산업화를 폄하하기 위해) 성스러운 마하트마 간디는 아마다바드의 기계화된 면직 공장의 소유주들로부터 재정 지원을 받았고 이들의 지지에 의존했을 뿐만 아니라 간디 자신이 서구적 이데올로기에 두드러지게 영향을 받은 서구의 변호사였던 것이다. 간디를 힌두 전통주의자로만 보게 된다면 이해하는 것이 매우 힘들 것이다. […] 간디는 수동적 저항이란 수단으로 비전통주의적 목적을 위해 전통주의적인 대중을 동원하는 데 요구되는 특징적인 기술을 배웠다. 사람들이 기대하듯 그것은 서와 동의 요소들이 상호 침투된 것이었다. 그는 러스킨과 톨스토이에 지고 있는 부채를 숨기려 하지 않았다.*

이 교육받은 변호사(간디)가 민족해방운동사에서 자신이 속한 중간계급의 정당(국민회의)을 전 국민의 정당으로 발전시킨 것은 인도만의 특수한 경우가 아니라, 보편적인 민족해방운동사의 인도적 발현이었다. 이를 비버리 J. 실버는 다음과 같이 밝혔다.

1920년 인도에서는 간디가 최초의 시민불복종운동을 전국적으로 전개하면서, '비교적 협소한 중간계급에 토대를 뒀던 민족주의운동'이 대중 동원을 일구어내었다. 제1차 세계대전 직후의 국면에서 간디는 국민회의를 대중에게 친숙한 존재로 만듦으로써 대중운동으로 변모시킨 뛰어난 기여를 했다. […] 이는 인도만의 문제가 아니다. 아프리카의 주도적 민족주의운동들[예를 들어 황금해안(가나의 일부)과 나이지리아]은 '인민과 제한적으로만 연계를 맺는 중간계급 정당'에서 민중 전체가 행동에 나서게끔 고무될 수 있도록 민족적 목표와 사회적 목표를 결합해 지지를 얻어내는 대중정당으로 변신해갔다. 이러한 과정을 통해 아시아와 아프리카의 민족운동은 점점 더 사회혁명과 융합됐다. 이제는 독립운동이 성공하려면 대중 동원이 필요해졌다는 것이 명확해졌다. 가나 민족해방의 별이었지만 미국 CIA가 지원하는 쿠데타에 의해 축출되었던 은크루마(Kwame Nkrumah)가 말했던 것처럼 "중간계급 엘리트는 무지한 대중이 휘두르는 공성(攻城) 망치 없이는 식민

---

* 에릭 홉스봄, 《제국의 시대》(김동택 옮김), 한길사, 1998, pp. 186–187.

주의 세력의 분쇄를 결코 꿈꿀 수 없었다." 그렇지만 이처럼 대중의 충성심을 얻으려면 근본적인 사회 변화(새로운 사회의 건설)가 민족주의운동의 의제에서 높은 비중을 차지할 것이라고 반드시 약속해야만 했다.[*]

간디는 이 중간계급의 엘리트 중의 최고의 엘리트로 '스와라지'를 구호로 채택함으로써 "인민과 제한적으로만 연계를 맺는 중간계급 정당"인 국민회의를 "민중 전체가 행동에 나서게끔 고무될 수 있도록 민족적 목표와 사회적 목표를 결합해 지지를 얻어내는 대중정당으로 변신"시킬 수 있었던 것이다.

간디, 스와라지의 철학적 해석

'정치인 간디'가 말한 스와라지(Swaraj)의 의미에 대해 '철학/종교학'적 접근을 하는 분들이 한국에 상당히 많은데 철학적 해석은 좋지만 거기서 머물지 않는 것이 문제이다. 간디를 성인으로 바라보고, 이 '위대한 성인'의 사상을 인도 철학을 통해 해석하는 것의 의의 자체를 부정하는 것은 아니다. 《바가바드기타》에서의 전쟁은 자기 내부의 영혼의 투쟁을 의미하기에 스와라지(Home Rule)는 자치의 의미이기도 하지만 자기 수련을 의미한다는 식으로 해석을 한다. 문제는 이런 접근을 절대시하여 역사적 맥락을 사상한 채 '성자 간디'를 주인공으로 인도 근대사를 논하기 시작하면 그때부터는 소설이나 무협지처럼 흘러가버린다는 것이다.

간디주의 역사 서술은 어떤 면에서 무협지 서술과 유사하다. 무협지에 나오는 소림사와 무당파는 실재하는 중국의 무술 집단이다. 그러나 무협

---

* 비버리 J. 실버, 《노동의 힘》(백승욱 외 옮김), 그린비, 2005, pp. 219-220.

지에서 소림사와 무당파는 손에서 장풍을 날려 산을 무너뜨리고 손짓 한 번으로 수십 개의 검을 날리는 허구적 집단이다. 무협지가 아무리 재미있어도 실존했던 역사가 아닌 것처럼, "간디가 비폭력을 외치고 인도 민중도 감동을 받아 폭력 저항을 하지 않았고 영국인들도 마음을 돌리고 물러날 수밖에 없었다"는 유의 이야기가 감동적이어도 현실이 될 수는 없다.

한국에서 간디를 논하는 분들은 스와라지를 철학적 의미로 접근하여 동양철학의 심오함도 논하다가 결국은 개인의 의식이 변화되어야 한다는 주장으로 넘어간다(지금 나는 철학 자체를 비꼬는 것이 아니다. 철학은 모든 인문학의 기본으로 존중받아야 할 학문이다). '간디에게 있어서 스와라지는 궁극적으로 정치를 넘어서는 심오한 자기 수양의 문제이다' 라고 해버리면 인도의 민족해방사는 사라져버리는 것이다. 개개인의 의식이 변화되어야 세상이 변화할 수 있는 것은 맞다. 개개인이 변해야 한다는 이야기는 간디만 한 이야기도 아니고 간디와는 극단적인 대척점에 서 있는 마오쩌둥도 언제나 강조한 것이다. 문제는 개개인의 의식이 어떻게 변화되어야 하는가이다. 각 개인이 개인의 철학적 고민을 통해서 변화하느냐, 사회에서 자기가 속한/속해야 하는 집단을 발견하고 그 집단과 교류하면서 개인의 의식이 변화하느냐의 문제인 것이다.

간디는 위대한 지도자였다. 비협력운동을 통해 처음으로 전 인도 민중을 하나로 모으게 된 계기를 마련한 것과 독립 전후 꼬뮤날리즘으로 인한 내전을 평화롭게 종식시키는 데 기여한 공로는 인도 독립운동사에서 영원히 남을 것이다. 그러나 현재의 문제는 간디가 아니다. 간디가 세간에 알려진 대로 '비폭력의 성자' 만은 아니었음에도 불구하고 조작된 그의 이미지를 이용하는 사람들이 문제다. 간디주의자라고 말하는 사람의 숫자만큼이나 많은 간디주의가 있는지도 모르겠다. 간디의 한계와 그의 오류를 넘어서지 않고서는 그의 이미지를 이용한 '폭력'은 멈추지 않을 것이다.

간디, 청소부 파업에 대해 비난하고 퇴직을 권하다[*]

우선 파업에 대한 간디의 생각을 정리해보자. 간디는 노동–경영 관계는 동반자 관계이며, 파업은 정의를 지키기 위한 노동자의 고유한 권리이고 할 수도 있다고 생각하였다. 파업을 '허가' 받게 되면 파업에서 도덕성 문제를 고려해야 한다. 파업은 힘을 보여주는 것이고 이 힘은 책임과 같이 가야 한다. 파업자들은 경제적 목적을 달성하기 위해서 '정직' 해야 한다. 파업자들은 파업 전에 파업의 목표와 목적을 선언해야 한다. 또 파업 전에는 고용주의 의식에 호소해야 하고 고용주가 이런 도덕적 호소에 무관심하면 파업의 대의명분은 뚜렷해진다. 지도자들은 파업 전에 노동자들의 승인을 받아야 한다(선호하는 방법은 선거). 파업이 경제적 목적에서라면 받아들여질 수 있지만 정치적 목적에서라면 받아들여질 수 없다. 파업은 말할 필요도 없이 최후 수단이 되어야 한다. 마지막으로 파업자들은 사티아그라하를 파업 기간 중에 실천해야 하고 폭력을 거부해야 한다. 비폭력, 진리, 사티아그라하는 마하트마 간디에 의해 제공된 도덕적 관점의 세 가지 교리이다. 이런 간디의 파업에 대한 생각에서 우리가 짚고 넘어가야 하는 것이 하나 있다.

---

[*] 이 보충 부분은 K. R. Shyam Sundar, "The Issue of Right to Strike", *Labour Institutions and Labour Reforms in Contemporary India*, vol. 1, Icfi Book, 2009, pp. 203–204의 내용을 정리하였다. K. R. Shyam Sundar는 간디의 노동 관련 발언 모음인 M. K. Gandhi, *Economic and Industrial Life and Relations*, vol. Ⅲ, (Compiled and Edited by V. B. Kher), Navjivan Publishing House, Ahmedbad, 1957. M. K. Gandhi, *Strikes*, (Compiled and Edited by R. Kelekar), Navjivan Publishing House, Ahmedbad, 1961로 이 사실을 밝혔다. 간디 노동관에 대한 연구로는 Sanata Bose, *Indina Labour : Essays on Gandian Labour*, Bingsha Shatabdi, 1996가 있다.

간디는 파업이 경제적이냐 정치적이냐를 판단해서 받아들여야 하고, 도덕적 파업이냐 아니냐를 판단해야 한다고 했다. 한 사업장의 문제이면 경제적 파업이고 한 사업장을 벗어나면 정치적 문제가 된다. 그러나 간디조차도 정치적 파업을 '비협력운동' 시기에 권장하였다. 경제적인 문제가 한 사업장의 문제가 아니라 사회구조적인 문제라면 결국은 구조를 바꾸기 위한 정치가 개입이 될 수밖에 없었다. 인도가 영국의 식민지로 지배를 당하는 사회구조적인 문제가 있기에 간디조차도 정치적 파업을 권장했던 것이다. "정치적 파업은 나쁘다"는 간디의 말을 절대화시켜서는 안 된다. 그렇다면 간디의 비협력운동 지도를 간디의 위선에서 나온 것이라고 평가해야 한다. 우리는 '간디'라는 텍스트를 역사 속에서 읽어야 하지 '(간디) 무오류설'에 입각해 보아서는 안 된다.

간디는 파업이 공공 생활을 해쳐서는 안 된다는 생각을 가지고 있었는데 이는 생생한 사례로 남아 있다. 1946년 4월 봄베이에서 청소부들의 파업이 일어났다. 간디는 청소부들의 파업을 반대하여 그들의 분노를 샀다. 간디는 청소부들의 파업이 공동체의 깨끗한 삶에 영향을 주기 때문에 반대한 것이다. 간디의 해결책은 간단하였다. 파업을 하는 대신에 직장을 그만두라는 것이었다. 파업은 일시적인 처방이지만 직장을 그만두면 모든 문제에서 벗어날 수 있기 때문이라는 것이다. 그는 "이렇게 하면 사회는 부끄러운 무지 상태에서 각성을 할 것이다"라고 하였다.

청소부는 청소부가 되고 싶어서 된 것이 아니었다. 청소부는 사회의 불가촉천민들이 대대로 해오던 일이다. 이들은 자신의 타고난 카스트로 청소부 외에는 다른 일을 할 수가 없었다. 그들이 다른 직업을 구할 수 있었다면 청소부를 하지 않았을 것이다. 간디가 인격적으로 위선적인 인물이라고는 생각하지 않는다. 다만 자신이 대변하고 있는 계급적 위치에서는 청소부의 상황을 '정직'하게 파악할 수 없었기 때문에 자신의 원칙에 따라 그렇게 해결책을 낸 것이다. 이는 마치 2008년 6월 한나라당 전 최고위원인 정몽준이 버스 요금이 70원이지 않느냐고 해서 비판받은 것과 같다. 나는 간디의 인격을 비판하지 않는 것처럼 정몽준의 인격이 나쁘다고 비판하지 않는다. 그는 버스 요금이 70원이라고 볼 수밖에 없는 입장에서 그의 삶을 살고 있다. 2011년 주식 배당금으로 547억 원을 받은 그*는 버스 요금이 70원 정도이니 법정 최저임금인 100만원 미만을 받는 현대중공업 비정규직 노동자들**이 충분히 살 수 있을 것인데 왜 이리 불만이 많을까라고 이들에게 도리어 불만을 가지지 않았을까 하는 생각을 할 뿐이다. 간디가 불가촉천민들인 청소부들에게 사회문제를 일으키는 파업을 하느니 차라리 직장을 그만두라고 한 것은 정몽준이 버스 요금이 70원이라고 한 것과 같은 선상에 있다.

간디, 꼬뮤날리즘에 불을 지피다

간디가 대중의 지지를 끌어낸 데는 전형적이지 않은 정치 스타일도 큰 몫을 했다. […] 기존의 민족주의 지도자들과 달리 브라만 출신이 아닌 그는 정치적으로 후진한 구자라트 주의 상인계급으로 전국적인 지도자로서의 잠재력이 있었다. 구자라트 지방은 비폭력의 윤리를 지닌 자이나교의 전통이 강했다. […] 인도 사회를 이해한 그는 농민에게 깊이 뿌린 대서사시 《라마야나》를 이용하여 농민의 의식에 닿았다. 농민이 신봉하는 라마 신의 통치를 최상의 정치로 여긴 그의 이상향은 검은 사탄과 같은 방적 공장이 없

---

* 울산노동뉴스, 2011년 3월 10일 진보신당 울산 "최대실적 자랑 말고 하청 노동자 처우부터 개선하라"
** http://www.redian.org/news/articleView.html?idxno=16932

는, 단순하고 소박한 생활이었다.

- 이옥순, 《인도 현대사》, 창비, 2007, p. 142

명나라 주원장이 자신을 미륵으로 지칭하고 '미륵의 나라'를 내세워 명을 건국한 것처럼, 태평천국의 홍수전이 예수 그리스도의 동생이라고 외치고 형이 이루지 못한 나라를 야훼로부터 약속받았다고 태평천국을 내세운 것처럼, 간디는 인도의 민중들에게 "스와라지는 라마 신의 나라"를 외침으로써 그를 난세에 등장한 라마 신의 화신으로 따르게 하여 인도 민족운동사에서 최초로 민중을 결집할 수 있었다. 힌두 민중들은 힌두 우익인 간디를 '성자'로 만들어주었다. 간디는 자신을 라마 신의 화신으로 부르는 것에 대해서 그냥 두었다. 사람들이 간디주의를 논할 때도 자신의 이미지를 간디주의로 굳히는 것에 대해서 한 번도 언급한 적이 없었다. 그는 성인이 아니라 기본적으로 정치인이었기에 자신의 정치 활동에 이를 충분히 활용하였다.

간디에게 스와라지는 '그때그때 민중들 앞에서 말하기 위해서 의미가 바뀌는 인도의 이미지'일 뿐이다. 그가 이등국가의 속민으로 살아가는 것이 인도의 미래라고 생각하면 스와라지의 의미는 영국의 속국이라는 의미가 되었고, 인도의 미래는 완전한 독립이라고 외치는 민중운동에 떠밀리고 영국과의 협상을 위해 대중봉기를 폭력적인 수준까지 방치할 생각으로 바뀌게 되면 스와라지의 의미는 영국과의 관계를 단절한 독립 국가의 의미가 되었다. 무엇보다도 우선 그가 대중을 동원하기 위해 라마 신의 이름을 부르면 스와라지의 의미는 라마신의 나라가 된다.

인도 민중들에게 스와라지는 그런 철학적인 문제가 아니었다. 스와라지는 라마 신의 나라의 도래였다. 이를 외친 것은 간디의 위대함이었지만 동전의 양면 같은 간디의 한계도 있었다.

영국을 몰아내기 위해서는 물레를 돌리고 과거로 회귀하자, 철도와 병원 등 근대 문명은 전부 없어져도 좋다, 영국이 물러나야 평화로운 카스트-자티 시스템으로 돌아갈 수 있다고 단식까지 하면서 그가 호소해도, 고대와 중세에 만들어진 종교에 기반을 둔 정치 이데올로기인 '라마 신의 나라'는 결코 올 수 없는 나라였고 불가촉천민의 입장에서는 결코 와서는 안 되는 나라였다.

이 라마 신의 나라의 도래를 간디와 그의 추종자들이 외칠 때 인도 민중들만큼 반긴 것은 영국 정부였다. 영국 정부는 인도 민족운동의 성장이 그들의 '분리·통치' 정책에 딱 들어맞는 이런 구호들에 의해 성장을 하자 쾌재를 불렀다. 영국의 분리·통치 정책과, 스와라지는 라마 신의 나라라고 외치면서 힌두 공동체의 결속에 호소하는 간디의 구호는 시너지를 일으키면서 무슬림들을 공포로 밀어 넣었다. 국민회의와 함께하던 시민불복종운동의 일방적인 철회로 인해, 힌두와 함께 시민불복종운동의 한 부분으로서 킬라파트운동을 진행하고 있었던 무슬림들이 느낀 배신감은 점점 심해져갔다. 인도의 무슬림은 영국의 지배를 벗어나더라도 독립 인도가 라마 신의 나라라면 분리 독립해야 한다고 생각하게 되었다. R. P. 두트는 이 때문에 간디주의를 다음과 같이 비판하였다.

> 영국 정부는 대중운동을 막는 악명 높은 무기로 의심할 바 없이 꼬뮤날 분열을 악랄하게 이용했는데, 오히려 틸라크주의와 간디주의는 그 무기를 그들 손에 쥐어주도록 도와주었다.[*]

---

[*] R. Palme Dutt, *India Toady*, People's Publishing House(1940 1st print, 10th edition 2008), p. 472.

구자라트 출생으로, 같은 구자라트 출신인 간디에게 많은 영향을 끼쳤을 힌두 민족주의운동가인 다야난드 사라스와티(Dayanand Saraswati)는 1882년 암소보호협회를 만들고 암소보호운동을 시작했고 힌두 공동체의 결속을 다졌다. 이는 무슬림의 암소도살에 대한 반대로 이어져서 무슬림을 살해하는 일로 이어졌다. 암소보호운동으로 인한 1893년 아잠가르(Azamgarh) 군의 폭력사태로 100명이 넘는 사망자가 나오기도 했다. 국민회의의 지도자인 틸라크와 간디가 암소보호운동 등을 적극적으로 전개하였기에 R. P. 두트의 비판을 받은 것이다.

암소보호운동은 1930년대와 1940년대 힌두 마하사바의 활동과 간디의 건설적 프로그램의 일부로 끝난 역사적 과거가 아니라 현재도 이어지고 있다. 현대의 암소보호운동에 대해서 가장 격렬한 고발인 칸차 일라이아(Kancha Ilaiah)의 《버펄로 민족주의 : 영적 파시즘에 대한 비판(Buffalo Nationalism : A Critique of Spiritual Fascism)》(Calcutta : Samya, 2004)을 보자.

얼마 전에도 자지하르(Jhajhar)에서 4명의 달리트가 매를 맞아 죽었다. 조상 대대로 내려오던 그들의 직업인 소가죽을 만지는 일을 한다는 이유에서였다. 암소보호운동이 가져온 참혹한 결과였다. 어떤 주에서는 암소도살과 소고기 판매가 법으로 금지되었다. 힌두가 암소를 어머니로 숭배하는 이유는 암소의 우유는 어머니 모유 대신 아이를 키우기도 하고 똥과 오줌까지도 약재가 되는 등 어머니 역할을 하기 때문이라는 것이다. 그러나 현실은? 인도는 전 세계 소고기 수출 2, 3위 국가이다. 칸차 일라이아는 버펄로의 젖이 인도 유산업 원료의 3/4을 공급함에도 버펄로는 왜 암소처럼 숭배를 받지 못하고 멸시를 당하는가*에 대해서 의문을 던지면서 암소보호운동은 브라만들의 영적 파시즘이라는 결론에 도달한다.** 국내에서도 이광수 교수의 번역으로 소개된 D. N. 자(D. N. Jha)의 책 《인도 민족주

의의 역사 만들기 : 성스러운 암소 신화(The Myth of the Holy Cow)》는 암소가 고대 제사에 식용으로 사용되었으며 암소 숭배는 고대에서부터 이어져온 것이 아니라 최근의 역사적 사실이라고 밝히고 있다. 암소숭배운동은 민족해방운동에서 힌두교 종파주의가 '민족주의'로 부상하면서 생긴 것들이다.

꼬뮤날리즘으로 수천 명을 죽음에 이르게 한 힌두 극우 정당 BJP는 간디 사회주의를 당의 이념으로 천명했었다.*** BJP가 간디 사회주의를 내세웠던 이유는 첫째, 간디의 이름을 국민회의처럼 정치적으로 이용하고 싶었을 것이고 둘째, 암소보호운동과 스와라지를 라마 신의 나라로 외쳤던 간디에게서 그들의 뿌리를 찾을 수 있기 때문이다. 아드와니는 신화 속

---

*   델리의 여행자 거리에서 소고기 스테이크는 못 팔아도 버펄로 스테이크는 참 잘 팔고 있고 힌두교가 다수인 네팔에서도 버펄로 고기는 공개적인 식용이다.

**   칸차 일라이아의 관점은 초기 암베드카르가 힌두와 달리트를 대립되는 세력으로 분류하던 관점에서 출발한 것이다. 그는 암베드카르가 '힌두교 내에서의 힌두' vs '힌두 최하층으로서의 달리트'를 '브라만들의 힌두 문화' vs '힌두와는 처음부터 달랐던 달리트 문화'로 확장했다. 그는 저서 《왜 나는 힌두가 아닌가(Why I Am Not a Hindu)》에서 자신들의 신은 시바가 아니라 지역마다 따로 있는 달리트 토착신들이며, 힌두보다는 무슬림과 더 친화성이 있다는 주장을 했다. 《버펄로 민족주의》에서는 암소를 브라만, 아리안의 상징으로 규정하고 버펄로는 드라비다, 달리트의 상징으로 재규정하여 버펄로 민족주의를 내세운다. 달리트 문화가 인도의 주류 문화인 브라만 문화를 바꿔야 한다는 그의 기본 주장은 한계가 분명해 보인다. 첫 번째, 달리트 내에서도 자티에 따른 서열 차이는 여전히 존재하고, 그 서열에 따라 부모가 다른 서열과의 결혼에 반대하여 자식을 죽이는 일이 실제로 빈번하게 자행되는 실정이다. 두 번째, 이 주장만을 강하게 내세우게 되면 달리트 내에서 부를 획득하고 정부의 카스트 보상 제도도 맘껏 누리고 있는 크림 계층을 직·간접적으로 지원하게 된다. 이제 인도는 자본주의화로 접어들었기에 크림 계층이 가난한 브라만보다 훨씬 대우받는 사회임을 감안하면 그의 생각은 너무 순진하다. 그러나 그의 책들은 주류 힌두가 가진 기본 사고들이 얼마나 비현실적인 믿음에 근거하고 있는가는 충분하게 드러내주고 있다. 이에 대한 보충은 《인도는 울퉁불퉁하다》(정호영 지음, 한스컨텐츠, 2011) 중 1장 12절 '왜 나는 힌두가 아닌가', 13절 '불쾌한 산스크리트화', 14절 '가난한 브라만들'을 참고하라.

***   Kanchan Gupta, "Ideology and BJP after Ides of May"(The Pioneer 2009. 5. 31) http://dailypioneer.com/179667/Ideology-and-BJP-after-Ides-of-May, 힌두 극우주의의 이데올로기를 선전하는 사이트는 http://www.hvk.org/

인물인 라마 신의 전차를 동원해 이슬람 사원인 "바브리 마스지드를 끝장 내자"고 외쳤다. 그 캠페인 중에 전국적으로 3천 명에 달하는 무슬림이 학살당했다. 간디가 말한 라마 신과 아드와니가 말한 라마 신은 같은 신이 아닌가? 아드와니와 간디의 공통점은 힌두교를 이용한 이미지 정치를 했다는 것이고 차이가 있다면 이슬람을 완전히 배격하는 극우냐 이슬람과 공존하려고 했던 중도 우익이냐 정도가 아닐까?

하나 덧붙이자면, 간디가 태어나고 자란 구자라트 지방은 이옥순 교수의 주장처럼 비폭력의 윤리를 지닌 자이나교의 전통이 강한지도 모르겠다. 그러나 그보다 더 강한 것은 힌두 극우 민족주의이며 힌두 극우주의 정당 BJP가 강성한 지역이다. 자이나교의 전통이 힌두 극우 민족주의보다 강하다면 독립 이후 인도의 최대 비극 중 하나인 구자라트의 무슬림 대학살이 왜 일어났겠는가? 민족해방 투쟁 당시에도 구자라트 지역은 국민회의 우파의 지역으로 국민회의의 지침을 따르지 않으면 카스트 내에서 추방해버리는 식의 처벌을 가하는 철저하게 종교 종파주의적인 모습을 보였다.* 카스트와 종교를 떠나서 하나가 된 찬드라 보세의 인도국민군과 왕립 인도해군과는 달랐다. 독립된 인도가 그 뿌리를 간디와 파텔이 활동하던 구자라트 지역이 아니라 보세의 인도국민군와 아루나 아사프 알리가 옹호하던 왕립인도해군에 두었다면 인도와 파키스탄의 분열도 없었고 지금 인도 내부의 종교 종파주의적 상호 학살도 없었을 것이다.

그러나 아이러니는 같은 힌두 내 극우에 의해 간디가 쓰러짐으로써 간디가 꼬뮤날적 분열에 한 공헌(?)들은 다 묻히고 생의 마지막까지 꼬뮤날

---

* Frankel and Rao(ed 1990), "Caste Sentiments, Class Formation and Dominance in Gujarat", *Dominance and State Power in Modern India* vol.2, Oxford University.

분열을 해결하기 위해서 일했던 위대한 모습만 남게 된 것이다. 그리고 국민회의의 네루는 간디 사후 힌두 정치 과격파들에 대한 대중적인 비판이 일어나자 이들의 정치적 영향력을 제거하는 데 성공하고 네루 왕실을 성공적으로 구축할 수 있었다. 아울러 국민회의는 모든 정치적 불만을 구조적으로 해결하기보다는 간디조차도 말년에는 그 성과에 대해서 부정적이었던 '간디주의'를 내걸고 모든 문제를 해결할 수 있다는 이데올로기를 배포했다. 또한 아시아 각국에서 반공 정권들이 체계적으로 수행한 토지개혁조차도 비노바 바베를 앞세워서 공산주의자의 정책으로 매도하고 지주의 선량함이 토지개혁을 대체할 수 있다고 대대적으로 선전하여 지금까지 토지개혁을 미루고 있다.

간디, 폭동에 불을 지피다

'메시아'와 같은 그의 이미지는 민주주의로의 발전에 장해가 되었고, 물레를 잣는 '마을 공화국'을 지향한 그의 과거 회귀적인 주장은 산업 발전의 걸림돌이라는 비판도 만만치 않게 받았다. 그의 소박한 삶을 유지하는 데 오히려 비용이 많이 들었다는 것도 소수만 아는 비밀이다. 예를 들면 그의 검소함을 대변하는 얇은 목면 옷은 오히려 손이 많이 가는 비싼 의류였다.

영웅은 난세에 난다고 했던가. 마하트마는 인도 대중이 만든 '스타'였다. [⋯] 그를 본 적도, 어떤 인물인지도 모르는 수백만의 사람들이 간디의 이름으로 한데 뭉쳐 싸웠다. 멀리 있는 지도자의 이미지는 대중 각자의 가슴에 아전인수식으로 해석되어 자리를 잡았고, '간디의 명령'이라면 수만 명이 운동에 참여하여 움직였다. 언젠가는 동부 아삼 지방의 홍차 플랜테이션에서 일하던 8,000여 명이 '간디 만세!'를 외치며 짐을 싸기도 했다. 전체 노동자의 절반이 넘는 숫자였다. 그들은 간디가 땅을 분배해준다는 소문을 믿고 고향으로 가기 위해 농장을 나섰다.

– 이옥순, 《인도에는 카레가 없다》, 책세상, 2007, pp. 85–86

간디는 시민불복종운동을 철회하면서도 농민들이 지주들에게 소작료를 잘 내야 한다는 결의안을 통과시킨 지주들의 다정한 친구였음에도 대중은 그를 라마 신의 화신으로 믿었고 지주들로부터 자신들을 구원해줄 것으로 오인하고 그를 숭배하였다. 당연히 시민불복종운동이 개시되자 농민들은 영국과 결탁해 있는 지주들에게도 저항을 하기 시작했다. 1922년 차우리 차우라에서 22명의 경찰이 농민에 의해 죽은 사고를 계기로 간디는 시민 불복종운동을 중지하게 된다.

서발턴 연구자들은 간디의 비유가 대중의 의식에 끼친 영향을 연구한 바 있는데, 간디가 대중 속에서 움직이는 방식과 그의 상징적인 몸짓이 대중에게 어떤 '의미'를 주는가에 대한 것이었다. 샤히드 아민(Shahid Amin) 은 《사건, 비유, 기억(Event, Metaphor, Memory)》에서 차우리 차우라 사건에 관한 연구를 통해 국민회의의 민족주의 대서사가 밑으로부터의 역사를 가져오는 데 실패했다는 것을 보여주고자 했다. 차우리 차우라에서 대중이 행동한 이유는 카스트 긴장 관계와, 간디를 지역의 자민다르나 영국으로부터 물리쳐줄 구세주로 보는 믿음만큼 다양하였다. 샤히드 아민은 차우리 차우라 사건이 일어나기 일 년 전에 간디가 이곳을 방문하였고 이곳에 지대한 영향을 끼쳤음을 추적하면서, 간디의 메시지가 많은 곳에서 오해되기는 했지만 이 메시지가 차우리 차우라에서 경찰을 죽인 폭동과 어떤 관계가 있는가를 밝혔다. 차우리 차우라 사건이 일어난 직후 간디의 즉각적인 대응은 이 사건을 비정치적 범주로 자리매김하면서 차우리 차우라의 폭동을 처벌되어야 할 범죄 문제로 만들었다. 국민회의의 영향력이 있던 차우리 차우라의 농민들은 폭동이 나기 전에는 민족주의자였지만 차우리 차우라 사건이 있고 나서는 범죄자가 되어버린 것이다.[*]

차우리 차우라 사건은 국민회의에 의해 발생 원인도 묻혀버렸고, 사건 이후 수백 명의 농민들이 학살되었지만 그것도 폭도들만의 문제로 치부되었다. 실제 역사적 사실을 보자.

1922년 차우리 차우라의 경찰이 국민회의 킬라파트운동의 지역 지도자인 바그완 아히르(Bhagwan Ahir)를 공개적으로 모독하자 분노한 민중들은 경찰에 항의하였다. 경찰이 발포에 나서 농민들이 죽어가기 시작했다. 분노한 농민들은 경찰서에 불을 질렀다. 이로 인해 22명의 경찰이 죽었다. […] 이로 인해 간디는 시민불복종운동을 중지하게 되었다. […] 225명의 농민이 22명의 경찰을 살해한 죄로 구속되었고 첫 재판에서 172명이 사형선고를 받았다. 하지만 마지막에는 19명이 교수형을 당했고 나머지는 종신형을 받고 안다만에 투옥되었다.^{**} 해외에 있던 M. N. 로이와 코민테른은 이 잔인한 판결들을 날카롭게 비판하였다. 그러나 우리는 영국의 이런 야만적인 행동에 대항하는 어떠한 저항도 모르고 있다. 더 나아가 차우리 차우라에서 22명의 경찰이 살해당한 것에 대한 기념패는 있어도 차우리 차우라에서의 농민 순교자에 대한 어떤 기념패도, 이를 기리는 추도의 글도 없다. 또 기억해야 할 것은 단 한 명의 국민회의 지도자도 차우리 차우라 사건으로

---

[*] Shahid Amin, *Event, Metaphor, Memory : Chauri Chaura 1922~1992*, Oxford University, 1995. (http://en.wikipedia.org/wiki/Chauri_Chaura)

^{**} 안다만에 감금된다는 것은 사형선고보다 무서운 선고이다. 4.5×2.7m에 불과한 열대의 좁은 독방에서 제 명대로 살 수 있는 죄수는 없었다.

고소된 이들을 방어하려고 하지 않았다.*

앞서 언급했듯이, 샤히드 아민의 연구에 따르면 간디가 방문한 지역에서 일어난 폭동은 비록 간디의 메시지가 잘못 해석되었다고 하더라도 간디의 메시지와 직접적으로 연결되어 있다. 여기서 생각해볼 것은 절대 다수의 대중이 왜 간디의 메시지를 잘못 해석했을까 하는 점이다. 절대 다수의 대중이 폭동을 일으킬 수 있을 정도로 간디는 그의 친지주 성향을 숨기고 대중에게 유토피아를 제시하는 발언들을 했기 때문이 아닐까? 간디의 말을 오해한 절대 다수의 대중은 잘못되고 간디에게는 책임이 없는 것일까? 간디가 설교인지 정치 선동인지 모호한 인기 영합성 발언들을 한 것은 아닐까? 그러나 간디는 폭동에 대해서 자신과 관련해서는 책임 있는 언급을 하지 않고 "인도는 아직 독립을 할 만큼 준비가 되지 않았다"며 대중을 비난하고 비협력운동의 중지를 선언하였다. 좀 심하게 말하면 자신의 말이 자신의 뜻과 다르게 달콤한 선동성 발언이었음을 인정하지 않고 절대 다수의 대중을 수준이 낮다고 말하는 오만함과 비겁함을 동시에 보여주는 행동을 한 것은 아닐까?

힌두의 신들은 전쟁의 신이다. 라마 신의 화신으로 숭배를 받은 간디가 와서 곧 라마 신의 나라가 올 것이라고 하면 힌두의 신들처럼 전쟁을 통해서 라마 신의 나라를 만들어줄 것으로 해석할 수 있지 않았을까?** 여기에서 "유다는 예수를 혁명가로 보았지만 예수는 사랑을 전하는 사람이었

---

* Ashok Dhawale, *Shaheed Bhagat Singh*, CPIM publication, 2007, p. 10.
** 한얼미디어에서 번역되어 나온 인도 서사시 《라마야나》는 인도를 이해하고자 하는 사람이면 일단 읽어보아야 한다. 여자를 불에 태워서 정조를 확인하는 내용 등에 대해서는 읽고 난 다음에 개인마다 평가가 다를 수 있지만 인도인들의 정서를 이해하기 위해서는 일단 읽어야 할 텍스트다.

기에 유다가 배신감을 느끼고 예수를 팔았다"라는 식의 비유를 하면서 간디를 성자 예수와 연결하면서 간디가 정치인이 아니라는 시도는 하지 말자. 간디는 종교인이 아니라 국민회의 지도자로 정치인이다. 자기 마음에 들지 않는 신진 세력인 네타지(찬드라 보세)와 전투적인 민족주의자들이 국민회의에서 부상했을 때 '다른 쪽 뺨을 내미는' 사랑으로 감싸 안은 게 아니라 온갖 수단을 다 사용해서 숙청했던 정치인이다. 최소한 단 한 번만이라도 간디에 대해서 종교적인 해석은 버리고 보았으면 좋겠다.

E. M. S. 남부디리파드는 간디의 지도력을 이렇게 요약하였다.

> 명백한 것은 틸라크를 포함해서 어떤 개인 정치인도 간디가 했던 것처럼 그 정도의 규모로 대중을 동원할 수 없었다. 동시에 간디는 다른 정치 지도자들이 할 수 없었던 '민중의 편에서의 폭력'의 이름을 건 투쟁도 중지시킬 수도 있었다. 이러한 간디주의 투쟁의 형태의 두 측면은 자유를 위한 투쟁의 모든 국면마다 명확했다. 이 간디주의 형태의 투쟁이 두 가지 측면에서 어떤 계급에 봉사하는 것인지는 말할 필요가 없을 것이다."[*]

간디, 아루나에 의해 비폭력의 절대성을 비판받다

1946년 8월 RIN(왕립인도해군)이 일으킨 반란은 4일이 넘게 지속되면서 236명이 사망하고 1,156명이 부상을 입었다. 반란이 끝났다는 말을 간디가 들었을 때 그는 거리에서의 폭력은 바람직하지 못한 것이고 반(反)빈민적이며 반란자의 폭력은 생각 없는 행동이라고 하였다. 힌두와 무슬림이 폭력적 행동을 하기 위한 목적으로 단결하는 것을 보고 간디는 사실상 이

---

[*] E. M. S. Namboodiripad, *A History of Indian Freedom Struggle*, Social Scientist Press, 1986.

를 "성스럽지 못한" 결합이고 "아마도 […] 상호 폭력을 준비하고 있을 것" 이라고 혹평을 퍼부었다.

아루나 아사프 알리는 독일로 치면 클라라 체트킨, 로자 룩셈부르크, 소련으로 치면 알렉산드라 콜론타이에 해당되는 인도의 여성 민족해방운동가이다. 벵골의 힌두 집안에서 태어나 저명한 국민회의 지도자로 그녀보다 23살이 많은 무슬림인 아사프 알리(Asaf Ali)와 집안의 반대를 무릅쓰고 결혼을 한 후 민족해방운동에 헌신하였다. 1930년 소금 사티아그라하 시절에 대중 연설을 했고 영국 정부는 저명한 정치인의 아내인 그녀를 '부랑자(vagrant)'로 체포하여 1년 형을 선고하였다. 간디-어윈 협정으로 정치범들이 석방되었을 때도 그녀는 석방되지 못하다가 대중의 시위로 석방이 되었다. 1932년에 다시 체포된 후 정치범에 대한 처우 개선을 요구하며 단식 투쟁에 들어가 결국 요구를 관철시켰으나 정작 그녀는 이감되어 독방에 감금되었다. 석방 후 10년 동안 민족해방운동에서 빠져나와 있었다.

1942년 아루나 아사프 알리는 오리사 주의 주지사였던 남편과 함께 국민회의의 봄베이 회기에 참가하였다. 역사적인 'Quit India' 결의가 통과된 그해 여름은 그녀를 'Quit India' 운동의 전업 활동가로 완전히 변모시켰다. 봄베이에서 그녀는 국민회의의 삼색기 의식을 주관하였고 이에 대한 경찰의 발포가 있었다. 그렇게 그녀는 'Quit India' 운동의 불꽃을 당겼다. 1942년 국민회의 지도자의 대대적인 검거로 기존 지도력은 붕괴되었지만 국민회의는 가동될 수 있었다. 당시 영국 정부의 보고서는 온통 그녀의 이름으로 덮여 있었다. 이 시기에 아루나 아사프 알리가 'Quit India' 운동을 지도하고 국민회의 기관지를 편집했기 때문이다.

1944년에는 청년들에게 "폭력이냐 비폭력이냐의 무의미한 논쟁은 잊고

혁명에 뛰어들어라" 하고 호소하였다. 그녀는 수배를 받자 지하활동을 했고 그녀의 재산은 영국 정부에 압류되어 처분되었다. 그녀의 체포에 5,000루피의 현상금이 걸렸다. 그녀가 병에 걸렸다는 소식을 듣고 간디는 그녀에게 "너의 임무는 완료되었다"고 하면서 자수할 것을 권했지만 그녀는 자신에 대한 영장이 취소된 1946년에야 자수를 하였다. 간디는 그녀를 딸처럼 아꼈고 아루나는 수배 중에 받은 간디의 편지를 고이 간직하고 있을 만큼 간디에 대해 존경심을 가지고 있었지만 그녀는 사회주의자로서 간디와는 사상적인 거리를 두고 있었다. 'Quit India' 운동 당시에 국민회의의 원로들이 모두 체포된 후 전선을 이끌었던 J. P. 나라얀이나 아루나에 대한 당시의 평가는 "간디의 정치적 아이였지만 마르크스의 학생"이란 표현으로 요약할 수 있다. 아루나 아사프 알리는 국민회의사회주의자당 소속으로 국민회의 틀 내에서 움직였다. 독립 이후에는 CPI에서 잠깐 활동하기도 했지만 국민회의로 돌아왔고 이후에는 정치적 활동은 거의 하지 않았다. 그녀의 전기나 글*이 국내에서 번역된다면 인도 근대사에 대해 보다 풍부한 시각을 제공해줄 수 있을 것이다. 또한 여성이 인도 독립운동사에서 어떤 영향을 주었는가를 조명할 수 있는 좋은 기회가 될 것이다.

간디가 RIN에 대해 심하게 비난하자, 아루나 아사프 알리는 1) 'Quit India' 운동의 실제 지도자로서 경험한 바에 따르면 대중 폭력이 1942년의 'Quit India' 운동에 도움을 주었으며, 2) 힌두와 무슬림은 제도의 전선 (constitution front, 국민회의와 무슬림연맹의 연합 전선)에 있는 것보다 바리케이드 위에서 단결하는 것이 낫다고 반박하였다. 1)의 주장이 가능한 것은

---

* Aruna Asaf Ali, *Ideas of Nation*, Penguin, 2010. 1947년과 인도 독립 이후에 대해 그녀가 인도를 다니면서 기록하고 사색하면서 적은 신문 연재 글을 책으로 묶은 것이다.

그녀가 'Quit India' 운동의 실질적인 지도자였기 때문이다. 2)의 주장도 근거가 있는 것은 당시 파키스탄 분리 운동이 절정으로 달려가고 있었지만 RIN과 INA(인도국민군)에서는 꼬뮤날 문제가 전혀 발생하지 않았다. 자신들이 억압받고 있는 인도 국민이라는 생각 외에 그들에게는 다른 생각이 없었다.

이에 대한 간디의 답변은 이 책 본문에서 인용된 바와 같다. "아루나와 그녀의 동지들은 비폭력적 방법이 오랫동안 잠들어 있던 인도를 깨웠는지 깨우지 못했는지, 그리고 스와라지 — 매우 모호하지만 아마도 — 에 대한 갈망을 만들어냈는지 그들 스스로 매순간 물어보아야 한다"였다. 그리고 간디는 다음과 같은 말을 덧붙였다.

나는 용감한 숙녀가 행한 1942년의 사건들에 대해서 읽지 않았다. 민중이 자연발생적으로 봉기한 것은 좋은 일이었다. 그들 중 일부나 다수가 폭력에 의존한 것은 나쁜 일이었다. 인도는 지구상에서 착취를 받는 인종들의 모범이 되고 있다. 인도는 강탈자에 해를 입히지 않고도 모든 것을 희생할 것을 요구하는 열려 있고, 비무장의 노력을 하고 있기 때문이다. [···] 아루나는 힌두와 무슬림이 제도의 전선에 있는 것보다 바리케이드 위에 있는 것이 낫다고 하였다. 폭력의 관점에서조차 이것은 잘못된 제안이다. [···] 투사들은 언제나 바리케이드 위에 있지 않는다. 그들은 자살을 하기에는 너무 현명하다. 바리케이드에서의 삶은 언제나 제도 뒤에 따라와야 한다. 이 전선은 영원히 금기가 아니다. [···] 선원들에게 항복하라는 사르다르 파텔의 충고를 듣는 것은 아주 슬픈 일이다. 그들은 그들의 명예를 투항하지 않았다. 내가 본 바로는 반란에 호소하는 것은 나쁘게 조언을 받은 것이다. 만약 불만이 있다면 그것이 공상에서 나온 것이든지 진실이든지 **그들이 선택**

한 정치 지도자의 지도나 중재를 기다려야 한다. 만약 자유 인도에 반란을 했었다면 그들은 아주 나쁜 것이다. 준비된 혁명 정당으로부터의 요청이 없다면 그들은 그렇게 할 수 없었을 것이다. […] 아루나가 민중들은 폭력이냐 비폭력이냐 하는 윤리에는 관심이 없다고 말할 수는 있다. 그러나 민중들은 무엇이 대중에게 자유를 가져다주는 방법인가를 아는 데는 깊은 관심이 있다. 그것이 폭력인지 비폭력인지.*(강조 — 인용자)

아루나에게 답한 간디의 글을 통해 간디에 대해서 다음 세 가지를 읽어 낼 수 있다.

첫 번째, 간디는 자신이 인도 민중을 일깨운 것과 비폭력의 사상이 인도 민중을 일깨운 것을 동일시하고 있다. 간디는 종교와 정치를 결합한 선동으로 라마 신의 화신으로서 인도 민중 앞에 보이고 전투적인 킬라파트운동을 동맹군으로 끌어들여서 인도 민중을 결집시킬 수 있었다. 시민불복종운동이 시작되자 영국 제품 불매로 인도 부르주아지에게 도움을 주는 인도 상품 판매 촉진만 일어난 것이 아니었다. '라마 신의 나라'의 도래를 앞당기기 위하여 농민들은 영국과 지주에게 내는 이중의 과세에 대해서 저항하였고 노동자들은 20시간 가까이 되는 장시간 노동과 저임금과 임금 체불을 견딜 수 없어 파업에 들어갔다. 마침내 간디 스스로도 더 이상 운동이 확장되면 이를 감당할 수 없을 것 같아서 시민불복종운동을 철회하였다.

간디가 인도 민중을 일깨워서 처음으로 단결시킨 공헌은 위대한 것이다. 하지만 그 동력은 비폭력의 방법으로 인도 민중을 일깨운 데서가 아니

---

* Rajmohan Gandhi, *Gandhi : The Man, His People, and the Empire*, University of California Press, 2008, pp. 514-515. 아루나의 활동 이외에도 인도 여성들의 활동에 관한 책으로 Parvathi Menon, *Breaking Barriers : Stories of Twelve Women*, Leftword, 2004도 번역되면 좋을 것 같다.

라 종교와 결합된 선전 선동에서 찾아야 할 것이다. 식민 지배에 억눌린 민중들은 라마 신의 나라, 킬라파트가 부활하는 인도에 대한 희망을 품고 처음으로 인도 전역에서 민족해방의 길에 나섰던 것이다.

두 번째, 간디의 반계몽주의자로서의 모습이다. 국민회의의 기존 지도력이 완전히 붕괴했을 때 'Quit India' 운동의 실질적인 지도자로 활동하여 국민회의 지도자들이 석방된 후 국민회의가 지속적으로 영향력을 행사하게 해준 아루나의 활동에 대해서 "읽어보지 않았다"라는 답변으로 넘기는 것은 불리한 것은 피해버리겠다는 것으로밖에 보이지 않는다. 그는 배우지 못한 인도의 대중을 자신이 대변하는 것처럼 움직였다. 논쟁에서 간디가 자주 취하는 구도는 '(그 자신을 라마 신이라 믿는) 민중의 대변자 간디' 대 '지식인'이었다. 논쟁에서 "나는 행동하는 사람이다"라고 답하면서 자신에게는 논쟁 자체가 의미가 없다고 말하곤 했다. 이는 간디만의 문제도 아니다. 간디주의자들의 특징은 역사적 사실은 숨겨버리고 모든 근거는 간디의 말에서 취사선택해서 간디를 성인으로 만드는 것이다. 남부디리파드는 이에 대해서 "간디의 생애는 수많은 사건, 인간 행위의 다양한 측면을 건드리는 수많은 저술과 연설, 다양한 국면에서 너무나도 극적이었던 활동으로 풍부했기에 그의 생애와 가르침을 공부하는 그/그녀는 간디와 간디주의에 관한 자신의 지론을 증명하기가 아주 쉬울 것이다"라고 이 책에서 밝혔다.

세 번째, 흥미로운 점은 간디가 RIN을 인정하지 않은 이유가 그들의 폭력성 이외에 그들이 지도를 받지 않는 대중이기 때문이었다는 것이다. 정치인 간디는 조직과 지도의 원칙에서 단호하게 하향식으로 지배하는 방식이었다는 것을 볼 수 있는 부분이다. "그들이 선택한 정치 지도자의 지도나 중재를 기다려야 한다"는 것은 남아프리카의 사티아그라하 운동의 시작에서 확고한 그의 조직 운영 방침이었다. 남부디리파드가 이 책에서 밝혔듯이 비폭력의 성자로 추앙받는 간디는 폭력이 일어날 것을 알고 있었으면서도 영국과의 협상을 위해 전술적인 민중 봉기를 유도하였다. 이때의 자신감은 대중을 지도하고 있다는 자신감이었다. 서발턴 연구자들이 간디에 대해 비판적인 것과 '(성인)간디주의자'가 왜 서발턴 연구자들에게 혐오를 드러내는지를 알 수 있는 부분인 것 같다.

그러나 간디는 이런 논쟁과 자신이 통제할 수 없었던 많은 역사적 사건들을 지켜보면서 그의 최후의 날들에서는 스스로 변화했을 것이다. 한때 그의 지지자였으나 그가 먼저 배척해버려서 간디와 다른 길을 갈 수밖에 없었던 네타지에게도 영향을 받았을 것이다. 정치가로서 무슬림과 힌두의 분열에 직·간접적으로 기여해왔던 간디는 말년에 되어서 자신이 당 밖으로 쫓아낸 네타지와 INA가 종파를 초월하여 움직이는, 아니 종파 자체에는 아예 관심도 없이 오직 인도의 독립만을 위해 헌신하는 것을 보고도 영향을 받았을 것이다. 종파 문제에서 완전 초월했던 RIN과 네타지를 지켜보면서 간디는 무슬림과 힌두의 갈등을 깊게 해왔던 힌두 우익 정치인으로서의 오류를 상쇄하게 되는 '최후의 나날들', 즉 목숨을 걸고 인도 전체의 화합을 이루고자 했던 '위대한 인물'의 길로 나아갔던 것 같다.

그리고 국민회의는 이 논쟁에서 아루나 아사프 알리의 시각이 아니라 간디의 시각으로 이들을 평가하는 것이 유리하기에 역사를 덮어버렸다. 차우리 차우라 사건과 마찬가지로 이 RIN 반란도 국민회의에 의해 처절하게 무시를 당했다. RIN 반란은 국민회의의 역사에서는 전혀 등장하지 않는다. 1947년 독립이 되고 나서도 독립 인도와 독립 파키스탄은 이 RIN 반란 참가자들을 복직시켜주거나 보상해주지 않았다. 독립 후 이들을 지지한 지도자는 아루나 아사프 알리 외에는 아무도 없었다. 국민회의는 독립 투사들을 역사 속에 묻어버린 것이다.

간디, 좌파들과의 차이가 비폭력인가

인도 경제사학자 더트*는 간디를 "혁명의 물결 속에서 대중의 지도자라는 위치를 유지하려는 수단을 찾는 인물", "인도 혁명의 요나"라고 혹평하면서 "비폭력의 주술로 대중을 통제하여 (폭력)혁명의 가능성을 차단했다"고 비판했다. 그러나 폭력적 투쟁이 독립을 앞당길 수는 없었다. 영국의 군사력을 볼 때, 폭력 투쟁은 쉽게 진압되었을 것이다. 무엇보다 물리력을 사용했다면 인도의 민족운동은 세계의 동정과 지지를 확보하지 못했으리라.

– 이옥순, 《인도 현대사》, 창비, 2007, p. 153.

명예롭게도 간디는 권력 이양에까지 이른 그 진전이 전 생애에 걸쳐 자신이 설파했던 원칙의 승리가 아니라 패배를 암시한다는 것을 '정직하고도 전적으로' 인정했던 유일한 국민회의 지도자였다는 것을 말해야 될 것이다. 7월 14일 그는 이렇게 말했다.

지난 30년 동안 우리가 실천해온 것은 비폭력 저항이 아니었고 비폭력 저항을 할 수도, 하려는 의지도 없기에 무장투쟁을 하겠다고 나선 연약한 사람들이 내세운 수동적인 저항이었습니다.

– 이 책의 본문 193쪽.

혁명가들과 간디가 이끌던 국민회의가 견해 차이를 보인 것은 (좌파의)

---

* 두트(R. P. Dutt)를 가리킴.

폭력적인 방식이냐 (간디의) 비폭력적인 방식이냐의 문제가 아니었다. 독립의 내용과 대중운동에 대한 전술의 차이였다.

간디가 제1차 세계대전 때 인도 젊은이들을 전쟁터에 총알받이로 징병하도록 독려한 것이나 국민회의를 이끄는 데 필요하면 대중의 자연발생적인 폭력적 봉기를 유도하기도 한 역사적 사실에서 보듯, 간디는 비폭력과 폭력을 전술적으로 구사하였다. 다만 비폭력이 주 전술이었고 그의 주요 구호였을 뿐이다. 네타지와 대립했던 것은 민족해방운동에서 폭력을 사용하느냐 비폭력을 고수하느냐의 문제가 아니었다. 영국으로부터의 완전한 독립이냐 자치령으로 만족하느냐는 문제였다.

인도 전역에 굶어 죽은 백골이 하얗게 뒤덮여도 눈 하나 까딱하지 않던 영국이 간디의 비폭력에 의해서 물러날 수 있다고 생각하는 근거는 어디에 있는가? 간디가 등장하기 이전(간디는 1915년 인도로 귀국했다), 비폭력운동이 없던 시기에 영국에 의해 자행된 벵골 분할이 봉기와 대중운동 등의 극렬한 저항으로 인해 철회된 것은 어떻게 설명할 수 있는가?

앞서 이옥순 교수가 전개한 논리는 다음과 같다. 1) 간디의 비폭력사상은 위대하다. 2) 좌파는 폭력적이다. 3) 폭력적인 좌파는 간디의 위대한 비폭력 사상을 거부한다. 이런 전개 뒤에 코민테른의 인도 고문이었던 인도계 영국인 학자인 R. P. 두트가 "간디를 인도 혁명의 요나로 불렀다"란 말을 덧붙인다. 이옥순 교수는 두트를 자신의 글 속에서 자주 거론하지만 그에게 어떤 학문적 업적이 있는지, 인도 역사에 대해서 어떤 서술을 했는지, 간디에 대해서 구체적으로 어떤 내용의 비판을 했는지에 대해서는 이야기하지 않는다. 두트는 CPI가 극좌 노선의 오류를 인정할 무렵 이를 적극적으로 지지하고 국민회의와의 관계를 적대적인 대립 관계로만 가져가지 말고 새로운 관계를 설정하라고 권고했다. 극좌 노선의 수정 이후 CPI

는 평화적인 의회 전술을 채택하였다. 두트는 폭력적인 좌파로만 규정지을 수 없는 인물이다. 이옥순 교수가 거론하는 두트의 저서 《오늘날의 인도(India Today)》는 세계적인 스테디셀러이다. 검색을 하면 수백 권의 학술 서적이 끝도 없이 이 책을 인용하고 있는 것을 볼 수 있을 것이다. 두트를 거론하는 이 학술 서적들은 인도인들이 쓴 것만이 아니며, 또 그 가운데 좌파가 쓴 책은 몇 권 되지도 않는다. 좌파니 우파니 하면서 따지는 것보다 먼저 권위 있는 책과 저자에 대해서는 '상식'적인 소개부터 하는 게 맞지 않을까? 21세기에 나온 이옥순 교수의 이러한 식의 좌파 비판은 반공이 국시였던 1960년대에 초판이 나온 차기벽의 《간디의 생애와 사상》 수준도 되지 않는다. 차기벽은 그 책에서 좌파인 남부디리파드의 견해에 동의하는 부분이 있으면 인용했고 남부디리파드를 비판하더라도 최소한 그의 견해는 소개하고 국민회의를 옹호하였다.

아일랜드의 민족해방 투쟁사를 그린 영화 〈마이클 콜린스〉와 〈보리밭을 흔드는 바람〉을 보면 알 수 있듯이, 당시 영국의 군사력은 인도에서와 마찬가지로 아일랜드에서도 압도적이었다. 마하트마 간디같이 비폭력 사상을 주장하는 '성인'도 없었다. 그러면 아일랜드가 영국을 몰아낸 것은 어떻게 설명할 것인가? 1916년 부활절 봉기를 시작으로 1919년부터 1921년까지의 아일랜드 독립전쟁은 영국-아일랜드 조약으로 아일랜드자유국으로 독립을 인정받을 때까지 끝이 안 보이던 무장투쟁이었다. 사실 민족해방운동사에서 군사력을 논하는 것은 접근 자체에 문제가 있다. 아일랜드의 군사력? 아일랜드 무장 독립군인 아일랜드공화국군(IRA)이 가졌던 무기는 총 400자루에 불과했다. 영국을 군사력으로 이겨서 인도보다 먼저 독립한 것일까? 아니다. 아일랜드 전체가 저항을 한 결과다. 아일랜드 독립군의 열악한 군사력을 영국인들은 피로 제압해 갔지만 이 무장 독립군과의 전투만이 문제가 아니었다. 총을 들지 않았음에도 죽음을 두려워하지 않고 저항하는 아일랜드 국민들을 더 이상 통치할 수 없어서 물러난 것이다. 식민지 지배를 계속할 수 있느냐 아니냐의 문제는 궁극적으로는 군사력의 우위 문제가 아니라 더 이상 통치할 수 있느냐 없느냐라는 통치 비용의 문제이다. 총을 든 IRA의 무장투쟁만이 문제가 아니라 아일랜드 전역의 파업 투쟁과 보이콧으로 영국은 더 이상 아일랜드를 지배할 수가 없었다. 제국을 위해 식민지 민중이 군소리 없이 일을 해야 착취를 계속할수 있을 것 아니겠는가?

간디가 제1차 세계대전 때 모병을 하고 자치령이라도 구걸한 것과 아일랜드의 경우를 비교해보자. 제1차 세계대전 시 영국이 아일랜드에서 징병을 하려고 하자 아일랜드의 저항은 거세졌고 아일랜드 독립전쟁으로 번져갔다. 아일랜드와 인도를 비교해보았을 때 영국 정부에서 내릴 수 있는 결정은 무엇이겠는가? 징병 요구를 저항하면서 독립전쟁을 벌인 아일랜드와 달리, 자치령이라도 감지덕지라면서 자신들을 위해 총알받이로 나서주는 인도에게 자치령이라도 줄 이유가 있었을까?

이집트는 1914년부터 영국이 보호령에서 식민지로 만들려는 시도에 맹렬하게 저항하여 1922년 근대 이집트 왕국으로 독립하였다. 이집트에서도 비폭력 사상은 없었다. 터키는 1922년 9월 점령국이 퇴각한 후 술탄을 폐지하고 세속 공화국을 열었다. 이슬람법을 따르는 것을 근대화의 걸림돌로 보고 이슬람법으로부터 유럽법으로의 전환, 종교 학교의 폐쇄, 종교적 달력이 아닌 서구식 달력의 도입 등을 이어갔다. 이에 비해 스와라지를 라마 신의 나라라고 외치고 카스트-자티 체제로 돌아가자는 간디를 보았을 때 당시의 세계정세를 조금이라도 아는 이들은 답답했을 것이다. 영국이 인도에서 물러난 것은 아일랜드의 경우와 동일하다. 인도에서는 제2차 세계대전이 되어서야 아일랜드와 같은 저항이 있었다. 1차 시민불복종운동 때처럼 간디가 나서서 대중의 저항을 막아주는 것도 한계에 도달했다. 그리고 간디조차도 1940년대에는 'Quit! India' 선언을 통해 영국으로부터의 완전한 독립을 공식적으로 요구했다.

제국주의는 더 이상 착취가 불가능할 정도로 식민지의 민중이 저항하면 물러갈 수밖에 없는 것이다. 'Quit! India' 선언 이후 전국적인 봉기와 파업으로 인해 영국은 물러날 수밖에 없었다.

1947년 3월 5일 영국의 의회 보고서에서 영국이 내린 결정은 첫째, 앞으로 최소 15년이나 20년 동안 인도에 대한 지배를 강화하려면 공무원과 군대를 늘리는 방법이 있고 둘째, 이를 할 수 없다면 상황을 인정하고 퇴각하는 것이었다. 이 보고서에 따라 영국은 퇴각하였다. 공무원과 군대를 늘리는 것을 검토한 이유는 네타지가 이끌던 인도국민군, 군대 내부의 반란인 RIN의 반란, 전국 각지의 농민봉기와 파업 등을 진압할 수 있는가라는 문제 때문이었다. 책 전반에 걸쳐 인도의 대중운동에 대한 혐오를 일관되게 보여주는 전형적인 식민지 역사관으로 서술된 퍼시벌 스피어의 《인도 근대사》에서도 이 부분이 서술되었다.

> 평소의 노련한 솜씨 그대로 간디는 '인도를 떠나라(Quit! India)'라는 구호를 만들어냈고 가을에 있을 일본군의 진격과 동시에 일어나게 될 새 시민불복종운동을 선언하면서 영국의 철수를 요구하였다. 간디는 "결국 이것은 공개적인 반란이다"라고 말했으며 정부 역시 그렇게 여겼다. 국민회의가 8월 7일 그 결의안을 통과시키자 국민회의 운영위원회의 모든 위원들은 푸나에 구금되었다. 이어 국민회의 좌파 요원들에 의해서 짧지만 격렬한 폭동이 일어났다. 비하르와 연합 주의 통신이 한동안 두절되었다. 그해 말까지 약

천만 명이 목숨을 잃었고, 6만 명이 체포되었으며, 백만 파운드 정도의 재산 피해가 생겼다. 정부는 이 사태를 국민회의의 반란이라고 불렀고 국민회의는 그 소요를 정부가 겪게 한 참을 수 없는 긴장에 대한 자발적인 반응이라고 불렀다.

– 퍼시벌 스피어, 《인도 근대사》, 신구문화사, 1993, p. 256.(강조 — 인용자)

이옥순 교수가 번역한 이 책의 저자 퍼시벌 스피어조차도 인도 독립의 원인을 간디의 비폭력에서 찾지 않았다. 퍼시벌 스피어는 그 사실들을 근거로 인도의 독립을 이야기하지 않고 식민주의 사학자답게 인도의 꼬뮤날 폭동 때문에 인도를 통제할 수 없어서 독립시킬 수밖에 없었다고 했다. 이옥순 교수가 번역한 또 다른 책인 B. R. 톰린스의 《인도 경제사》에서 저자는 전쟁으로 영국이 인도에 진 부채를 갚을 수 없는 경제적인 이유를 들었다. 영국은 인도에 대한 경제적, 정치적 통치 비용을 더 이상 감당할 수 없어 물러난 것이지 간디의 비폭력 때문이 아니었다.

이정호 교수 또한 'Quit India' 선언 이후 국민회의의 지도자들이 체포된 후 대중은 폭력 시위를 발전시켜서 간디의 비폭력·비협력 프로그램은 완전히 마비되고 전혀 새로운 형태의 폭력적인 운동이 되었음을 다음과 같이 소개하고 있다.

간디의 비폭력 비협조 프로그램은 실행되기도 전에 간디를 비롯한 지도자들이 체포되었기 때문에 완전히 다른 성격의 운동이 되어버렸다. 도시 농촌 가릴 것 없이 사람들이 모여 영국의 지배와 권력의 상징으로 여겨지는 장소들을 공격했다. 기차역과 우체국에 방화했으며, 경찰서를 비롯한 정부 건물들도 공격했다. 저항하는 사람들은 전화선이나 전신선을 끊고, 다리를 폭파시키고, 철도를 뜯어냈다. 운동 기간은 불과 몇 주였지만 강력했다. 비하르와 연합 주 동부의 무질서 상태가 가장 심각하고 광범위했다. 그곳은 한동안 무정부 상태였으며, 통신이 두절되어 벵골과 아삼의 동부 여러 주를 비롯해 일본군과 맞서 동쪽 국경을 지키는 부대들은 인도 북부와 전혀 교신을 할 수 없었다. 경찰과 군 등 정부의 공권력은 심각한 타격을 받았다. 8월부터 11월까지 수백 명의 사상자를 내고 6만 명이 넘는 사람이 체포되면서 봉기는 점차 힘을 잃기 시작했다. 이 운동의 지도자는 자야프라카쉬 나라얀이었으며 펀자브와 북서 변경 주, 신드를 제외한 전 지역에서 전개되었다. 국민회의의 기록에 의하면 250개의 기차 정거장이 파괴되었고 550개의 우체국이 공격을 받았고 3,500여 곳의 전신주가 잘려나갔으며 70개의 경찰서와 정부 건물이 불탔고, 900명의 경찰이 죽고 많은 수가 부상당하였으며 군인은 11명이 죽은 것으로 되어 있으나, 이 통계도 어디까지나 정확한 것은 아니다.*

R. P. 두트는 민중 봉기에 대해서 영국이 말레이와 인도에서 취한 태도가 달랐음을 지적한 후 영국이 물러난 이유는 인도의 대중 봉기 때문이었음을 영국 측 자료를 통해서 보여준다.

6백만 명의 말레이에 대해서는 영국은 조금도 망설이지 않고 군대를 파병했고 민중의 자유운동을 패배시키기 위해서 가장 잔혹한 전쟁을 수행했다. 그러나 4억 명의 인도에 대해서는 대중 반란이 무장으로 발전하자 철수하

---

* 이정호, 〈인도의 독립과 파키스탄의 탄생 : 마하트마 간디의 활동을 중심으로〉, 《남아시아 연구》 13권 2호, 2007, p. 85.

고 국민운동의 상층부와 타협하여 최선의 성과를 얻는 것 외에는 다른 대안이 없었다. 이와 같이 마운트바턴(Mountbattern, 인도의 마지막 총독)의 책임자였던 이스메이 경(Lord Ismay)은 철수의 필요성에 대해 그의 판단을 (다음과 같이 — 인용자) 내렸다. 1947년 3월의 인도는 바다 가운데에서 폭약과 함께 있는 배와 같았다. 폭약에 닿기 전에 불을 끄느냐의 문제였다. 사실상 우리에게는 우리가 한 일(인도의 독립 — 인용자) 외에는 다른 선택이 없었다.*

네타지, 잊힌 영웅

아일랜드에서 IRA가 했던 역할을 인도 독립 투쟁에서는 네타지(찬드라 보세)와 인도국민군(INA)이 했다. 일본군과 함께 인도로 들어가려고 했던 인도국민군은 일본이 패망함으로써 인도로 진입하는 것은 실패했지만 그들이 영국군에 포로가 되고 법정에서 제국에 대한 반역죄를 선고받자 인도 전역은 더 끓어오르기 시작했다. 심지어 그동안 인도에서 영국 앞잡이 노릇을 하던 친영파 인사들도 인도국민군을 위한 변호인단에 합류하기 시작했다. 인도국민군의 총사령관 네타지도 국민회의 역사의 일부였고 국민회의 의장까지 역임한 중요한 인물이었다.

그러나 왜 지금까지 알려지지 않았을까? 네타지가 행방불명되기 전 5년간의 역사, 즉 국민회의 의장을 사임하고 쿠리로 변장하여 독일과 일본을 오가면서 인도국민군을 창설하고 패배한 역사를 기록한 영화가 2005년 인도에서 개봉되었을 때 제목이 '보세, 잊힌 영웅(Bose : The Forgotten Hero)'이었다. 국민회의가 덮어버린 네타지와 인도국민군의 역사를 복구하고자 한 영화로서는 이 제목이 너무나 적절했다.

---

* R. Palme Dutt, *India Toady*, People's Publishing House, 1940 1st print, 10th edition 2008, pp. viii~ix.

로멜과 보세.

네타지는 당내 우파 지도자들이 영국과 타협하는 것을 결코 좌시하지 않겠다는 공약으로 국민회의 의장이 되었다. 그러나 간디는 자기가 내세운 후보가 패배한 것은 자신의 패배라고 공식적으로 선언하고 국민회의 중앙위원회 전원을 사퇴시켜서 네타지를 국민회의에서 쫓아버렸다. 퍼시 벌은 이러한 간디에 대해 식민지 역사관을 가진 역사학자답게 다음과 같은 격찬을 보낸다.

국민회의에는 벵골 출신의 수바스 보세와 국민회의의 핵심지역인 우타르 프라데시 출신의 자와할랄 네루 같은 젊은 인물로 대변되는 급진적이며 호전적인 감정을 가진 일파가 섞여 있었다. 시민불복종운동의 결과에 대한 환멸과 정부의 진압 정책에 대한 분개 그리고 공언된 정부의 계획에 대한 의구심이 세계적인 경제 공황의 압박으로 더욱 고조되었다. 극단주의가 횡행하고 법치주의는 무시되었으며 성급함이 미덕이 되었다. 국민회의 옛 수호자들은 이러한 경향을 공공연하게 비난했지만 간디는 그 무엇보다 이러한 노선이 분열되는 것을 우려하였다. 이들 지도자들에 의한 졸속한 반정부 운동은 격렬한 진압, 나라 안의 반발, 당의 분열을 가져올 것이며 그리고 한 세대 동안의 정치적 퇴보를 의미하는 것이었다.

간디의 방식은, 긴 낚싯줄에 매달린 한 마리의 물고기가 지칠 때까지 퍼드덕거리게 내버려두는 능숙한 어부처럼, 이 젊은 지도자들을 방치하는 것이었다. 그의 정책은 장려와 성난 연장자로부터 보호하는 방법을 통해 그들을 무력하게 하는 것이었다. 간디는 보세보다 네루를 자신의 후계자로 선택했는데 그것은 네루를 따르는 무리가 보세의 추종자보다 많고 국민회의에서 네루의 세습 지위 때문이기도 하였지만 주요한 이유는 네루가 간디에게 더욱 밀착할 수 있는 인물이기 때문이었다. 보세는 간디를 존경했으나 인정하지 않았던 반면 네루는 간디와 의견이 같지는 않지만 그를 숭배하였다. 결국 간디는 네루를 믿었고 그것은 1947년까지 그대로 입증되었다. 네루는 1936년에 국민회의의 대표가 되었으며 전례 없이 연임을 하였다. 1938년 네루를 이어 대표직에 오른 보세는 네루와 마찬가지로 연임을 희망했지만 그로 인내 당내 위기가 발생하고 말았다. 보세가 대표직 선거에서 온건파인 **시타라마야**(Sitaramayya)를 패배시키자 간디가 이에 개입하였고 교묘하고 냉혹한 일련의 움직임을 통해 보세를 고립시키고 마침내 그의 사임을 얻어냈다. 이렇게 하여 간디는 젊은 뱅골인 보세를 잃었지만 새로운 인도를 획득하였다. 간디는 일본과의 전쟁에서 **보세가 이끄는 인도국민군과 이들이 야기한 난처함을 앞으로 다가올 날에 그의 뒤를 받치게 될 국민회의의 강화를 위해서 지불하지 않으면 안 되는 작은 대가로 여겼음이 분명하다.**[*](강조 — 인용자)

이 책은 영국의 정책이 결코 억압적이지 않았음을 강조하고 있으며 인도의 독립을 위한 대중운동에 대해서는 노골적으로 혐오감을 드러내고 있

---

* 퍼시벌 스피어, 《인도 근대사》(이옥순 옮김), 신구문화사, 1993, P. 237-238.

다. 1943년 영국의 전쟁 준비와 무책임한 착취로 2백만 명이 죽어간 뱅골 기근에 대해서도 "1883년 기근법이 만들어진 이후 처음으로 기근 상태로 변했고 약 2백만 명이 목숨을 잃게 되었다. 1943년 10월에 부임한 새 총독 웨벨이 취했던 첫 조치는 캘커타를 방문하고 영국군으로 하여금 위문품의 분배를 담당하도록 하여 음식물의 통제를 최우선 과제로 하는 한편 모든 대도시에 배급제를 실시하도록 한 것이었다. 아마도 그때만큼 영국군의 평판이 좋았던 적이 없었다"(p. 252)라고 영국군이 은혜를 베푼 것으로 적었다. 기근법이 만들어진 이후에 인도의 기근은 뱅골 기근이 처음이라는 것은 사실이 아니다. 1899년과 1900년 사이에 인도 인구 1,000명당 37명이 기근과 그 기근에 동반하는 질병으로 사망하였다. 백만 명이 넘는 숫자인데도 2백만 명이 안 되었기에 기근으로 보지 않는 것 같다.

또한 퍼시벌은 네타지에 대해서는 "보세는 인도의 독재자로 귀국하길 고대하고 있었다"(p. 251)라고 평하는데, 왜 보세가 인도의 독재자로 귀국하길 원했는가에 대해서는 한 줄의 설명도 없다. 식민지 역사관을 가진 영국 역사가가 인도의 대중운동 지도자에 대한 혐오를 자연스럽게 드러낸 한 구절일 뿐이다. 이에 반해서 간디에 대해서는 질서를 원하는 영국의 바람대로 언제나 대중운동을 무마시켰다는 데서 극구 칭송을 하고 있다. 인도 역사학자들이 민족해방운동사의 관점에서 쓴 수많은 역사책을 두고 식민지 역사관을 가진 영국인이 쓴 이 책이 번역된 이유는 무엇일까? 영국의 식민주의 사관과 간디주의자가 역사를 바라보는 시각에서 공유하고 있는 것은 대중운동에 대한 철저한 불신과 대중운동을 가라앉히는 '구원 투수'로 간디를 보는 시각이다.

1943년 뱅골 기근으로 수백만 명이 죽어갔다. 얼마나 비참한 상황이었는지 뱅골 출신의 아마르티아 센은 평생 이 체험을 안고 살아간다. 학문의 길을 정하게 해준 것은 그 시절의 체험이었고 2009년 낸 《정의라는 이상(The Idea of Justice)》도 이 체험과 연관해서 민주주의에 대해 논하고 있다.* 영국 제국주의의 입장에서 역사를 서술하는 퍼시벌은 이러한 처참한 상황에서 나온 민중의 저항을 "졸속한 반정부운동", "극단주의가 횡행하고 법치주의는 무시되었으며 성급함이 미덕이 되었다"라고 평가했다.

이옥순 교수 또한 퍼시벌처럼 "성급함"이란 말로 좌파들을 비판한다. 간디는 멀리 보았지만 좌파들은 폭력으로 성급하게 인도를 바꾸려고 했다고. 그러나 1년 안에 스와라지를 달성하겠다는 약속을 한 이가 누구인가? 조급한 약속을 남발했던 정치인은 다름 아닌 간디였다. 바가트 싱은 교수형을 당한 1930년대 초반에 20대 초반의 젊은이였지만 간디와 달리 그는 "아주 침착해져야 한다. 적어도 20년이 걸릴 것이다"라고 했고 실제로 인도의 독립은 그 정도 시간이 소요되었다. 전국 곳곳에서 굶주림으로 인도 민중이 죽어가고 있는데, 비폭력 사상이라고는 전혀 모르던 아일랜드가 대중운동으로 일찌감치 독립을 달성한 것을 보고 인도의 청년들이 무슨 생각을 했겠는가?

1943년 벵골 기근이 일어난 해에 네타지 찬드라 보세는 일본으로 건너간 후 싱가포르에서 인도국민군을 창설했다. 이 끔찍한 상황에서 창설된 인도국민군에서는 힌두도 무슬림도 하나였고 어떠한 꼬뮤날리즘 문제도 없었다. 독립 이후 국가 분열의 최대 피해자였던 벵골인으로서 네타지와 간디를 비교할 수밖에 없었다. 네타지로 대변되는 벵골의 전투적 민족주의와 간디주의와의 충돌에 대해서 C. C. 비스와스(C. C. Biswas)는 다음과 같이 정리했다.

---

* Amartya Sen, *The Idea of Justice*, chapter 16, The Practice of Democracy, 2009.

많은 벵골인들이 믿는 것은 간디가 그의 생애를 통해서 힌두와 무슬림을 인도인으로서 고려하는 진정한 민족적 지위를 가지는 데 실패했다는 것이다. 그는 언제나 — 킬라파트운동 시기와 그 이후에도 — 무슬림을 별개의 그룹으로 생각하였고 대부분 힌두 지도자로서 그들을 이해하려고 노력했다. 그들을 인도 국가에 통합하기보다는 힌두–무슬림의 단결이라는 입장을 가졌다. 간디의 킬라파트 정책을 언급하면서 R. C. 마줌데르(R. C. Majumder)는 이렇게 적었다. "킬라파트 문제가 인도 무슬림에게는 인도의 자치보다도 더 중요하다는 것을 그가 받아들인 후, 간디 그 자신은 인도 무슬림의 반복되는 주장인 그들이 별도의 국가를 만들겠다는 것과 인도 안에 있지만 인도가 아니라는 것을 승인하는 것은 봉인했다." 간디의 정책은 인도의 여타 부문에서도 비판을 받았으나 벵골인들은 보편적으로 그에게 국가 분열의 책임이 있고 그들의 현재 상황은 다른 곳에서는 없다고 생각하였다. 그들은 수바스 찬드라 보세가 인도국민군에서 힌두와 무슬림을 동원하는 데 성공한 것과 간디가 꼬뮤날 문제를 해결하는 데 실패한 것을 비교한다. 그리고 만약 보세가 있었다면 국가의 분열은 일어나지 않았을 것이라고 믿는다. 그들은 또 국민회의 지도자들이 벵골에서 파즐룰 후크(Fazlul Huq)*의 크리샤크프라자당(Krishak Praja Party)**과의 연합 정부 구성을 거부***한 것에 유감을 가지고 있다. 이 연합 정부가 들어섰다면 벵골을 분단시킨 무슬림연맹이 벵골에서 강력한 세력으로 성장하지 못했을 것이라고 믿는

---

* 독립 후 동파키스칸의 지도자가 된다.
** KPP는 전 벵골소작농협회에서 진화한 정당이다.
*** 당시 선거에서 국민회의는 52석, 무슬림연맹은 39석, KPP는 36석을 차지했으나 11명의 각료들 중 KPP는 주 총리인 파즐룰 후크를 포함해서 2명뿐이었다. 국민회의에게는 소작농의 정당인 KPP보다는 꼬뮤날 세력이지만 지주와 부르주아를 기반으로 하는 점에서는 동일한 무슬림연맹이 연정 파트너로 적합했던 것이다.

다. 역사적으로 볼 때 이러한 노선으로 사고하고 간디에게 책임이 있다고 생각하는 벵골인들이 많다는 것을 언급할 수도 있을 것이다.

그렇기 때문에 벵골인들은 벵골의 전투적인 민족주의자들이 보세와의 관계에서 보여주었던 것과는 달리 간디에 대해서는 비판적인 태도를 유지했던 것이다. 벵골의 전투적인 민족주의자들은 우리가 보았듯이 간디의 지도력에 대해서 처음에는 유보를 했지만 희망은 버리지 않았다. 희망은 서서히 사그라지다가 비협력운동 이후에는 완전히 사라졌고 태도는 더욱 비판적이 되었다. 벵골의 전투적 민족주의자들과 쉽지 않았던 타협 기간 이후 수바스 찬드라 보세의 고무적인 지도력 아래 제2차 세계대전으로 이어진 국제 상황에 따라 민족주의 투쟁에서 간디주의 지도자들에 대항하는 반란이 일어났다.

사상적 측면에서 벵골 민족주의자들은 간디주의에 어떠한 공감도 가지지 않았고 간디주의자들이 자유를 위한 투쟁과는 아무런 상관도 없다고 여겼다. 벵골에서 간디는 반(反)수바스 이미지를 가지고 있다. 수바스 보세는 벵골인들에게 있어서 전투적 민족주의자 전통을 대표한다. 보세에 대한 헌신적인 애정은 많은 벵골인들에게 간디에 대한 태도를 결정해주었다.*

마지막으로 우리 스스로에게 하나만 더 묻고 가자. "인도의 민족운동은 세계의 동정과 지지를 확보하지 못했으리라"라는 구절이 있는데 인도가 세계의 동정과 지지를 확보해서 독립을 할 수 있었던 것일까?

사족이 될지도 모르겠지만, 웨스트벵골의 지식인이라고 모두 간디를 싫어하는 것은 아니라는 점을 언급해야 할 것 같다. 웨스트벵골에서도 탤컷

---

* C. C. Biswas, *Bengal's Response to Gandhi*, Minerva Association (publication) PVT. LTD, 2004.

파슨스(Talcott Parsons)를 방법론으로 사용하고 있다면 간디주의자라고 보면 된다. 탤컷 파슨스는 어느 사회든지 갈등은 있기 마련이라는 전제하에 도덕성을 강조함으로써 물질적 자원에 대한 분배를 무시해버리기에 간디주의와 일맥상통하는 점이 있다. 탤컷 파슨스는 막스 베버의 《프로테스탄티즘의 윤리와 자본주의 정신》을 번역하여 미국에 건국 신화를 제공해주면서 막스 베버를 미국 사회학의 주류로 만들었다. 인도가 글로벌화 되면서 노동시장 이론(산업사회학, 노동경제학) 쪽에서는 노사화합을 강조하는 '근로 문화(Working Culture)' 이론이 들어오고 사회학에서는 탤컷 파슨스가 본격적으로 거론이 되었다. 유행에 민감한 지식인들이 웨스트벵골에서도 등장하고 있는 것 같다. 노사가 한 가족이라는 것을 강조하는 근로 문화 이론은 정규직 노동자들이나 설득할 수 있는 이론이라서 독립 이후부터 경제 개방을 거쳐서 현재까지도 비조직 부문의 고용 문제가 해결될 기미도 보이지 않고 조직 부문에서는 오히려 비정규직이 늘어나고 있는 현재의 인도에서는 자리를 잡지 못하고 있지만 탤컷 파슨스는 인도 학계의 주류인 기존의 간디주의자들이 가장 편안하게 받아들이고 있어서 주류로 자리를 잡아가고 있다.

간디, 다른 정치인과의 차이

단식이 보여주는 것처럼, 자기 신념에 대한 과감한 헌신과 집중이 정치인으로서의 간디의 미덕이다. 카스트를 타파하겠다는 아래로부터의 운동이 일어나자 이를 저지하기 위해서 목숨 건 단식까지 감행하는 이 결단력은 민정 시찰을 한다면서 시장에 가서 떡볶이와 순대 먹는 모습을 보여주는 것과는 수준이 아예 다른 것이다. 한국의 기성 정치인들 중 누가 '촛불운동'을 부드럽게 진압하기 위해서 목숨을 건 단식을 하겠는가?

적어도 정권을 오래 유지하고 싶다는 의지가 있다면 시장 돌아다니면서 떡볶이 먹는 장면을 연출하는 얕은 수보다는 이런 과감한 간디의 행동 방식을 귀감으로 삼아야 할 것이다. 이렇게 자기 몸을 아끼지 않고 던져서 대중의 불만을 진압하는 개인으로서의 간디는 얼마나 위대한가? 국민 세금으로 운영되는 물대포차와 최루탄을 왜 사용하는가? 간디처럼 헌신적으로 할 수 없나?

　간디 시대에 인도에서는 그가 정치를 하는 데 풍부하게 활용할 수 있던 전근대적인 종교가 대중을 사로잡고 있어 그는 '라마 신의 나라'라는 구호를 사용할 수 있었지만, 21세기 초반에는 그런 조건을 갖춘 곳은 이제 거의 사라졌다는 반박이 나올 수 있을 것이다. 그렇다면 간디처럼 위대한 정치가가 다시 나올 가능성이 없을까? 아니다. 있다. '부자 되세요'라는 구호를 가진 신흥 종교가 있지 않은가. 개인의 성공과 가족의 소중함을 강조하여 사람들이 자기와 자기 가족 외에는 모르도록 하고 불만을 가진 세력들의 움직임이 드러나지 않도록 미디어를 통제하면서 '당신만은 부자가 되어 구원받을 수 있다/나만 아니면 된다'라는 헛된 믿음을 계속 강화시켜 주면 된다. 사람들이 가진 이 믿음이 흔들리지 않도록 하기 위해 간디처럼 끊임없이 대중의 움직임을 잘 포착하고 그때그때 말을 잘 바꿀 수 있다면 간디처럼 최고의 정치가가 될 수 있다. 물론 때로는 간디처럼 목숨을 건 단식을 감행할 결단력을 갖추는 것이 무엇보다 선행되어야 할 것이다.

현재 인도에서의
부단운동

지금까지 한국에서 부단운동의 지도자 비노바 바베를 거론할 때, 인도에서 부단운동의 실제적 역사적 결과에 대해서는 언급하지 않고 거의 대부분 바베와 부단운동이 주는 감동만을 논했다. 이것이 국내에서 나온 '성인(聖人) 간디주의' 관련 서적들의 몰역사성이다. '(성인) 간디주의자' 들의 활동을 다루는 글들은 중국 무협의 '무림 세계' 를 보는 것 같다. 실제로는 존재하지 않는 머릿속에만 있는 세계에 현실감을 주려고 역사적 사실보다는 등장인물들에 대한 감정 묘사와 에피소드 연결에 오히려 많은 배려를 한다는 점에서 그렇다.

부단운동의 취지는 간단하다. "아무리 지주의 착취가 심하더라도, 농민이 정부에게 토지개혁을 실시할 것을 요구해도 절대 할 수 없다. 지주가 줄 때까지 기다려라."

성자 간디의 애틋한 마음을 지주들이 알게 되면 지주는 땅을 농민들에게 선물로 주게 될 것이다. 지주들이 땅을 안 준다면? 할 수 없다. 지주의 땅은 지주들의 것이니까. 토지개혁을 왜 법으로 제정하고 집행하나? 지주들이 선물로 주고 싶으면 주는 것이지 안 주면 줄 때까지 기다려야 되는 것이 아닌가? 부단운동에서 토지를 경작자에게 주자는 구호는 한국이나 대만, 인도네시아 등의 반공 정권이 했던 것처럼 법적으로 '토지 상한'을 정해 토지 상한을 넘는 땅은 정부에서 유상으로 구매해서 다시 농민들에게 되파는 토지개혁 방식으로 집행하지 말고 지주가 선물로 줄 것이니 농민들은 그때까지 기다려야 한다는 것이다. 그 반대를 주장한다면? 공산주의자가 되는 것이다.

부단운동으로 인해 혜택을 받은 극소수의 농민들은 있었지만 이 운동은 인도의 토지개혁을 막는 장해물이 되었다. 간디가 그 사상을 제시한 부단운동으로 인해 토지개혁은 '부드럽게' 지체된 것이다. 인도는 토지개혁법을 제정하고도 실행을 하지 않았다. 정부에 대해서 왜 토지개혁을 실시하지 않느냐고 항의가 들어오면 정부는 법을 집행하기보다는 부단운동과 부단법이 있지 않느냐고 답변을 하였다. 부단운동을 지지하기 위해서 통과된 법안인 부단법(Boodhan Act)은 지주들이 주 정부에 토지를 기부하면 주

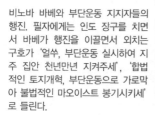

비노바 바베와 부단운동 지지자들의 행진. 필자에게는 인도 징구를 치면서 바베가 행진을 이끌면서 외치는 구호가 '얼쑤, 부단운동 실시하여 지주 집안 천년만년 지켜주세', '합법적인 토지개혁, 부단운동으로 가로막아 불법적인 마오이스트 봉기시키세'로 들린다.

정부에서 나누어주는 것이다. 하지만 인도의 현실은? 부단운동으로 분배된 토지의 대다수는 황무지거나 개간 자체가 아예 불가능한 땅들이었고 이 황무지와 개간이 불가능한 땅을 분배(?)한 지주들은 간디주의자로 이름을 드높였다. 그리고 부단운동으로 분배된 이런 땅들조차도 실제적으로는 분배가 되지 않고 있는 것이 인도의 현실이다.

마오이스트 세력이 강대한 비하르 주를 보면 비하르 부단법이 있지만 부단 야그나(Boodan yagna, land-gift-mission, 토지선물장려운동) 위원회에 따르면 1954년 제정된 이 법안에 의해 비하르에서 재분배된 토지의 50%는 기록이 아예 없다.* 분배한 시늉만 한 것이다.

2009년 타밀나두 지역에서의 부단운동에 관련된 신문 보도를 읽어보자. "부단운동에 기부된 1,000에이커 이상의 땅이 분배가 되지 않은 채 토양이 파괴되었다. 정확히 14,040.6에이커의 땅이 여전히 주 정부의 부단위원회 소유로 되어 있다. 1950년대에 아차라야 비노바 바베는 지주들에게 토지가 없는 이들과 하리잔들에게 토지를 주도록 요구하였다. 인도 전역에서 수천 명의 지주들이 토지를 기부하기 시작했고 각 주 정부들은 이를 분배했다. 위원회는 7개의 주 정부에 기부된 3,649.67에이커의 땅을 관리했고 2,245.07에이커를 분배했다. […] 정부는 오랫동안 토지를 분배할 수 없었다. 이유는 1989년 이래 부단위원회를 구성하는 데 실패했기 때문이다. […] 이런 주 사정에 대해서 구(區) 서기였던 N. 페리아사미(N. Periasamy)는 정부가 토지를 분배하지 않음으로써 고귀한 대의를 조롱하고 있다고 평했다."** 국민회의나 독립 이후 국민회의에서 탈당하여 자신들

---

* "Bardhan Calls for Land Struggle in Bihar By C. Adhikesavan", New Age Weekly, September 15, 2010.

** "Boodhan Movement Land Remains Undistributed", The Hindu, 2009. 10. 6.

의 정치적 이해를 위해서 지역 정당을 만들었던 권력자들이 자신들 자체가 대지주이기에 토지개혁법도 실시하지 않았는데 부단법이라고 잘 집행할 리가 없는 것이다.

마오이스트운동이 인도 국토의 1/3을 덮게 된 것은 토지개혁이 진행되지 않았기 때문이다. 부단운동은 토지개혁을 가로막아 마오이스트운동의 촉매가 되었다. 1차 시민불복종운동을 철회하는 국민회의 결의안에서 농민들에게 소작료를 필히 낼 것을 요구해서 지주의 이익을 강력하게 옹호하던 간디가 농민에게 토지 분배의 필요성을 말하게 된 것은 텔랑가나 등의 농민봉기 때문이었다. 자생적인 농민반란이 공산당에 의해 조직적으로 전개되기 시작했다. 텔랑가나의 농민반란은 공권력과 격렬하게 충돌했고 공산당 지지도를 끌어올렸다. 인도 최초의 총선에서 가장 많은 표를 획득한 이는 총리인 네루가 아니라 텔랑가나 농민 지도자였다. 이렇게 농민의 자생적 반란과 공산당 지도가 결합되어 가는 움직임을 본 간디로서는 1차 시민불복종운동 철회 때와는 다르게 지주들이 어느 정도는 양보해야 함을 깨달은 것이다.

부단운동이 최초로 시작된 곳은 독립 이후인 1951년 4월에도 여전히 농민대중운동이 계속되던 텔랑가나 지역이었다! 바베는 네루의 긴급 지원 요청을 받고 텔랑가나로 갔다. 텔랑가나로 갈 때 바베는 간디의 '소금 대행진'을 본떠서 걸어가며 부단운동을 알렸다! 간디 이후 최고의 간디주의자인 바베는 지주들에게는 최소한의 양보를 요구했고 농민들에게는 지주들이 땅을 선물로 줄 때까지 기다릴 것을 호소했다. 이것은 바베가 남부디리파드의 지적대로 '부르주아 정치가로서의 간디'의 위대함을 이어받은 것이다.

간디가 다른 정치인들이 갖지 못한 위대성은 두 가지이다. 첫째, 단기적인 이익보다는 지배계급의 장기적인 이익을 고려하는 '통 큰' 스케일이다. 둘째, 폭력적인 착취를 견디다 못해 일어나는 피지배계급의 저항에 대해서는 잔인하고 폭력적인 진압보다는 피지배계급에게 도덕성과 비폭력의 원칙을 강조하면서 복종을 부드럽게 이끌어내는 선전 선동력이다. 이두 가지가 간디를 정치가가 아닌 성자로 추앙하게 만들어주었다. 굶주린이들이 저항을 하려고 하면 자신이 단식을 하는 모습을 보여주면서 굶어죽더라도 폭력은 안 된다고 호소하여 혁명의 불길을 초기에 진압할 수 있는 간디 같은 정치가가 어떻게 다시 나올 수 있겠는가.

비노바 바베가 최고의 간디주의자로 추앙받았던 이유는 농민봉기로 이어질 가능성이 있는 토지 문제를 인도 지배계급인 부르주아와 지주의 입장에 서서 부드럽게 봉쇄해나간 것이다. 부단운동의 지지자들은 좌파가폭력적이며 부단운동을 통해 토지 분배를 하는 데 장해가 된다고 지금도비난을 하고 있지만, 주 차원에서 법에 따라 토지개혁이 진행된 곳은 좌파집권 주인 케랄라, 웨스트벵골, 트리푸라 세 곳뿐이다. 토지개혁의 예를들기 위해서 좌파가 집권한 3개 주 중에서 가장 큰 주인 웨스트벵골의 사례를 보면 웨스트벵골의 경작지는 인도 전체 경작지의 2.55%밖에 되지 않으나 독립 이후 전체 인도 토지개혁 수혜자의 50%는 웨스트벵골에 있다.부단운동의 지지자들이 좌파가 부단운동의 장해물이라고 이야기하는 것은 맞다. 부단운동은 토지개혁을 반대하기 위해서 나온 운동이니 토지개혁을 유일하게 실시한 인도의 공산당들은 부단운동의 장해물이 맞다.

CPI의 총서기인 A. B. 바단(A. B. Bardhan)은 "부유하고 정치적으로 강력한 지주들에 맞선 투쟁에서 우리는 군대를 형성하여 나가야" 한다고 가난한 농민들과 농업 노동자들에게 호소하였다. 그러나 이 '과격한' 발표의내용은 중앙정부와 주 정부에서 법에 따라 토지개혁을 집행하도록 대중운동을 하겠다는 것뿐이다. 1952년 이후 인도의 좌파 정당들이 내걸고 있는 주요 정책들은 사회주의 혁명의 내용이 아니다. 2010년 8월에 열린 케임브리지대학의 학술 대회에 참석한 CPIM의 총서기인 프라카시 카라트는 좌파 세력들은 여전히 1940년대의 이론과 개념을 유지하고 있다고 하였다.* 1940년대 제기한 토지개혁 문제의 해결이 공산당이 집권한 주 외에는 진척이 없기 때문이다.

인도 공산당들의 가장 중요한 정책인 토지개혁 내용은 한국의 반공 정권인 이승만 정권이 시작했고 박정희 정권이 마무리한 토지개혁과 동일하다. 상한선을 넘는 토지를 정부에서 매입해서 농민에게 다시 파는 토지개혁이다. 토지로 인한 농민봉기를 왜 부단운동으로 막으려고 하나. 이승만처럼 토지개혁을 하면 농민봉기는 없다. 수천 년을 내려오고 있는 인도 카스트의 신비 운운하는 소리는 이제 그만 들었으면 좋겠다. 심지어 이를 찬양해서 꽤 잘 팔린 여행기들도 읽어보았고 인도인들은 카스트 안에 있으면 사는 걱정은 없다고 '도인'처럼 말하는 한국인도 보았다.

19세기에 헨리 메인 경(Sir Henry Maine)은 인도에서 법률가로 머물면서 카스트제도가 있던 인도를 연구하면서, 사회의 진화를 '전통 사회에서 산업 사회'로, '신분에서 계약'으로 정리한 바 있다. 당시 우리나라에도 수천 년을 내려오던 양반, 상놈으로 부르던 신분제도가 있었다. 그러나 우리나라는 토지개혁 등의 근대화로 인해 한국식 카스트제도인 반상 제도는 사라졌다. 지구상 어디에 신분제가 수천 년 내려오지 않았던 나라가 있는가? 인도에 카스트제도가 남아 있는 것은 신비스러운 게 아니다. '세계 최대의 민주주의 국가'인 인도는 반공 정권인 이승만 정권이 이룬 토지개혁

---

* http://news.rediff.com/report/2010/oct/24/indian-left-stuck-in-1940-says-prakash-karat.htm.

도 실시하지 않고 아직도 '신분제'가 남아 있는 정치적으로 낙후된 국가이다. 인도 어딘가에 이승만이 다시 태어나 공산화를 막기 위해서 토지개혁을 하자고 외쳤다면 이승만은 공산주의자라고 비난을 받거나 마오이스트라는 오명을 쓰고 감옥에 감금되어 있을지도 모른다.*

---

* 정호영, 《인도는 울퉁불퉁하다》, 한스컨텐츠, 2011 중에서 3장 10절 '아마르티아 센이 지지한 웨스트 벵골 좌파 정권'을 참조하라.

이 책을 위한 짧은 연표

1946년

푸나푸라 바야라 봉기. 트래방코르 토후국(Travancore, 현재는 케랄라)의 파업에 대한 6일간 진압으로 천여 명이 사망하고 수백 명이 고문당하고 수천 명이 재판 없이 감옥에 감(케랄라 좌파 정권의 취임은 언제나 이 봉기를 애도하는 것으로 시작함).

1947년

인도, 영국으로부터 독립.

1947~48년

인도-파키스탄 분리 독립으로 수만 명이 꼬뮤날 유혈 사태로 죽음.

1948년

힌두 우익인 간디가 힌두 극우 나투람 고드세에 의해서 살해됨.

카슈미르 지역 분쟁으로 인도-파키스탄 전쟁이 발발.

공산당이 주도했던 농민봉기 지역이었던 텔랑가나와 트래방코르 토후국을 비롯하여 대부분의 토후국이 인도로 합병됨.

CPI(인도공산당) 총서기 B. T. 라나디브(B. T. Ranadive) "인도의 독립은 잘못된 것이다" 선언. 인도 극좌 노선의 등장.

1950년

CPI 안드라 노선 제시 - B. T. 라나디브 노선의 오류를 인정했으나 대안으로 또 다른 극좌 노선인 인도 마오주의의 최초 원형이 되는 안드라 노선 등장.

1951년

CPI는 오류를 공식적으로 인정하고 극좌 노선을 폐기하고 선거에 전격 참여하기로
함 – 그러나 3~4년간의 극좌 노선들로 CPI는 식민지 시절 극심한 탄압 속에 쌓아온
당의 기반을 거의 상실. 단적인 예로 89,000명의 당원이 10,000명으로 줄어들었음.

1951~52년

인도 첫 총선 – 국민회의가 네루의 지도 아래 승리. CPI가 지도하던 텔랑가나 농민
봉기의 지도자이자 CPI 창립 멤버인 라비 나라야나 레디(Raavi Narayana Reddy)가
CPI 후보로 나와 총선에서 전국 최다 득표 획득. 2위는 네루.

1955년

E. M. S. 남부디리파드, 〈뉴 에이지〉에 간디에 관한 글 연재 시작.

1956년

케랄라 주 수립 – E. M. S. 남부디리파드가 주도하던 말라얄람(Malayalam)어 기반의
주 수립 운동의 결과였음.
E. M. S. 남부디리파드, 〈뉴 에이지〉 연재 12번으로 완료.

1957년

케랄라 최초의 선거 – E. M. S. 남부디리파드와 CPI가 승리하여 세계 최초로 선거를
통한 공산당 정권 수립. 인도에서는 국민회의가 아닌 정당이 최초로 승리하였음.

1958년

1월 E. M. S. 남부디리파드, 〈뉴 에이지〉에 연재했던 글들에 '간디주의의 의미'와
'간디 이후의 간디주의'를 추가하여 《마하트마 간디 불편한 진실(The Mahatma and

the Ism)》 초판 출간.

1959년

7월 중앙정부는 인도 헌법 356조에 의거해 최초의 케랄라 정권을 해산시킴.

(영국 식민지 시절 식민지 정부가 인도의 각 주에게 지방자치를 부여하던 기본 틀을 인도는 독
립 이후에도 계속 유지하고 있다. 인도 헌법 356조에는 대통령이 주지사로부터 보고를 받고 주
정부가 헌법에 따라 수행할 수 없는 사태가 발생했다고 판단하면 주 정부의 권력을 박탈하고
대통령이 직접 주를 통치할 수 있는 권한을 부여하고 있다. 중앙정부의 이 권한은 독립 이후 14
년 동안 8번 사용되었고 1965년에서 1987년까지는 70번 사용되었다.)
10월 《마하트마 간디 불편한 진실》이 '재판 서문' 추가하여 출판됨.

1960년

케랄라에서 국민회의 집권.

1967년

E. M. S. 남부디리파드, CPI에서 분리된 정당인 CPIM(인도마르크스주의공산당)으로
재집권. 교육에 대한 강조, 토지개혁 등을 통한 '자본주의하의 개혁 모델' 인 민중민
주주의가 본격적으로 시작됨.

이후

케랄라는 국민회의, 비상사태 시기에는 CPI와 국민회의의 연정, 우파 연합 정권,
CPIM 중심의 좌파 연합 정권이 번갈아 집권하였으나 아마르티아 센 등의 정통 우파
경제학자들의 개발경제 모델로 자리를 잡았다.

지은이 소개

E. M. S. 남부디리파드(E. M. S. Namboodiripad, 1909~1998)는 20세기 인도를 대표하는 좌파 정치인으로 인도 공산당의 태두 중 한 명이다. 케랄라 주 총리를 두 차례 역임했고, 인도공산당(Communist Party of India, 약칭 CPI)과 인도마르크스주의공산당(Communist Party of India(Marxist), 약칭 CPIM) 총서기를 지냈다.

1909년 최상층 카스트인 브라만 가문에서 태어났다. 본명은 엘람쿨람 마나칼 산카란 남부디리파드(Elamkulam Manakkal Sankaran Namboodiripad). 알파벳으로는 Nambudiri, Namboothiri로도 표기하는 남부디리 가문은 인도 브라만 중에서도 가장 전통을 고수하는 명문가로 손꼽힌다. 하지만 그는 어린 시절부터 가문을 지배하는 카스트 차별주의 및 보수주의와 맞서 싸웠다.

1931년 대학을 떠나 독립 투쟁에 본격적으로 뛰어들어 사티아그라하운동을 벌이다 투옥되었다. 스무 살을 전후해서는 그가 동시대 다른 청년들처럼 열렬한 '청년 간디주의자'였음을 알 수 있다. 1934년 인도국민회의(Indian Congress Party)의 정파인 국민회의사회주의자당(Congress Socialist Party) 창립에 중요한 역할을 했으며, 인도국민회의 전인도공동서기로 선임되는 등 일찍부터 두각을 나타냈다.

하지만 국민회의 및 간디주의와 결별하고, 모두가 평등한 세상을 향한 혁명의 길을 걸었다. 1941년 인도공산당(CPI) 중앙위원, 1950년 인도공산당 정치국원에 선출되었다. 한편 말라얄람어(Malayalam語)를 제1언어로 쓰는 권역을 하나의 주로 재편하자는 '아이키아 케랄라(Aikya Kerala)' 운동에도 주력해 1956년 11월 케랄라 주 탄생으로 결실을 보았다.

1939년 마드라스 주 의회 의원을 지낸 바 있는 그는 1957년 인도공산당을 이끌고 나선 신생 케랄라 주의 최초 선거에서 승리해 초대 주 총리로 선출되었다. 이는 세계 최초로 민주 선거에 의해 공산당이 집권한 사례이자, 인도 독립 후 처음으로 국민회의가 아닌 당이 집권한 사례였다. 집권 후 토지개혁 법안과 교육 법안을 입안하는 등 민주 정책들을 추진해 광범위한 지지를 받았다. 하지만 케랄라 공산당 정부를 눈엣가시로 여겨 헌법 독소조항인 356조를 발동한 중앙정부에 의해 1959년 강제 해산되었다.

그러나 8년 후 선거에서 그는 인도마르크스주의공산당 소속으로 무슬림연맹 등 7개 정당 연합으로 집권해 다시 주 총리를 역임했다(1967~69년). 집권하지 못했을 때는 케랄라 주 야당 대표로 활동했다(1960~64년, 1970~77년). 그가 주 총리로 4년, 주 의회 야당 대표로 12년 넘게 활동하면서 케랄라 주에 남긴 영향은 지대하다. 소수가 독점했던 권력과 자원의 분산, 토지개혁, 문맹 타파, 경제개발 등에 매진해 큰 성과를 거두었다. 노벨경제학상 수상자 아마르티아 센은 그가 이끈 케랄라 모델을 개발 경제의 모범으로 평가하기도 했다.

1964년 인도공산당(CPI)이 분당될 때 인도마르크스주의공산당(CPIM)으로 당적을 옮겨 중앙위원과 정치국원을 30년 넘게 지냈으며(1964~98년), 1977년 총서기가 되어 1992년 건강상의 이유로 사임할 때까지 15년간 재임했다.

그는 인도를 대표하는 마르크스주의 이론가 겸 저술가, 저널리스트로도 명성이 높았다. 토지개혁, 사회, 정치 그리고 마르크스주의 철학, 문학, 역사에 관한 글들로 많은 인도인들을 일깨운 사상의 은사였다. 그가 남긴 방대한 저술들은 케랄라 친타 출판사(Chintha Publication)에서 'EMS Sanchinka' 시리즈로 전집이 출간되었다.

감옥에서 3년, 지하활동으로 6년, 그리고 반세기 넘게 정치가, 혁명가, 이론가로 보낸 그의 인생은 희생과 소박함 그 자체였다. 민중을 향한 한결같은 헌신과 청렴한 삶, 높은 학식과 덕망으로 그는 좌우를 막론하고 인도인 모두에게 두루 존경받았다.

마하트마 간디
불편한 진실

1판 1쇄 인쇄 | 2011년 8월 5일
1판 1쇄 발행 | 2011년 8월 16일

지은이 E. M. S. 남부디리파드
옮긴이 정호영
펴낸이 최준석

펴낸곳 한스컨텐츠(주)
주소 (우 121-894) 서울시 마포구 서교동 375-36 한성빌딩 3층
전화 02-322-7970 **팩스** 02-322-0058
출판신고번호 제313-2004-000096호 **신고일자** 2004년 4월 21일

ISBN 978-89-92008-47-1 03990